中国书籍学术之光文库

德语新闻报道语篇连贯的认知研究

郎 曼 | 著

中国书籍出版社
China Book Press

图书在版编目（CIP）数据

德语新闻报道语篇连贯的认知研究/郎曼著．—北京：中国书籍出版社，2020.2
ISBN 978-7-5068-7744-2

Ⅰ.①德… Ⅱ.①郎… Ⅲ.①德语—新闻报道—句法结构—研究 Ⅳ.①H335②G210

中国版本图书馆 CIP 数据核字（2020）第 027268 号

德语新闻报道语篇连贯的认知研究

郎 曼 著

责任编辑	张 幽 李田燕
责任印制	孙马飞 马 芝
封面设计	中联华文
出版发行	中国书籍出版社
地 址	北京市丰台区三路居路 97 号（邮编：100073）
电 话	（010）52257143（总编室） （010）52257140（发行部）
电子邮箱	eo@ chinabp. com. cn
经 销	全国新华书店
印 刷	三河市华东印刷有限公司
开 本	710 毫米×1000 毫米 1/16
字 数	226 千字
印 张	16
版 次	2020 年 2 月第 1 版 2020 年 2 月第 1 次印刷
书 号	ISBN 978-7-5068-7744-2
定 价	95.00 元

版权所有 翻印必究

前　言

连贯是语篇的重要特征，语篇接受者理解语篇的过程就是构建语篇连贯的过程。自20世纪60年代以来，有许多语言学家从不同的角度来研究语篇连贯现象，如从语法、语义或语用的角度。但事实上，语篇连贯是一个综合了多种因素的复杂现象。概括地讲，语篇连贯的构建过程是语篇接受者以语义知识为前提，借助衔接手段以及语境和交际意图等语用知识建立语篇各部分语义联系的认知过程，因此决定这一现象的主要因素是认知因素，只有从认知的角度研究语篇连贯的构建过程才能揭示这一现象的本质。

然而，以往的语篇连贯认知研究常常只是针对语篇连贯构建过程中的某一环节，如语篇微观层面的语句之间的联系，或是侧重此过程中的某一个方面，如隐性信息对语篇连贯的影响。由于这些研究没有分析语篇连贯的整个构建过程，因此不能全面地揭示语篇连贯的本质。此外，以往的研究大多关注的是语篇连贯构建中的特殊情况，如当语篇中存在信息空缺时如何构建语篇的微观连贯，因此，很难揭示语篇连贯构建的一般规律。而本书在动态语篇观和循环加工理论这两个大的理论背景下构建的语篇连贯认知研究的理论框架更加贴近实际，能够更加真实地再现语篇连贯构建的整个过程。此外，本书以句子的心理表征——命题为切入点来研究语篇微观连贯和宏观连贯构建的一般规律，并且通过揭示命题之间语义联系的本质是其所描述的事实之间的联系，揭示了语篇连贯构建中现实、认知和语言之间的关系。总而言之，本书的认知研究视角更能揭示语篇连贯的本质和语篇连贯构建的一般规律。

在此认知研究视角下，本书首先构建了语篇连贯认知研究的理论框架，重构了语篇连贯构建的整个过程，即从微观连贯到宏观连贯的过程。本书不仅分析了语篇微观连贯的构建过程，而且还从认知的角度阐释了衔接手段、框架知识、预设、宏观结构和超结构在语篇微观连贯构建中的作用。通过对衔接现象的认知阐释，本书揭示了衔接手段在语篇微观连贯构建中的认知向导作用。出于语言表达经济性的考虑，语篇生产者常常会省掉一些他认为语篇接受者已经具备的信息，而语篇接受者只有根据自己的框架知识推导出这些隐性信息，根据世界知识或语义知识推导出语篇中的语用预设和语义预设才能建立起命题之间的语义联系。宏观结构中的语篇主题或语篇组成部分的宏观命题为其中的命题序列提供了语义方面的相关点，而超结构的功能范畴为语篇组成部分中的命题序列提供了语义交际功能方面的相关点，因此，宏观结构和超结构同样对语篇微观连贯的构建具有指导作用。

在分析语篇宏观连贯的构建时，本书继承并发展了梵·迪克的宏观结构理论，认为构建了语篇的宏观结构只意味着构建了语篇宏观连贯的最低层次，而语篇超结构和语篇意图构建的则是更深层次的语篇宏观连贯。在此理论观点的基础上，本书分析了语篇宏观结构、语篇超结构和语篇意图这三个层次的语篇宏观连贯的构建过程：运用宏观规则获得语篇宏观结构，根据宏观命题抽象概括出语篇超结构功能范畴，根据语篇内的指示手段识解语篇意图。

以上探讨的语篇连贯构建的一般过程同样可以用于指导德语新闻报道语篇连贯的构建，但是由于德语新闻报道语篇具有自己的一些语体特征，其语篇连贯的构建过程又会表现出不同于一般过程的特点。本书首先探讨了衔接手段在德语新闻报道语篇中的使用特点，然后分析了德语新闻报道中并列关系、因果关系和时间关系有时不通过连接成分标记的原因及其规律。此外，预设在德语新闻报道语篇微观连贯构建中的作用也具有一定的特点：首先，新闻报道中的语用预设主要表现为背景知识；其次，德语新闻报道中有些常用的语言表达的语义预设具有标记命题语义联系的作用。在构建新闻报道的宏观连贯时，新闻报道的主题结构特征影响了语篇宏观结构构建的一般过程，使其不再是简单地从微观结构到宏观结构直到语篇主题的单向过程，而是双向过程，即先从宏观到微观方向，然后再从微观到宏观方向。此外，读者已具备的新闻报道的超结构知识也会参与超结构的构建过程，帮助读者预测超结构功能范畴在语篇中的位置，但是预测的结果需要通过总结语篇各部分的宏观命题，进而概括出各部分的语义交际功能来得以验证。通过分析宏观结构和超结构的构建过程我们还发现，这两个过程在实际阅读中其实是交叉进行的。最后，本书还总结了3种常用的德语新闻报道语篇意图的指示手段：新闻报道的"评价"范畴、"背景"范畴和词汇层面的指示手段，以帮助读者识解出新闻报道的语篇意图，真正理解语篇主旨，从而构建最高层次的语篇宏观连贯。

德语新闻报道的语篇连贯认知研究不仅具有一定的理论价值，而且还具有较大的实践意义。由于语篇阅读理解的过程就是构建语篇连贯的过程，而语篇连贯的认知研究其实也揭示了语篇阅读理解的认知规律，即人脑处理语篇信息的规律，因此，本书的研究成果可以用于指导阅读教学，帮助学生解决在阅读过程中遇到的一些实际问题。除了探讨一般的语篇连贯构建过程之外，本书还特别考察了德语新闻报道这一类语篇的语篇连贯构建特点，因此，本书的研究成果还特别适合于指导报刊阅读教学，特别是新闻报道阅读。

目 录
CONTENTS

绪 论 ··· 1
  一、语篇连贯研究的历史回顾 1
  二、研究方法与语料来源 4
  三、研究意义 5
  四、基本框架 8

第一章 语篇连贯研究概述 ··· 10
  第一节 语法视角下的语篇连贯研究 10
    一、指代研究 11
    二、数、句式和动词时态的语篇意义研究 12
  第二节 语义视角下的语篇连贯研究 14
    一、韩礼德和哈森的语域衔接理论 14
    二、同位素理论 15
    三、主位推进理论 16
    四、篇章宏观结构理论 17
  第三节 交际—语用视角下的语篇连贯研究 19
    一、动态篇章观 20
    二、言语行为理论分析法 21
    三、关联理论分析法 23
  第四节 认知视角下的语篇连贯研究 26
    一、框架理论 27

二、金驰和梵·迪克的语篇理解理论　31

第五节　本书对语篇连贯的理解　35

第二章　语篇连贯的认知研究 ………………………………………… 38

第一节　语篇连贯的构建——从微观连贯到宏观连贯　38

一、梵·迪克的宏观结构理论中的微观连贯和宏观连贯　39

二、微观连贯与宏观连贯的构建在语篇理解中的作用　41

第二节　语篇微观连贯的构建　44

一、语篇微观连贯构建的心理过程　44

二、命题之间的联系　53

三、衔接手段在语篇微观连贯构建中的作用　65

四、框架知识在语篇微观连贯构建中的作用　77

五、预设在语篇微观连贯构建中的作用　85

第三节　语篇宏观连贯的构建　95

一、语篇宏观连贯构建的第一层次——宏观结构　97

二、语篇宏观连贯构建的第二层次——超结构　106

三、语篇宏观连贯构建的第三层次——语篇意图　111

第四节　本章小结　119

第三章　德语新闻报道语篇微观连贯的认知研究 ………………………… 121

第一节　衔接手段在德语新闻报道语篇微观连贯构建中的作用　122

一、指称　123

二、词汇衔接　142

三、替代和省略　148

四、连接　150

五、各种衔接手段在语篇微观连贯构建中的作用　151

第二节　无连接成分标记的德语新闻报道篇微观连贯　156

一、无连接成分标记的并列关系　159

二、无连接成分标记的因果关系　160

三、无连接成分标记的时间关系　162

　第三节　框架知识在德语新闻报道语篇微观连贯构建中的作用　164

　　一、语篇信息空缺的填补　164

　　二、代词所指的确定　165

　　三、对无直接着落定冠词的解释　166

　　四、动名词短语中逻辑关系的确定　166

　　五、预期作用　167

　第四节　预设在德语新闻报道语篇微观连贯构建中的作用　168

　　一、语用预设的作用　168

　　二、语义预设的作用　170

　第五节　宏观结构在德语新闻报道语篇微观连贯构建中的作用　172

　第六节　超结构在德语新闻报道语篇微观连贯构建中的作用　174

　第七节　本章小结　175

第四章　德语新闻报道语篇宏观连贯的认知研究　177

　第一节　德语新闻报道语篇宏观连贯构建的第一层次——宏观结构　177

　　一、运用宏观规则构建宏观结构　178

　　二、新闻报道主题结构特征对宏观结构构建的指导作用　187

　第二节　德语新闻报道语篇宏观连贯构建的第二层次——超结构　190

　　一、新闻报道超结构知识在超结构构建中的预期作用　191

　　二、宏观结构在超结构构建中的验证作用　194

　　三、交叉进行的宏观结构与超结构构建过程　196

　第三节　德语新闻报道语篇宏观连贯构建的第三层次——语篇意图　198

　　一、新闻报道的语篇意图　198

　　二、德语新闻报道语篇意图的指示手段　200

　第四节　本章小结　208

第五章　研究结论与展望　210

　第一节　研究成果　210

第二节　对教学的启示　215
第三节　展望　217

附　录 219

参考文献 234

绪 论

一、语篇连贯研究的历史回顾

语篇连贯是一个大家熟知的概念。我们说的话和写的文章必须具有连贯性才能被人听懂和读懂。语篇连贯是衡量语篇的完整性、一致性和易于理解性的标准。所以,许多语言学家、文学家、哲学家、心理学家对语篇连贯进行了研究,并取得了令人瞩目的成就。

什么叫连贯?这个问题看似简单,却不容易讲得清楚。虽然语言学家至今还未能对连贯给予一致的定义,然而已经取得的研究成果表明,如何界定连贯,是与语言学家采取的语言观和研究角度紧密相关的。

20 世纪 60 年代起,就有人开始对语篇连贯问题进行研究,如雅各布森(Jacobson)(1960),哈维克(Harweg)(1968),梵·迪克(van Dijk)(1972,1977),金驰(Kintsch)(1974),韩礼德 & 哈森(Halliday & Hasan)(1976),柯尔特哈德(Coulthard)(1977),维多森(Widdowson)(1978,1979),恩科维斯特(Enkvist)(1978)等。[1] 其中真正引起人们对语篇连贯重视的是韩礼德和哈森合著的《英语中的衔接》(*Cohesion in English*)一书。到 20 世纪八九十年代,对语篇连贯的研究进一步深化和发展,形成了许多有关语篇连贯的理论体系,如韩礼德和哈森的语域衔接理论、维多森和莫驰(Motsch)等人的言外行为理论、丹尼斯(Danes)和弗里斯(Fries)的主位推进理论。但是,这些理论主要是从语法、语义和语用的角度来研究语篇连贯现象,只能描述其中某一

---

[1] 苗兴伟:《论衔接与连贯的关系》,《外国语》1998 年第 4 期,第 44~49 页。

方面的特征,并未真正揭示连贯现象的本质。

近年来,随着认知科学的发展和认知语用学理论的诞生,越来越多的语言学家开始重新审视语篇的连贯问题。他们将连贯看作是语篇内在的固有属性,认为语篇的连贯性与语篇接受者的认知有关,因此,语言学家们更注重从语言运用的过程和认知科学的角度来探讨语篇的连贯性问题。自 20 世纪 90 年代以来,越来越多的认知语言学家将他们的研究拓展到语篇层面,提出了很多分析的方法和理论,其中从认知角度分析语篇连贯的重要理论有:斯贝尔波(Sperber)和威尔森(Wilson)的关联理论(1986/1995);费尔默(Fillmore)的框架理论(1975,1976,1982);沙恩科(Schank)和爱波尔森(Abelson)的脚本理论(1977);鲁梅尔哈特(Rumelhart)的图式理论(1975);梵·迪克的语篇宏观结构理论(1977,1980)。

在国外学者研究成果的基础上,也有不少国内学者尝试运用认知语言学理论来解释语篇连贯问题,其中最具代表性的是王寅的理论。他曾运用理想化认知模式、认知参照点、当前语篇空间模式、原型范畴理论、突显、概念隐喻和象似性来分析语篇连贯。他认为,所有这 7 种具体方法都可归结到"互动体验性(interactive embodiment)"和"心智连贯性(mental coherence)"这两个基本原则上来,从认知角度来说,语篇连贯主要就是建立其上的,而不能仅依赖连接词或概念,这就是认知语言学对语篇分析的基本观点。[1]

需要指出的是,以上语篇连贯认知研究的对象多为英语语篇,在我国德语语言学界,很少有此方面的研究。就笔者所知,冯晓虎在其《隐喻:思维的基础,篇章的框架》一书中,对篇章理解和生产过程中的认知问题进行了探索,认为篇章与概念具有一定的关系。篇章连贯是在概念的层次上,即在深层结构这一层面上实现,而概念隐喻(konzeptuelle Metapher)本身也是一种概念,所以概念隐喻是实现篇章连贯的一种方式。[2] 由此可见,冯晓虎的研究重点是概念隐喻在语篇连贯中的作用,并未系统分析语篇连贯构建的整个认知过程以及

---

[1] 参见王寅:《认知语言学与语篇连贯研究——八论语言的体验性:语篇连贯的认知基础》,《外语研究》2006 年第 6 期,第 6~12 页。

[2] 参见冯晓虎:《隐喻:思维的基础,篇章的框架》,对外经济贸易大学出版社 2004 年版。

除了隐喻之外的其他影响这一过程的认知因素。温仁百在《关于篇章连贯》一文中指出："篇章之所以为篇章，就是因为其内部的连贯性，因此连贯性乃是篇章基本特征的总和，是一个有结构的意义整体，是使一个句子串成为篇章的保证。篇章连贯可以通过语法、语义、语用以及命题、言语行为等手段得以实现。"① 在此文中，他只是简单地介绍了运用框架和场景知识分析语篇连贯的过程。

从认知角度系统研究语篇连贯的德国语言学家也为数不多。弗里茨（Fritz）虽在其1982年出版的《连贯：语言学交际分析的基本问题》（*Kohärenz: Grundfragen der linguistischen Kommunikationsanalyse*）一书中，就已经专门研究了连贯问题，但是其研究的基础是交际行为理论，并未谈及心理认知因素与连贯的关系。布林克尔（Brinker）在其曾四次再版的专著《篇章的语言学分析：基本概念和方法导论》（*Linguistische Textanalyse: eine Einführung in Grundbegriffe und Methoden*）中指出，不同的研究理论并非相互对立，而是互为补充。因此，连贯的概念分别可以从语法、主题和语用方面去理解，其中篇章语用起着主导性的作用。他认为，任何篇章都有明确的交际功能，而篇章的主题就反映了这一功能。主题和意图有密切的关系，它浓缩了篇章的内容，所以分析篇章时应该从主题入手，通过寻找主题语言再现篇章的功能和结构。② 布林克尔虽然认识到了交际场景和人的认知在篇章构建和理解中的重要作用，但还是突出强调了主题的作用，认为寻找主题成为篇章分析的一个必要过程，因此，他并未系统深入地探讨认知因素对语篇理解以及连贯的重要性。

综上所述，迄今为止以认知语言学理论为基础全面系统地研究德语语篇连贯问题的学者并不多，因此，从认知的角度分析德语语篇连贯的构建过程以及影响这一过程的各种因素具有重要的研究价值。由于德语语篇的类型很多，而且每种语篇的连贯方式也各具特色，如果我们不明确研究对象的范围，只是泛泛而谈，那么研究范围就会过大，目标不够明确，研究也就很难深入透彻。因此，笔者把本书研究的语篇类型确定为德语报纸中的新闻报道（Bericht）。这里

---

① 温仁百：《关于篇章连贯》，《外语教学》2001年第1期，第14页。
② 参见 Brinker, Klaus. Linguistische Textanalyse: eine Einführung in Grundbegriffe und Methoden. 5., durchgesehene und ergänzte Auflage. Berlin: Erich Schmidt Verlag, 2001.

研究的新闻报道是狭义的，指的是主要着眼于报道事实的、语言简洁明快的、篇幅比简讯（Meldung）长的纯新闻形式。笔者之所以选择报纸新闻报道作为特定的研究对象，主要是基于以下原因。（1）新闻报道是新闻中的"龙头"，在新闻中所占的比例最大，因此是人们最常用的获取信息的方式。（2）新闻报道作为完整语篇分析的标本，其语篇大小较为合适。（3）新闻报道是叙事文体，虽在有些报道中夹有议论，但其量一般来说均不大。新闻报道的语篇连贯认知规律与其他种类的叙事语篇具有一定的相似性，因此我们较容易推理出其他叙事语篇的连贯特征，从这个意义上讲，对新闻报道的研究成果具有可推广性，其研究价值也就更大，这也是本书所追求的目标之一。

二、研究方法与语料来源

本书采用了理论与实证相结合、描写与解释相结合的研究方法，充分利用认知语言学、语用学、篇章语言学与新闻学的研究成果和相关理论，力图在坚实的理论基础之上对德语新闻报道语篇连贯问题进行深入、细致的分析。同时运用实证方法，力求通过大量例证的分析，得出客观的结论，因为只有通过实例分析，得出的结论才具有科学性和可靠性。需要强调的是，本书所选用的语料是真实的语料，是实际使用的书面语料，而不是本书作者或他人主观编造而成的内省语料。

在语言研究中，我们不仅要对语言现象进行恰当的描写，还要对语言现象做出合理的解释，要做到描写与解释并重。解释语言现象是认知语言学区别于传统语言学的重要标志，认知语言学不仅仅对语言事实进行描写，而且力求揭示语言事实背后的认知规律。因此，本书采用了描写与解释相结合的办法，不仅描述德语新闻报道语篇连贯构建的过程和参与此过程的各种要素发挥的作用，并且还尝试对其进行认知阐释，力求揭示语言现象背后的深层机制。

为了使研究结果具有较强的解释力，本书的语料选自德国最有影响力的全国性报纸之一《世界报》。从权威的报纸上选取语料能够较好地保证所选语篇类型新闻报道的典型性。此外，本书所选语料的内容都涉及德国国内和国际上的热点问题和令人关注的新闻事件，如哥本哈根世界气候大会、北约派兵阿富汗、德国移民政策、德国医疗保险改革等。由于语料所涉及的内容大家比较熟悉，因此，以这些语料为例进行的分析研究也相对比较容易理解。

三、研究意义

本书以认知语言学理论为指导，借助篇章语言学、语用学和新闻学等学科领域的相关理论和研究成果，深入系统地研究德语新闻报道语篇连贯的认知规律，并在此基础上探讨语篇连贯的认知研究对语篇理解的重要意义，从而揭示其对外语阅读教学的指导作用。因此，本书既有理论意义，又有实践意义。概括起来，其研究意义主要体现在以下6个方面：

（1）本书选取的认知研究视角更加贴近实际、更系统，因此更能揭示语篇连贯现象的本质，更能解决语篇连贯构建中遇到的问题。以往从认知视角对语篇连贯现象进行的研究常常只是针对语篇连贯构建过程中的某一环节，如语篇微观层面的语句之间的联系，或是侧重此过程中的某一个方面，如隐性信息对语篇连贯的影响，如何根据关联理论、框架理论、脚本理论或图式理论推导出语篇中没有明确表达出来的信息，再如概念隐喻在语篇连贯中的作用。总之，这些研究并没有阐释语篇连贯构建的整个过程，只是选取了其中的一部分，因此并不能完全揭示语篇连贯现象的本质。就像画房子时如果只画了房顶和房体，而没画门和窗，我们仍然看不出画的是什么。只有把房子的各个组成部分都画齐了，我们才能确定所画物体，但仍然有一种不真实的感觉，如果再给房子画上背景，我们才感觉这幅画逼真了。阐述语篇连贯的构建过程就像画画一样。为了能够尽可能真实地再现语篇连贯构建过程，本书选取动态语篇观为此过程提供真实的语篇处理背景，并选取循环加工理论为真实再现整个语篇信息处理过程提供认知理论依据，而且阐述了从微观连贯到宏观连贯整个语篇的构建过程以及影响此过程的主要因素，因此，本书呈现给大家的是一幅逼真的语篇连贯构建画面，或者说流程图。总之，本书在动态语篇观和循环加工理论这两个大的理论背景下构建的语篇连贯认知研究的理论框架更加贴近实际，能够更加真实地再现语篇连贯的构建过程，从而能够从根本上解决语篇接受者在构建语篇连贯过程中遇到的实际问题。

（2）本书为语篇连贯的认知研究找到了一个新的切入点。以往的语篇连贯认知研究关注的似乎只是语篇连贯构建中的一些特殊情况，如根据框架理论推导语篇隐性信息、隐喻在语篇连贯构建中的作用。而事实上，我们在读一篇文章时，上面这些情况遇到的并不多。因此，一般的语篇连贯构建过程具有重要的研究价值。可问题是，一般的构建过程如何从认知的角度来研究？认知涉及人类处理信息的心理过程，而它似乎是一种"不知不觉"的过程，没有给人留下"深刻印象"。而隐性信息或隐喻在语篇连贯构建中的作用却常常给人留下深刻印象，正是由于其特殊性，例如隐性信息会导致语篇信息空缺从而影响语篇连贯的构建，为了解决这一问题我们会想出各种办法，这一过程会在我们大脑里留下较深的痕迹，或者说我们对此印象较为深刻，而这一"印象"为我们从认知的角度研究影响干扰语篇连贯的因素提供了依据。但是，凡是经过人脑处理的过程我们都能从认知的角度进行阐释，语篇连贯的一般构建过程也不例外。本书根据宏观结构理论和循环加工理论为此项认知研究找到了一个切入点，那就是命题。命题是句子的心理表征，句子是语篇的重要组成单位，这样我们就可以借助命题来阐释语篇微观连贯和宏观连贯构建的认知过程。概括地讲，构建语篇微观连贯的过程就是建立命题之间语义联系的过程，构建语篇宏观连贯的过程就是从微观命题抽象概括出宏观命题的过程。而这里的构建过程是一般的，具有普遍适用性的，而不是特殊的。此外，本书还揭示了命题之间语义联系的本质是其所描述的事实之间的联系，从而揭示了语篇连贯构建中的现实、认知和语言之间的关系。因此，可以说，本书所选择的新的认知研究的切入点是比较合理的，它为本书认知研究的开展奠定了基础，并且确保了研究结果的科学性。

（3）本书不仅探讨语篇微观连贯构建的整个过程，而且还分析了影响这一过程的主要因素，如：衔接手段、框架知识、预设信息、宏观结构和超结构在语篇微观连贯构建中的作用。需要指出的是，本书并不是简单地把衔接手段视为语篇连贯的语言表现手段，而是从衔接现象产生的认知语用学阐释入手对其在语篇微观连贯构建中的作用进行深入的解析，并且将其在建立命题之间语义联系过程中所发挥的作用作为衡量其在语篇微观连贯构建中的作用大小的标准。这就意味着，本书已经将衔接手段的作用融入了建立命题之间语义联系这一认知过程当中，使其成为这一过程的有机组成部分。分别探讨框架知识和预设在语篇微观连贯构建中的作用的研究并不少见，而很少有人将它们放在一起研究，因为它们似乎是从不同的角度体现出隐性信息在语篇连贯构建中的作用：框架知识是从认知的角度，而预设是从语用的角度。然而本书通过对预设进行认知阐释却发现了两者之间的可比性：框架知识是一种更加常规化、更具普遍性的知识；语用预设是通过预设触发语激活的世界知识或者百科知识，包括日常知识、个人经验知识以及特殊的教育和专业知识，因此是包括"框架知识"在内的、涉及范围更广的知识；语义预设是仅从预设触发语的语义就能推导出来的知识。通过这样的划分我们就可以根据不同的情况激活不同的知识类型，填补语篇中的信息空缺。此外，以往研究中很少涉及宏观结构在语篇微观连贯构建中的作用，而事实上这方面的内容是不可忽视的，因此也是本书要阐释的一个重要方面。

（4）以往语篇连贯研究的重点多为微观层面的语篇连贯现象，这样的研究是不全面的，因为在实际的语篇阅读中我们还需要构建宏观层面的语篇连贯，才能真正理解语篇内容。因此，语篇宏观连贯的构建也是本书研究的重点之一。虽然梵·迪克已经对此进行了较为深入的研究，根据他的观点，构建语篇宏观连贯就是构建语篇的宏观语义结构。但事实上，构建了语篇的宏观语义结构，知道了语篇的主题，并不代表真正地理解了语篇，只有在此基础上更深入地了解语篇各部分在整个语篇中所承担的语义交际功能，并且领会了语篇背后隐藏的语篇生产者写作的真正意图才算真正理解了语篇内容和主旨，才算真正构建起宏观层面的语篇连贯。因此，本书将语篇宏观连贯的构建过程分为三个层次：宏观语义结构、超结构和语篇意图。

（5）以上探讨的语篇连贯构建的一般过程同样可以用于指导德语新闻报道语篇连贯的构建，但是由于德语新闻报道语篇具有自己的一些语体特征，因此，其语篇连贯的构建过程又会表现出不同于一般过程的特点，特别是新闻报道的主题结构特征和超结构特征会影响到语篇宏观结构和超结构的构建过程，而且新闻报道的语篇意图表现手段也具有一定的规律性，因此，全面系统地分析德语新闻报道这类语篇的语篇连贯问题是具有重要研究价值的。

（6）德语新闻报道的语篇连贯认知研究不仅具有理论价值，而且还具有实践意义。由于语篇阅读理解的过程就是构建语篇连贯的过程，而语篇连贯的认知研究其实也揭示了语篇阅读理解的认知规律，即人脑处理语篇信息的规律，因此，本书的研究成果可以用于指导阅读教学，帮助学生解决在阅读过程中遇到的一些实际问题。鉴于本书除了探讨一般的语篇连贯构建过程之外，还特别考察了德语新闻报道这一类语篇的语篇连贯的构建特点，因此，本书的研究成果还特别适合于指导报刊阅读教学，特别是新闻报道的阅读教学。

四、基本框架

本书主体由绪论、正文（共五章）、参考文献以及附录四部分组成。

绪论部分作为本书的开篇主要阐明本书的选题缘由、研究方法和语料来源以及本书研究的理论价值和实践意义。

第一章介绍了不同视角下的语篇连贯研究理论。通过分析这些理论，本书提出了自己对语篇连贯的理解：语篇连贯其实是一个综合了多种因素的复杂现象，其构建过程是语篇接受者以语义知识为前提，借助衔接手段以及语境和交际意图等语用知识建立语篇各部分语义联系的认知过程。

第二章构建了本书研究的理论框架，从认知的视角研究了语篇连贯的整个构建过程以及影响这一过程的主要因素。本章首先分析了语篇的微观连贯构建过程，揭示了此过程的关键是建立命题之间的语义联系，而命题相互联系的本质是其所表达的事实之间的相互联系，然后又阐述了衔接手段、框架知识和预设在语篇微观连贯构建中的作用。最后，本章分析了语篇宏观连贯构建的三个层次：宏观结构、超结构和语篇意图，并且探讨了宏观结构和超结构在语篇微观连贯构建中的作用。

第三章将第二章构建的理论框架用于指导德语新闻报道语篇微观连贯的认知研究，主要分析了此类语篇中衔接手段的使用特点及其原因，各种衔接手段在语篇微观连贯构建中的作用，揭示了无连接成分标记的语篇微观连贯规律，并且探讨了框架知识、预设、宏观结构和超结构在德语新闻报道的语篇微观连贯构建中的作用。

第四章在第二章的理论框架指导下探讨了德语新闻报道语篇宏观连贯的构建过程，揭示了此过程的特点：新闻报道主题结构特征对宏观结构构建的指导作用和超结构知识在超结构构建中的预期作用，并且还总结出3种德语新闻报道语篇意图的指示手段来指导语篇意图的识解。

第五章总结了本书的研究结果，并在此基础上揭示了这些研究结果对教学的指导作用，最后还指出本课题有待进一步研究的方面。

本书的最后是参考文献和附录，附录部分列出了本书调查的语料和语料中的衔接手段统计表。

第一章

语篇连贯研究概述

连贯是语篇的重要特征。由于许多语言学家从不同的角度来研究语篇，因此，他们对连贯的理解也有所不同，所以要想知道什么是语篇连贯，就必须首先了解什么是语篇。

在介绍重要的语篇和语篇连贯研究理论之前有必要首先界定一下"语篇"这一概念。"语篇"（Text）在不同学者的著述中有不同的含义。有些语言学家（如韩礼德和哈森，1976）认为，语篇既指书面语言，又指口头语言。有些语言学家（如柯尔特哈德，1977）则认为，语篇只指书面语言，不包括口头语言。很多语言学家都试图把语篇和话语区别开来，用语篇指书面语言，用话语（Diskurs）指口头语言。① 本书中的"语篇"指的是书面语言，可以和"篇章"互换。

下面本书将从语法、语义、语用和认知的角度介绍几种具有代表性的语篇观和语篇连贯理论。

第一节 语法视角下的语篇连贯研究

20世纪60年代中期至70年代中期是"篇章语法"研究阶段。这里所说的语法概念，不是传统意义上的语法，而是指乔姆斯基生成转换语法中对这一概念的定义。篇章语法理论的研究目的是要找到一套与句子语法相似的生成语篇

---

① 参见黄国文：《语篇分析概要》，湖南教育出版社1988年版，第3页。

的规则,因此在研究中特别强调语篇成分的线性关系和连锁关系。这样一来,语篇与句子的差别就只表现为量上的差别,语篇语法也只是对现有规则系统和形式系统的补充。①

篇章语法理论提出的基本设想是:篇章由具有内在联系的句子组合而成。因此篇章具有以下特点②:

①句子在篇章中以线性顺序排列;
②篇章有左右两方的边界;
③篇章有相对的独立完整性;
④篇章中按序排列的句子在形式上相互衔接;
⑤篇章表层结构成分之间有语义关系。

虽然篇章语法理论也认为,篇章表层结构成分之间有语义关系,但其研究的主要依据仍然是表层结构的形式。下面介绍两种有代表性的语法视角下的语篇连贯研究理论。

一、指代研究

魏因里希(Weinrich)是第一个提出"篇章语言学"这一术语的语言学家。他在1967年发表的一篇论文中首次使用这一术语并指出,离开篇章语言学就无所谓语言学,任何语言学研究都必须以篇章为描写框架。通过对德语中定冠词和不定冠词的篇章意义的研究,魏因里希发现,定冠词和不定冠词在篇章中的分布有一定的规律,而且冠词在篇章中的分布有其必然性,位置不能任意调换,并指出定冠词和不定冠词在篇章中有前指(anaphorisch)和后指(kataphorisch)功能。③

另一位篇章语法研究的重要代表人物是德国语言学家哈维克。根据他的替代链理论,句子的连接是通过替代方式实现的。他在《代词和篇章构建》(*Pronomina und Textkonstitution*)一书中,阐述了替代词(Substituentia)和被替代词(Substituenda)在文章中是如何共同起作用的。他认为,篇章构成的首要条件是

---

① 参见胡壮麟:《语篇的衔接与连贯》,上海外语教育出版社1994年版,第5页。
② 钱敏汝:《篇章语用学概论》,外语教学与研究出版社2001年版,第14页。
③ 参见孔德明:《篇章语言学研究论集》,江西人民出版社1997年版,第1~3页。

替代词，所有的替代词都是代词。他把篇章定义为"一个通过连续不断的代词链连接起来的语言单位"①。此外，他还运用结构主义的方法论阐释了文章中替代词的聚合关系和代词链的组合关系。哈维克的替代链理论是对前人研究的新突破，由此篇章研究不再局限于独立句，而注重篇章中句子之间的衔接关系。德国学者对篇章衔接手段的研究相当深入，但这类研究尚未摆脱句法研究的传统，而且一篇符合语法的、衔接完美的篇章并不能保证篇章内容的连贯。

值得一提的是，国内不少学者②认为韩礼德和哈森持有与哈维克相类似的观点，并将他们的衔接理论归为篇章语法理论。但事实并非如此，韩礼德和哈森是从语义的角度定义衔接和连贯的，下一节将详细介绍他们的衔接理论。

二、数、句式和动词时态的语篇意义研究

魏因里希不仅研究语篇中冠词的指示作用，而且还关注数、句式和动词时态这三个语法范畴的语篇意义。以往语言学家研究得较多的是这些范畴的词法特征和句法功能，却很少注意到它们的篇章语言学研究价值。魏因里希认为，这三个范畴的共同之处就在于它们都是重复出现的语篇特征。也就是说，它们的词素在语篇的单句中重复出现直到被其他词素取代为止。这样一来，这些范畴词素就会拥有覆盖某些语篇或语篇部分的有效范围。③

魏因里希还系统研究了这三个语法范畴在语篇中的变换情况。"数"这一范畴分为单数和复数，在德语中表现为名词、代词、形容词和动词的词形变化以及作为主语的名词或代词的数要与谓语动词的数保持一致。对于读者和听者来说，数的变换常常标记着叙述对象的变换和视线的转移。"句式"这一范畴包括三个次范畴：直陈式、虚拟式和命令式。与"数"相比，这一范畴在行文中一般较少出现变动。所选用的句式大多贯穿整个语篇或某个语篇部分，特别是直陈式，肯定的直陈式常常可以用于较长的语篇，而否定的直陈式一般只是用于

---

① Harweg, Roland. Pronomina und Textkonstitution. München：Max Hueber Verlag, 1968：20.
② 如钱敏汝：《篇章语用学概论》，外语教学与研究出版社 2001 年版，第 15 页。孔德明：《篇章语言学研究论集》，江西人民出版社 1997 年版，第 5 页。
③ 参见 Sowinski, Bernhard. Textlinguistik: eine Einführung. Stuttgart：Verlag W. Kohlhammer, 1983：113～114.

肯定句之间的个别句子中或个别问句之后。当然，一个否定陈述也可以涉及较长的语篇，但前提是事先对此进行说明，例如："以下所有句子都是错的（或假的）"。这种标记有效范围的信号也适用于肯定的直陈式。①

根据魏因里希的研究，动词时态同样是具有语篇信号作用（textliche Signalwirkung）的语法范畴。他早在1964年出版的专著《时态——谈论和叙述的世界》（*Tempus. Besprochene und erzählte Welt*）中就将时态划分为两类，它们分别标记着不同的言语态度（Sprechhaltung）。第一类时态包括：现在时、现在完成时和第一将来时，这一类时态可以表现出说话者参与其中的言语态度，突出谈论所发生事实的直接性。第二类时态包括：过去时、过去完成时和第二虚拟式，这一类时态可以表现出说话者保持距离的言语态度，只是将发生的事实作为叙述表达出来。魏因里希还认为，这两类时态中的现在时和过去时是零时态（Nulltempus），不表达时间关系，而只是具有指示说话者态度的语篇信号作用，相反，其他时态则可以表达出回顾或展望的时间关系。他将时态的变换分为同类时态之间的变换和不同类时态之间的变换，并指出同类时态之间的变换要比不同类时态之间的变换更常见，因为同类时态之间的变换可以减轻语篇接受者理解语篇的负担，使他们不必因为其他的新信息而分散注意力。②

由此可见，魏因里希虽然没有明确指出数、句式和动词时态这三个语法范畴与语篇连贯之间的关系，但已经注意到这三个语法范畴的一致性和变换情况会影响到语篇内容的关联性，从而影响到语篇理解，因此，他的这一研究其实也可以看作是一项从语法角度对语篇连贯现象进行的研究。

综上所述，语法视角下的语篇连贯研究只是停留在语篇表层结构形式上，没有挖掘深层次的语篇理解机制，仍然没有摆脱句法研究的传统，因此，并不能全面系统地揭示语篇连贯现象的本质。

---

① 参见 Sowinski, Bernhard. Textlinguistik: eine Einführung. Stuttgart: Verlag W. Kohlhammer, 1983: 114~115.

② 参见 Sowinski, Bernhard. Textlinguistik: eine Einführung. Stuttgart: Verlag W. Kohlhammer, 1983: 115~117.

第二节 语义视角下的语篇连贯研究

一、韩礼德和哈森的语域衔接理论

韩礼德和哈森是最早提出衔接概念并对各种衔接手段进行详尽研究的语言学家。他们合著的《英语中的衔接》一书的出版，标志着衔接理论的创立。在这部著作中，他们首先对语篇进行定义，即语篇指任何长度的，在语义上完整的口语和书面语的段落。它与句子或小句的关系不在于篇幅的长短，而在于衔接。他们认为，语篇是一个语义单位，而不是一个大于句子的语法单位。一个语段能否称得上语篇，主要看它是否算得上一个有意义的连贯的整体。

韩礼德和哈森是为了探讨语篇如何连贯而对衔接概念和衔接手段进行研究的。他们把衔接界定为"存在于语篇内部的，能使全文成为语篇的各种意义关系"。[①] 在他们看来，衔接和连贯都是语义概念。两者之间的关系是：连贯的语篇必须衔接，衔接促进语篇的连贯。他们认为："衔接概念可有效地由语域概念来补充，因两者可以有效地决定一个语篇。语篇是在两个方面都连贯的语段：在情景语境方面是连贯的，因此在语域上是一致的；其语篇本体是连贯的，由此是衔接的。两者缺一不可，一者也不能包含另一者。正如我们可以生成在情景语义方面似乎联系在一起，但由于缺乏衔接而不成为语篇的段落一样，我们也可以生成衔接完美，但由于没有语域一致性，即没有与情景相联系的连续的语义，而不成为语篇的语段。听话者或读者在其对谋篇机制作出判断时对其做出反应。"[②] 这就是说，从语篇外部来讲，连贯的语篇应该与语篇产生的环境和谐一致；从语篇内部来讲，它由衔接纽带连接起来。

衔接是一个语义概念，但是常常有人把它视为语法或词汇概念，造成这一假象的原因是衔接是由语法手段或词汇手段，即衔接手段体现出来的。在《英

[①] Halliday, M. A. K. /Hasan, R. Cohesion in English. London: Longman, 1976: 4.
[②] 同上书，第23页。

语中的衔接》一书中，韩礼德和哈森对英语中的衔接手段做了全面的描写。他们把衔接手段分为两大类：语法手段和词汇手段。语法手段的具体体现形式是：指称、替代、省略和连接。词汇手段的具体体现形式有：重复、同义/反义、下义/局部和搭配。①

虽然韩礼德和哈森对英语衔接手段的静态分析比较全面，但是他们对语域如何影响语篇连贯，语域一致性是怎样支配语篇衔接等问题，没有做出详细的分析和描述，而实际上语域一致性是比列举衔接的例证和类型更重要的因素。

二、同位素理论

法国语言学家格雷玛斯（Greimas）是同位素理论的奠基人。她认为，语义连贯是以某些语义特征（义子）的一致性为基础的，并且把这种语义特征在不同的语义特征结合体中的重复出现称作是同位素（Isotopie）。同一篇章里以这种方式相互产生联系的词语组成一条同位素链（Isotopiekette）。篇幅较大的篇章可容有多个同位素链，它们共同组成整个篇章的同位素网络（Isotopienetz）。在此基础上，格雷玛斯把篇章定义为由同在一个篇章内的词汇单位的各种语义特征的兼容性（Kompatibilität/Verträglichkeit）构成的系统。②

但事实上同位素理论对语篇连贯现象的解释有其局限性。例如："老谢是电脑专家"。"电脑游戏对青少年危害很大"。"车站订票也用电脑技术"。

上述"电脑专家""电脑游戏"和"电脑技术"组成一条同位素链，因为它们中都包含"电脑"这个义子，但是这三句话却不能构成连贯的语篇。

有些句列虽然没有相同义子的重复出现，但却是连贯的。例如："他没出去散步。下雨了。"在这一句列中，虽然"散步"与"下雨"之间并没有同位素，但它们却是连贯的，因为在前句与后句之间存在一种因果关系：他之所以没有出去散步，是因为外面下雨了。

由此可见，相同语义特征的重复出现还不能充分解释语篇连贯现象，逻辑

---

① Halliday, M. A. K. /Hasan, R. Cohesion in English. London: Longman, 1976: 33.
② 参见 Sowinski, Bernhard. Textlinguistik: eine Einführung. Stuttgart: Verlag W. Kohlhammer, 1983: 85~87; Linke, Angelika/Nussbaumer, Markus/Portmann, Paul R. Studienbuch Linguistik. Tübingen: Max Niemeyer Verlag, 1991: 230~231.

语义关系也是构成语篇连贯的重要条件。

三、主位推进理论

最早提出"主位—述位结构"概念的是结构主义的布拉格学派语言学家马特迪乌斯（Mathesius）。他把"话语的出发点"（Ausgangspunkt der Aussage）称作是"主位"（Thema），把"话语的核心"（Kern der Aussage）称作是"述位"（Rhema）。[1]

丹尼斯进一步发展补充了这一理论，将其用于篇章结构的语义分析。他把"主位"定义为"关于什么的一些事情被告知"，具体来讲就是已知的、预先确定的、可以根据情景推断出的或者可以被语言接受者根据自己的原有知识或世界知识识别出的信息；"述位"则是"关于主位什么事情被告知"，具体来讲就是新的、之前没有提到的而且无法从篇章或情景关系中推导出来的信息。在这一基础上，丹尼斯把篇章结构描述成"一系列的主位"，并认为，"篇章真正的主位结构就在于主位的相互联结，主位的转换关系和层级关系，与篇章段落、篇章整体以及情景的关系。"他把篇章中主位关系的整个复合体称作"主位推进模式"（Thematische Progression），这一模式便构成了篇章结构的框架。丹尼斯划分了5种类型的主位推进模式：[2]

（1）简单的直线型模式：第一句的述位成为第二句的主位，第二句的述位成为第三句的主位，以此类推。例如（在以下例句中，T = Thema，R = Rhema）：Hans（T1）hat ein Fahrrad gekauft（R1）. Das Fahrrad（T2 = R1）steht im Keller（R2）. Im Keller（T3 = R2）…

（2）一个主位贯穿始终的模式：一个句列中的主位不变，只是每个句子都有新的述位。例如：Mein Fahrrad（T1）ist neu（R1）. Es（T1）ist ein Geschenk meines Vaters（R2）. Es（T1）steht zur Zeit im Keller（R3）…

（3）派生主位的模式：每个句子的主位都是由一个"超主位"（Hyperthe-

---

[1] 参见 Brinker, Klaus. Linguistische Textanalyse: eine Einführung in Grundbegriffe und Methoden. 5., durchgesehene und ergänzte Auflage. Berlin: Erich Schmidt Verlag, 2001: 49.

[2] 参见 Brinker, Klaus. Linguistische Textanalyse: eine Einführung in Grundbegriffe und Methoden. 5., durchgesehene und ergänzte Auflage. Berlin: Erich Schmidt Verlag, 2001: 49~51.

ma）派生出来的。例如：Sein Rüssel（T1）führt einem enormen Körper auch die kleinsten Speisen zu, auch Nüsse（R1）. Seine Ohren（T2）sind verstellbar（R2）. Sein Gemüt（T3）ist zart（R3）. T1、T2 和 T3 的超主位或总主位是 der Elefant。

（4）分裂述位的模式：一个句子的述位被分裂成多个主位。例如：In einem Hauseingang（T1）stehen zwei Männer（R1 = R1a + R1b）. Der eine（T2 = R1a）raucht（R2）; der andere（T3 = R1b）trinkt（R3）.

（5）跳跃主位的模式：主位链中的一个环节被省略，但很容易从上下文中推导出来。例如：Hans（T1）wurde in ein dunkles Zimmer（R1）geführt. Es（T2 = R1）war mit wertvollen Möbeln（R2）ausgestattet. Die Teppiche（T4）zeigten leuchtende Farben（R4）. 从 R2 到 T4 的跳跃并没有影响到篇章连贯，因为 T4 可以从 R1 中推导出来。

在具体的篇章中，上面介绍的 5 种主位推进模式常常不是以单一的形式出现的，而是以不同的组合形式出现。

丹尼斯把语篇连贯与语篇的主位推进程序联系起来，认为语篇连贯的程度表现为语篇主位推进程序的连续程度。如果主位推进程序中出现非连续性，就会造成语篇衔接上的断点，从而出现不连贯现象。

虽然丹尼斯的主位推进模式为篇章语言学的发展开拓了新的局面，但其中也存在着不少问题。首先，该理论的基础，即主位和述位的划分问题就没有解释清楚，缺少客观的划分标准。其次，该理论对篇章结构的描述只是停留在篇章表层结构，指代理论解释不了的问题主位—述位结构分析也同样不能解决。因此，该理论不适合解释篇章结构中命题之间的逻辑语义关系，也无法揭示篇章连贯的本质。

四、篇章宏观结构理论

逻辑语义关系不仅存在于篇章中相邻的命题之间，也同样存在于更大的语义单位之间。荷兰语言学家梵·迪克的篇章宏观结构理论研究的主要对象就是这些更大的语义单位：宏观结构（Makrostruktur），并试图以宏观结构这一概念来说明篇章语义的连贯。

梵·迪克是话语研究领域人们所熟悉的学者。他先后担任过《篇章》(*Text*)等杂志的主编，几十年来著书30余本，发表论文近200篇。他的话语篇章研究成果对国际话语篇章研究产生了重要的影响。梵·迪克的话语篇章研究大致可分为3个阶段。第一阶段（1968～1972）主要研究文学理论，特别是文学语言（法国超现代诗歌）中的语义问题。第二阶段（1970～1974）开始研究篇章语法，重点研究局部和全局的语义联系，提出了"宏观结构"这一概念。另外，他还研究篇章语法的逻辑问题、话语语用学以及篇章处理的心理学，并提出了话语理解的模式。第三阶段（1980～现在）重点研究话语理解的认知模式和新闻媒体的结构和理解，关注话语中的种族歧视现象，重视通过话语所表现出来的社会中的权利和意识形态的现象研究意识形态、知识和话语。除此之外，他还重视语境的研究。①

20世纪60年代中叶，宏观结构概念由比尔韦氏（Bierwisch）首先引入对文学作品故事情节的分析中。此后人们尝试用这一概念建构篇章语法。然而，最初的宏观结构概念作为一种文学理论，从本质上来看，所关注的只是文学语篇的结构，并不涉及分析与语篇宏观结构相关的话语语义的问题。1977年梵·迪克将宏观结构概念应用于语篇和话语结构的分析中。后经修正与充实，这一概念逐步发展成为一套在理论上较为完善的，注重对语篇的动态理解和创制过程的"策略"模型。

根据梵·迪克的宏观结构理论，篇章语义结构呈层次结构形式，上一层次的语义由下一个层次的组成单元的共有命题内容组成，如果在整个篇章的语义结构的最上一层有一个或有一组命题能包容整个篇章的命题内容，那么这个篇章便是连贯的。最上面这个层次就是整个篇章的宏观语义结构。

梵·迪克使用了语义转换（Semantische Transformation）规则这一概念，并称之为"宏观规则"（Makroregel）。他认为，篇章宏观语义结构是通过语义转换由微观语义结构转换而来的。在这个过程中，宏观规则发挥了重要的作用：它把最小的信息单元浓缩合并为较大的事件或状态单元，构成一个个更高层次的语义单元，因此宏观结构是相对于一个较低层次而言的分层级的结构，即存在

---

① 参见徐赳赳：《van Dijk 的话语观》，《外语教学与研究》2005 年第 5 期，第 358 页。

着不同等级的宏观结构——篇章有整体上的宏观结构，而各个篇章局部又可以有各自的宏观结构。另一方面，作为某个篇章的微观结构又可在另外一个篇章中成为宏观结构。宏观结构是建立在不同层面的多层级形式。每一层级的宏观结构都是从微观结构和低一级的宏观结构中依照语义蕴含的原则缩减语义信息所得出来的。梵·迪克把各个层级的"抽象"手段归纳为删除、选择、概括、组构四条宏观规则。① 由于本书的第二章将详细介绍这四条规则，此处不再赘述。

有些学者②认为梵·迪克的宏观结构理论只是一种语义和语篇层次上的模式，而且还局限在语篇内部，没有把影响和支配语篇连贯的社会文化因素、情景语境因素、心理认知因素等包括在其框架之内。但事实上，该理论对这些因素都有所考虑，特别是心理认知因素。梵·迪克宏观结构理论的认知心理学背景是人的语言能力本身就具有把微观的意义单位组织成更大的宏观意义单位的本领。他探索出的把握语篇意义的宏观规则，就是基于对人的这部分语言能力的认识。有关内容将在下一章中详细介绍。

第三节　交际—语用视角下的语篇连贯研究

主张从交际—语用的角度研究语篇的语言学家认为，对出现在篇章以内的语言现象进行的研究工作需要以研究存在于篇章以外的语用—交际因素的方法作为补充才能顺利进行。因此，场景条件和心理过程以及把篇章的生产和理解看作是一种特定的语言交际活动便是篇章语言学研究的首要条件。③ 篇章语言学于是发生了"语用转向"，形成了篇章语用学。

---

① 参见 van Dijk, T. A. Textwissenschaft: eine interdisziplinäre Einführung. (Deutsche Übersetzung von Christoph Sauer, niederl. Original 1978). Tübingen: Max Niemeyer Verlag, 1980b: 41~45.
② 如张德禄、刘汝山：《语篇连贯与衔接理论的发展及应用》，上海外语教育出版社2003年版，第6页。
③ 参见钱敏汝：《篇章语用学概论》，外语教学与研究出版社2001年版，第44页。

一、动态篇章观

基于以上观点,许多语言学家给"篇章"概念下了定义。例如海涅曼(Heinemann)和菲韦格尔(Viehweger)把篇章定义为:"篇章是实行社会行为的人(sozial handelnder Mensch)的语言活动(sprachliche Tätigkeit)的结果。以行为参与者的认知评价和篇章生产者的行为语境(Handlungskontext)为基础,这些结果使得各种各样的知识现实化(aktualisiert werden)。这些知识以特殊的方式在篇章中表现出来并在其中构建其多维结构(mehrdimensio-nale Struktur)。"① 这一篇章定义的先进性体现在把篇章与言语行为(Sprech-akt)、语境(Kontext)和认知(Kognition)联系起来。

钱敏汝对上述篇章观则有不同的理解,认为海涅曼和菲韦格尔的篇章观并不是一种完全的动态性质的篇章观。人们不应该"把篇章看作是活动的'结果',而是视为活动过程,这个活动过程自然而然地包括始和终,因为把篇章作为活动的'结果'看待仍未彻底脱离静止观察的角度"。② 钱敏汝的动态篇章观"把篇章理解为人们在社会交往中进行的以语言为中心的符号活动,这个活动首先可以从始发和终结两端下分为生产和接受两种活动。在此过程中,篇章生产者根据自己对确定的和/或可能的和/或未知的篇章接受者和交际场景的各种因素通过认知作出评价,并同时激活大脑中的各种知识系统,这些知识会在篇章里以特殊的方式体现出来并形成多种维度的结构。篇章的结构同时表明了篇章使用场景中所赋予篇章的功能,这种功能也为篇章接受者复杂的理解过程奠定了基础。篇章在此意义上首先是生产活动的具体体现"。③ 根据上述观点,钱敏汝对篇章的定义是:"篇章作为人类语言的一切使用形式,是一种有结构、有意图的符号编码和解码创造活动。"④ 在动态篇章观基础之上,她还深入地阐释了语篇连贯的本质:"动态的篇章概念的基本思想之一是篇章本身并无意义和功

---

① Heinemann, Wolfgang / Viehweger, Dieter. Textlinguistik: eine Einführung. Tübingen: Max Niemeyer Verlag, 1991: 126.
② 钱敏汝:《篇章语用学概论》,外语教学与研究出版社 2001 年版,第 225 页。
③ 同上书,第 227 页。
④ 同上书,第 224 页。

能，意义和功能总是相对交际场景以及参与交际的生产者和接受者而言，因而篇章并不像至今很多提出的模式那样本身就是连贯的，而是作为生产者和接受者的篇章主体在一个篇章中建立着相关性，并且将这种相关性构筑进篇章的结构中去。为了能使这种关联在一种复杂的理解过程中得以重新再构建，则需要篇章所含信息和已有知识紧密配合，共同起作用。篇章的连贯性是生产者所意欲的，为接受者所期待，在篇章的生产和理解过程中被赋予表达序列。"[1]

以上3位语言学家都把篇章看作是一种交际活动，因此他们是从语用的角度研究篇章的，但同时他们还注意到了交际活动参与者的知识系统和心理过程，所以他们的篇章研究也涉及了认知因素。应该说，这3位语言学家的篇章观以及对语篇连贯的理解是比较全面的。

言语行为理论和关联理论是语用学的两个重要理论，许多学者尝试将它们运用于语篇分析，因此，这些研究也可被视为篇章语用学的重要组成部分。下面我们详细介绍这两个理论被用于语篇分析的情况。

二、言语行为理论分析法

篇章语用学继承和发展了普通语用学的基本理论——奥斯汀（Austin）和瑟尔（Searle）创立的言语行为理论，将其用于语篇分析。言语行为理论（Sprechakttheorie）首先由英国哲学家奥斯汀提出，后又经过瑟尔的修正和发展。奥斯汀认为，语言研究的对象不应该是词和句子，而是应该通过词和句子所完成的行为；任何一个言语行为都由三个次行为构成，即言内行为（der lokutionäre Akt）、言外行为（der illokutionäre Akt）和言后行为（der perlokutionäre Akt）。言内行为表达的是字面意思；言外行为表达的是言外之意或者说话人的交际意图，也称言外之力；言后行为指某一行为意图一旦被受话人所领会而对其产生的影响或效果。奥斯汀当初采取抽象法，从一个完整的言语行为中抽象出以上3种行为，实际上是在不同层次上或从不同角度来观察某一事物。可以说，被抽象出来的行为之间不存在组合关系，而是蕴涵关系。[2]

---

[1] 钱敏汝：《篇章语用学概论》，外语教学与研究出版社2001年版，第227页。
[2] 参见 Schlieben-Lange, Brigitte. Linguistische Pragmatik. 2., überarb. Aufl. Stuttgart: Verlag W. Kohlhammer, 1979: 35~36.

德国语言学家莫驰和菲韦格尔将一个由多个部分言语行为组成的言语行为称为复合言语行为，并认为复合言语行为可以作为层级分布的行为类型得到描写。语篇作为语言的具体表现形式同样具有言语行为的性质，它是由多个相互关联的简单言语行为组成的集合，是一个复合的言语行为结构，呈现出"多层级"和"多分支"的特点。① 由于言外行为是构成言语行为的一个次行为，是言语行为不可分割的一个层次，因此，我们可以说，言外行为也是语篇结构的基本单位，语篇也可以被看作是由单个言外行为构成的具有一定交际目的的复合言外行为。

关于各个简单言外行为之间的关系问题，莫驰和帕施（Pasch）认为，语篇中出现的各种言外行为之间的关系可以分为两种：平行关系和主导—辅助关系。若干辅助性言外行为支持一个主导性言外行为，而后者与其他主导性言外行为构成平行关系，它们又同时辅助或支持上一级的主导性言外行为。因此，一个语篇可以被看作是由一个统领全文的言外行为和若干较低层次的主导性言外行为及其辅助性言外行为构成的层级结构。此外，语篇的行为结构与相应的语言结构之间存在着对应关系。② 莫驰和帕施的这一假设继承了言语行为理论的基本观点，即原则上我们完全有可能从说话人的一个言语表达式中推断出说话人的行为意图。这样看来，莫驰和帕施的描写语篇结构的言外行为层级结构与梵·迪克的宏观结构十分相似，根据前者的理论，语篇连贯就是言外行为的连贯，即语句之间在言外行为这个层面上的联系。我们也可由此推断出，言外行为层级结构其实就是语篇在言外行为这个层面上的宏观结构，而梵·迪克的宏观结构其实是言内行为层面的宏观结构。如果说梵·迪克的宏观结构指的是宏观语义结构，那么言外行为层级结构就可以被称为宏观语用结构。这样一来，为了彻底解读语篇，语篇宏观连贯的构建就不应该只是停留在语义层面的宏观结构上，还应该考虑到语用层面的宏观结构，即整个语篇的言外行为，或者说语篇意图。

---

① Motsch, Wolfgang/Viehweger, Dieter. Sprachhandlung, Satz und Text. In: Rosengren, I. (Hrsg.): Sprache und Pragmatik. Lunder Symposium 1980. Lund: Gleerup, 1981: 134.
② Motsch, Wolfgang/Pasch, Renate. Illokutive Handlungen. In: Motsch, Wolfgang (Hrsg.): Satz, Text, sprachliche Handlung. Berlin: Akademie-Verlag, 1987: 11~79.

言外行为结构分析将简单言语行为的分析扩展到了复合言语行为序列——语篇上,为对语篇进行语用描写和分析奠定了理论基础。但是,这个理论模式所做的分析只能停留在语篇的表层,无法对那些以间接的方式表达的、隐蔽的语篇功能进行推断。

除了莫驰等人外,维多森也把言语行为理论用于语篇分析。他在其《作为交际的语言教学》(*Teaching Language as Communication*)一书中指出,衔接是句子或句子部分之间的命题发展,而连贯是这些命题的言外功能的表现。他认为:"衔接与命题如何通过一些结构机制而相互联系形成语篇有关;连贯与这些命题的言外功能,即与它们怎样用于创造不同类型的语篇,如报告型、描述型、解释型语篇等有关。读者通过发现以某种形式和顺序出现的命题与大家认为是合适的言外价值相联系来认识连贯。"① 由此可见,维多森与莫驰等人的理论有相似之处,他们都认为语篇连贯就是言外行为的连贯。维多森的言外行为理论虽然十分简洁,理论性也很强,但是过于笼统,其理论框架和分析方法仍需进一步细化。

三、关联理论分析法

语用学的研究目的就是要弄清楚话语理解过程中语言的意义是如何与语境假设相互作用的。斯贝尔波和威尔森的关联理论是语用学研究中出现的一个新理论,它不仅试图回答有关交际的哲学问题,而且还要对听话人理解过程的心理问题进行解释。关联理论把语言交际看作是一个示意—推理过程,并从认知语言学角度提出语言交际是按一定的推理思维规律进行的认知活动。关联理论认为,人类的认知以最大关联(maximal relevance)为取向,而语言交际则以最佳关联(optimal relevance)为取向。根据关联原则,任何一个交际行为都传递着最佳相关性的假定或期待,听话者总是以最小的认知努力来获得最大的语境效果,并以此推导说话者的交际意图。②

斯贝尔波和威尔森的关联理论对格雷斯(Grice)的合作原则做了修正和补

---

① Widdowson, H. G. Teaching Language as Communication. Oxford: OUP, 1978, p. 52.
② Sperber, D./Wilson, D. Relevance: Communication and Cognition, 2th ed. Oxford: Blackwell, 1995.

充，并从认知心理学的角度对示意—推理交际做了较为系统的阐述。根据关联原则，在语言交际过程中，交际双方不需要考虑合作的问题，因为交际是以相关为取向的。相关是一个依赖语境的概念，斯贝尔波和威尔森把语境看作是听话者大脑中的一系列假设，推理是在新信息和语境假设之间进行的。话语的相关是语境效果和处理努力共同作用的结果。如果听话者在处理话语所传递的新信息时能以最小的处理努力获得最大的语境效果，那么话语具有最佳相关性。在交际过程中，每个交际行为都传递有最佳相关性的假定，即说话者总是通过话语提供具有最佳相关性的假设，话语理解则是一个通过处理话语找出最佳相关解释的推理过程。无论是话语的相关还是话语的理解都离不开"语境"这一概念，斯贝尔波和威尔森把语境看成是一个心理结构体，即存在于听话者大脑中的一系列假设。其目的就在于揭示语言交际的认知状态，并使语用推理更具科学性。

关联理论的基本概念和核心概念"认知语境"是语用因素的结构化而产生的。由于人的知识结构是对外部世界结构化（即概括或抽象化）的结果，因此具体场合及个体经常用到或出现的语言使用特征，也可以在大脑中结构化。这样一来，原来的具体语境因素结构化后就变成了认知结构单位和关系。此后一提到有关具体场合，便会自然想到在该场合可能使用的语言表达；一提到某种语言表达，便会自然想到与这种表达有关系的具体场合。认知语境是人对语言使用的有关知识，是与语言使用有关的、已经概念化或图式化了的知识结构状态。语言使用时，交际者根据交际场合的需要，可以自觉或不自觉地激活有关的认知语境内容，使之投入使用。

关联理论试图从认知科学的角度阐释语言交际中的话语相关性，并以此来揭示话语理解的心理机制。虽然关联理论的研究目的并不在于解释语篇的连贯性，但这一理论无疑对语篇连贯理论做出了有益的补充。斯贝尔波和威尔森的关联理论认为，在语言交际过程中，话语理解涉及两类信息的结合和运算，由话语信号建立的新假设和在此之前已被处理的旧假设或语境假设。在交际过程中，说话者所提供的假设或信息不但应该是新的，而且还要能改变听话者的语境假设，也就是说能够产生语境效果（contextual effect）。只有产生语境效果，表达新信息的命题才能相关。语境效果包括 3 种情况：新信息与旧信息相结合并产生语境含意、新信息加强旧信息、新信息排除旧信息。从这种意义上讲，连贯性是关联方式的副产品。也就是说，只要一个语段所提供的命题能够与前一个语段所提供的语境假设相结合产生语境含意，或使语境假设中的旧信息得到加强，或排除旧信息，那么这两个语段之间便存在着连贯关系。例如：①

A：Could you have a quick look at my printer—it's not working right.

B：I have got an appointment at eleven o'clock.

在这段会话中，B 的话语所提供的假设使 A 的认知环境中的下列假设互为显映：

There are only five minutes until eleven o'clock.

The printer problem is not an obvious one, but will require opening it up.

Opening up the printer will take more than five minutes.

以上假设与 B 的话语所提供的假设相结合便产生语境含意：

He is not able to have a look at the printer now.

有时，话语提供的新假设可以加强旧的语境假设，例如：

A：I have a hunch that Gill is looking for a new job.

B：Yeah, she is studying job ads whenever she's got a spare minute.

当新旧假设相互排斥时，较强的假设可以排除较弱的假设，例如：

A：We have to call another meeting. I don't think that Christine is going to come, so we will be one person short of a quorum.

B：No need for cancellation, I see Christine just coming up the drive.

从上述例句的分析中可以看到，从关联理论的角度出发，语篇的连贯性涉及听话者在交际过程中的认知推理和心理运算，连贯性产生于交际参与者对话语关联性的寻求。

当然，关联理论对语篇连贯的解释也具有局限性。从关联理论角度进行的连贯研究主要是句子在微观层面上的结合关系，特别是简短对话中的连贯问题，而对于篇幅较长、结构较复杂的书面语篇的连贯问题，特别是宏观层面的连贯

---

① 参见何自然、冉永平主编：《语用与认知——关联理论研究》，外语教学与研究出版社 2001 年版，第 321~323 页。

问题关联理论则很难给出满意的解答。因此，还需要一个更加完整的理论框架来系统全面地阐释语篇连贯问题。

通过上面的描述，我们可以看出，关联理论其实是一种融入了交际者的认知心理过程的语用学理论。莫里斯（Morris）把语用学定义为研究语言符号和符号使用者关系的学科，因此语用学主要研究的对象，就应该是语言符号和符号实际所承载或传递的信息量之间的差异问题，研究这种问题就要考虑一系列认知过程。① 因此，认知和语用研究是分不开的。

第四节 认知视角下的语篇连贯研究

近年来，越来越多的语言学家从心理学的角度解释语言过程。语篇也被理解为建立在心理过程基础之上的语言现象，被理解为心理过程的产物。20世纪70年代末，认知科学的研究成果拓展了篇章语言学的研究视野，篇章语言学的研究重点也转向对篇章生产和篇章理解的认知过程的研究。认知科学对篇章语言学研究的影响主要表现在以下两个方面②。

第一，认知科学的兴起促进了知识表征理论的发展。

在1973到1976年间，许多认知科学家在涉及编码、表征、提取以及言语运用等许多方面提出了一些重要的理论，虽然这其中并非所有的研究都直接针对篇章理解这一主题，但每种理论从广义上来说都与篇章理解研究有着不同的联系。知识表征理论的发展极大地影响了对篇章阅读的认知研究，为后来建立关于阅读过程的理论提供了广阔的背景和基础。

第二，把阅读理解视为记忆建构的过程。

1974年哈威廉（Haviland）和克拉克（Clark）的创新性研究分析了在阅读中读者怎样建构知识表征的过程，他们把理解过程视为记忆表征的构建。这一观点对篇章阅读的认知研究具有重要意义，可以说，把阅读理解视为记忆的建

---

① 熊学亮：《认知语用学概论》，上海外语教育出版社1999年版，第4页。
② 参见王穗苹、莫雷：《篇章阅读理解的认知研究》，《华南师范大学学报》2001年第4期，第102页。

构,为研究者提供了"理解"的一个定义。在此之前,研究者经常内隐地把"理解"定义为他们的测量评价工具所测量的任何东西(如在自由回忆任务中所回忆的观点的数量,多重选择题正确答案的量等)。视阅读理解为记忆表征的建构,是用读者建构的表征连贯性以及(依赖于读者目的的)读者表征与作者意指表征之间的关系来定义理解:阅读文章直到他的表征抓住了作者所意指的局部和整体连贯性的关系。认为篇章阅读是记忆表征建构的思想把阅读理解的主题放到了一个广阔的理论框架中,为阅读研究带来了更加充实和全新的概念,最为直接地促进了篇章阅读理解的认知性研究。

在以上理论基础之上发展起来的语篇认知研究的理论主要有:框架理论、循环加工理论和策略理论。下面详细介绍一下这几种理论。

一、框架理论

"框架"(Frame)原是格语法(case grammar)中的一个语法结构概念。费尔默不满意乔姆斯基(Chomsky)的标准理论(standard theory),认为对于句子的动词而言,各个名词短语都具有一定的格,这种格关系是语言的一种普遍现象。到了20世纪70年代末,费尔默对格框的研究出现了认知转向,认为许多词的语义依赖语言使用者所预设的关于情境和社会观念的经历。他于1975年从语言构造角度将框架定义为:能与典型情景相联系的"语言选择的任何系统"(any system of linguistic choices),包括词汇的组合、语法规则的选择等。框架理论转向认知解释主要体现在他于1982年出版的《框架语义学》(Frame Semantics)。在这本书中,他更系统地提出了框架理论,把框架看作是"一种认知结构方式",是一种"与某些经常重复发生的情景相关的知识和观念",是"某个物体或事件的典型(stereotype)",是"纯语言知识和概念知识之间的一个接面(interface)"。[1] 框架可以是任何一个概念体系,其中的概念之间相互关联,要理解这一体系中的任何一个概念,就必须理解整个概念体系。介绍任何一个概念都会激活所有其他概念。一个词代表一个经验范畴,而该范畴可以用在许多

---

[1] 转引自朱永生:《框架理论对语境动态研究的启示》,《外语与外语教学》2005年第2期,第1页。

不同的语境中，这些语境由一个典型用法的多个方面所决定，典型用法就是指背景情境跟定义的原型相匹配。

费尔默认为，框架起码应该符合两点要求：（1）能体现情景或事物状态的特征；（2）原则上独立于语言表达（verbalization），如由买方、卖方、商品和付款等一系列事件构成的购物框架。费尔默还认为，在同一个框架中，要对任何一个概念的意义进行阐释，势必要涉及这个框架内其他相关的概念。在不同的框架之间，可能存在多种联系方式，其中主要有等级关系（hierarchy）和次框架关系（sub-frame relation）两种。等级关系包括与概念本身的等级组织相对应的现象和通过遗传产生的现象，如商业活动是一种状态的变化（change of state），出租公寓是一种具体的商业活动。次框架关系指的是框架之间整体和部分的关系，如商业活动可以包含商品转移和货币转移两种行为。①

从上面有关框架的定义和解释中可以看出，最初框架被理解为一种语言结构，后来慢慢地被看成是一种认知心理手段，即从说话者的心理过程去探究概念框架是如何形成并如何被受话者理解的，并且这种框架由一系列相互联系的范畴组成，这种体系的形成及解读离不开当时具体的语言语境和交际双方的社会文化背景与个人的生活经历及百科知识。框架理论还强调同一概念的激活会引起相关概念的激活。如听到"工厂"这一词后，就激活了我们建立这样的框架："里面有许多建筑物、机器、原材料、产品、工人、管理员、工厂所有者、工人上班领取一定报酬等"，而且这些概念不是离散的而是处于一个相互联系的连续体中，从总体上又构成了一个庞大而复杂的整体。

与框架理论比较接近的几个理论是鲁梅尔哈特提出的图式（Schema）理论、沙恩科和爱波尔森提出的脚本（Script）理论和莱考夫（Lakoff）提出的理想化认知模型（ICM）。这4种理论的共同之处在于都指出了这一事实，即人们观察世界、认识世界都是从自己已有的知识结构出发，基于自己的经验和背景去预测外部的事物。图式是某一范畴内成员共有的抽象特征，是一种有机的结构。脚本是一种知识结构，强调事件序列。在费尔默的框架语义理论、莱科夫和约

---

① 参见朱永生：《框架理论对语境动态研究的启示》，《外语与外语教学》2005 年第 2 期，第1页。

翰逊（Johnson）的隐喻和转喻理论、朗盖克（Langacker）的认知语法和福科尼尔（Fauconnier）的心理空间理论的基础上，莱考夫提出了理想化认知模型。理想化认知模型是知识得以组织的结构，是作为人类认知结果的知识在大脑中的存储方式，是认知框架理想化的结果。人类大脑中存储的结构就是理想化模型，它的"理想化"特征表现在它以一种非常简化的方式为理解人类经验提供一种约定俗成的方式，对语义单位进行特征描写。虽然这几种理论的侧重点有所不同，但它们都是体验性的，是有结构的背景知识，都是对未知事物的预测。

值得指出的是，框架理论和理想化认知模型强调交际双方对有些概念在不同文化背景下会激活不同的框架，即同一概念在不同文化中所建立的框架也会出现空缺，这体现了框架民族性这一特点。如上面所提到的"工厂"这一概念所激活的"原材料""产品"等框架在中西方是一样的，但是有的框架却是不同的。如对西方人来说，他们会建立起"资本家、雇佣工人、资本"等框架；然而对中国人来说，他们会更容易建立起"企业家、劳动者、资金"等不同的框架，这主要是社会及经济制度的差异在人们思维中的反映。

语篇是人类认知与思维活动的结晶，是认知成果的主要记载方式，它为后人提供了间接的认知经验。语篇的解读是语言认知的一个基本过程。这个过程除了基本的词汇译码、句法解构以及语义的文化阐释之外，更重要的是激活语篇中的隐性知识结构。这些知识结构往往隐含于语境及各类认知模式之中。由于框架知识结构是常人的共同知识，因而在语篇解读过程中也最容易被激活。因此，框架理论可以用来解释世界知识和行为知识是如何与语篇中通过语言传递的信息连接起来，从而在缺少衔接手段的情况下构建语篇连贯。例如：

Jetzt bleiben nur noch drei Tage, bis wir nach Dänemark starten. Gepackt hab ich das meiste schon. Das Zelt und die Luftmatratzen hab ich vom Boden geholt und im Auto verstaut. Ärgerlich ist bloß, dass ich die Pumpe noch nicht gefunden habe.①

上面短文中命题之间的关系很难只凭借语言知识得到确定，因为像"nach Dänemark starten"（出发去丹麦）、"packen"（收拾行李）、"Zelt"（帐篷）、

---

① 援引自 Linke, Angelika/Nussbaumer, Markus/Portmann, Paul R. Studienbuch Linguistik. Tübingen: Max Niemeyer Verlag, 1991: 235.

"Luftmatratzen"（气垫）和"Pumpe"（打气筒）这些表达的意义之间并没有什么联系。我们确定上文为连贯语篇的依据是事情本身的相关性（sachlicher Zusammenhang），即所提及的语言外世界中的事物之间的联系，以及我们关于这些联系的知识，即框架知识。我们根据以往的经验确定，丹麦（Dänemark）是人们经常度假的国家，我们旅行出发之前要先整理行李（packen），其中就包括帐篷（Zelt）和气垫（Luftmatratzen），而气垫又需要打气筒（Pumpe）。我们之所以能够把这些概念联系起来，是因为它们都与同一个事实相关，即旅游，也就是说它们是"旅游"这个事件的组成部分，因此同属于一个概念体系，即框架。这样，"旅游"框架中的任何一个概念就会激活体系中所有其他概念，例如"出发去丹麦"就会激活"收拾行李""开车去机场""登机"等经验范畴，而这些经验范畴又构成了"旅游"这个框架的次框架，每个次框架中又包含了若干经验范畴，如收拾的"行李"包括"衣物""护照""相机""机票""帐篷""气垫"等。由"收拾行李"我们就会联想到"帐篷"和"气垫"，而"气垫"又会激活"打气筒"，这样我们就可以把这些貌似没有联系的事物联系在一起了。如果我们从来没有旅游过，就不会有这方面的经验，不会具有相关的背景知识，也就不会形成"旅游"框架，在读到上面的短文时也就不会激活此框架知识，从而无法构建语篇连贯。如果我们有了关于一定情景或事件框架中的典型（可预测的）事物、行为和经过的知识，即使缺少语法和语义连接，我们也可以建立句子之间的语义连贯，而且我们还可以解释为什么像"das Zelt""die Luftmatratzen"和"die Pumpe"这些名词第一次出现前面就用定冠词。①

通过上述对框架理论的阐释我们很容易发现，"框架"与"认知语境"很相似，它们都是人类生活经验的浓缩，是已经概念化或图式化了的知识结构状态，是各种认知过程重要的隐性知识结构，因此不仅是语言交流的重要载体，也是语篇的重要组成部分。

框架理论是从语篇理解的知识表征的角度（der repräsentationale Aspekt）来研究语篇的，知识表征结构对于科学阐释语篇理解的认知过程来说是不可或缺的。但是，仅有认知过程中的这些知识结构还不能全面系统地阐释整个语篇处

---

① 详细解释见第二章第二节中的"四、框架知识在语篇微观连贯构建中的作用"。

理过程以及语篇连贯的构建过程，还要知道这些知识结构具体的使用过程，即从程序的角度（der prozedurale Aspekt）进行动态的阐释。需要指出的是，静态与动态在这里只是相对的，不能说框架理论只能进行静态的语篇分析，其中也包含有一定的动态分析过程，上面的例文分析已经体现了这一点。运用程序法动态分析语篇理解认知过程的代表人物是金驰和梵·迪克。下面介绍一下他们的重要理论模型。

二、金驰和梵·迪克的语篇理解理论
（一）循环加工理论

在金驰的语篇命题表征理论的基础之上，金驰和梵·迪克1978年提出了第一个语篇处理的程序理论。依据该理论，当语篇接受者加工一篇文章时，首先是对篇章文字表层的解码，获得表层结构，然后将这些表层结构解释为一连串基本命题，这些命题按照语义关系被组织起来。篇章的这种语义结构包括两个层面：一是微观结构层面，一是宏观结构层面。微观结构是篇章的局部层面，即一个个命题以及它们间关系的结构，宏观结构是一个更为全局、整体性的结构。金驰和梵·迪克认为，篇章理解是一个从微观结构到宏观结构的不断循环往复的过程。语篇接受者在加工篇章中特定的命题以形成宏观结构的过程中，需要对某些命题运用一定的规则，譬如删除、概括和组构规则。通过一系列这样的宏观规则，能够浓缩、抽象篇章的细节、要点，以产生篇章的主题意思，即宏观结构。①

由于工作记忆的容量有限，语篇接受者吸收一串命题以后，首先将其相互联系起来，然后再吸收一串新命题，如果可能的话再将这些命题与前面的命题联系起来，这时语义短时记忆的负担已经很重，于是必须决定哪些信息必须从其中删掉，从而使新的信息进入。也就是说，在加工一个命题时并不是把它融入整个已经加工了的语篇里，而是在每个加工的环节中只有几个已经加工过的命题用来和未加工的命题建立语篇连贯。这些命题在负责构建语篇连贯的工作

---

① 参见 Rickheit, Gert/Strohner, Hans. Grundlagen der kognitiven Sprachverarbeitung: Modelle, Methoden, Ergebnisse. Tübingen/Basel: A. Francke Verlag, 1993: 73~75.

记忆中停留的时间被称作是一个循环周期（Zyklus）。① 在这一循环周期中，语言接受者会根据语篇句子中提到的命题（即微观命题）和常规性的框架知识构建一个假设性的宏观命题，而微观命题就被删掉了，并在接下来的循环周期中不断验证，新命题是否能更详细地说明已构建的宏观命题，例如新命题是否构成此宏观命题的普遍条件、组成部分、结果，等等。一旦某个句子不能被归入这一宏观命题，就会建立一个新的宏观命题。如果必要的话，旧的宏观命题或者它的一些相关预设还可以保留在短时记忆中，否则就会存储在长时记忆中。之后当一串宏观命题通过宏观规则构建更上一级的宏观命题时，此宏观命题又可以重新被激活。这一过程循环往复，直到处理完整个语篇，形成整个篇章命题和篇章意义。② 这一语篇循环加工过程可以通过下面的表格直观地描述出来③：

$P_1 \char`\^ P_2$	$\rightarrow p^1$
$p^1 \char`\^ P_3$	$\rightarrow p^2$
$p^2 \char`\^ P_4, P_5 \ldots$	$\rightarrow p^3$
$p^3 \char`\^ P_x \ldots$	$\rightarrow p^r$

解释：	$P_1 \ldots$ = 微观命题
	$p^1 \ldots$ = 不同阶段的宏观命题
	p^r = 篇章命题 = 篇章意义

应该说，该模型在今天看来确实显得有些粗糙。金驰和梵·迪克自己也曾指出，由于语篇处理过程很复杂，为了使有关研究成为可能，他们的这个理论

---

① 参见 Rickheit, Gert/Strohner, Hans. Grundlagen der kognitiven Sprachverarbeitung: Modelle, Methoden, Ergebnisse. Tübingen/Basel: A. Francke Verlag, 1993: 73.
② 参见 van Dijk, T. A. Textwissenschaft: eine interdisziplinäre Einführung. (Deutsche Übersetzung von Christoph Sauer, niederl. Original 1978). Tübingen: Max Niemeyer Verlag, 1980b: 183.
③ 参见 Heinemann, Margot/Heinemann, Wolfgang. Grundlagen der Textlinguistik: Interaktion – Text – Diskurs. Tübingen: Max Niemeyer Verlag, 2002: 177.

模型在许多方面都做了省略。① 但该模型在当时却具有极为重要的意义。它综合了记忆领域关于知识表征的计算机模型和关于实时理解、并行加工的一些观点，以及影响这些加工的基本认知因素（如工作记忆），并力图提出关于阅读内部加工及其关键机制的一些具体和可验证的假设。该理论的提出成为联系阅读理解先期研究与后期研究的一座桥梁。

（二）策略理论

金驰和梵·迪克于1983年对循环加工理论做了进一步的修改和完善，提出了篇章理解的策略理论。循环加工理论仍然把语篇理解描述成一个自下而上的过程，而策略理论则增加了自上而下的成分。该理论将语篇理解视为一个在多层面进行的，受到语篇接受者的世界知识、动机和目的影响的过程。因此，金驰和梵·迪克的这个语篇理解模型既考虑到了语篇理解的程序角度，又注意到了它的功能角度。该理论模型包括所有较新的语篇理解模型的重要因素，其基本假设是，语篇理解的过程是由策略指引（strategiegeleitet）的。金驰和梵·迪克不仅从认知—目的性（kognitiv-zielorientiert）角度，而且也从行为理论（handlungstheoretisch）的角度定义其核心概念"策略"。② 他们将"策略"理解为一个关于通过何种操作来达到行为目的的认知过程。③

策略理论建立在以下假设基础上：④

（1）构建假设（konstruktivistische Annahme）：语篇接受者在大脑中构建一个语篇所描述事物的心理表征。

（2）阐释假设（interpretative Annahme）：语篇接受者在构建事物的心理表征时总是把这些事物阐释为某一类型的事物，也就是说，阐释过程以已经存在的关于标准情境的知识为依据。这一假设符合图式知识激活（Schema-

---

① Rickheit, Gert/Strohner, Hans. Grundlagen der kognitiven Sprachverarbeitung: Modelle, Methoden, Ergebnisse. Tübingen/Basel: A. Francke Verlag, 1993: 73.

② 参见 Schwarz, Monika. Einführung in die Kognitive Linguistik. Dritte, vollständig überarbeitete und erweiterte Auflage. Tübingen/Basel: A. Francke Verlag, 2008: 194.

③ Rickheit, Gert/Strohner, Hans. Grundlagen der kognitiven Sprachverarbeitung: Modelle, Methoden, Ergebnisse. Tübingen/Basel: A. Francke Verlag, 1993: 75.

④ 同上；Schwarz, Monika. Einführung in die Kognitive Linguistik. Dritte, vollständig überarbeitete und erweiterte Auflage. Tübingen/Basel: A. Francke Verlag, 2008: 194～195.

Aktivierung）的过程。

（3）在线假设（On-line-Annahme）：语篇接受者并不是在读完整个语篇时才开始阐释语篇，而是在读到第一个单词时就开始了。所建立的心理表征在语篇处理的过程中逐步被修改。这一假设考虑到了语言处理的在线特点。

（4）预设假设（präsuppositive Annahme）：语篇接受者从自己的观点、信念和态度出发构建语篇心理表征。

（5）策略假设（strategische Annahme）：语篇接受者在构建语篇心理表征时会灵活地使用所有的语篇内和语篇外信息来达到理解语篇的目的。

以上假设都是从认知的角度描述了语篇理解过程的特点。除此之外，该理论还阐述了语篇理解的语境假设（kontextuelle Annahme）：

（6）功能假设（funktionalistische Annahme）：语篇接受者在构建语篇的心理表征时会考虑到语篇在社会背景下所具有的功能。

（7）交际假设（kommunikative Annahme）：语篇接受者会注意到语篇的交际功能，例如有意图地理解文章（das beabsichtigte Verständnis des Textes）。

（8）语用假设（pragmatische Annahme）：语篇接受者会考虑到语篇的言语行为功能。

（9）互动假设（interaktionistische Annahme）：语篇接受者会考虑到语篇植根于一定的社会互动行为中，这些互动行为具有一定的动机、目的和社会规范。

（10）情景假设（situative Annahme）：语篇接受者还会考虑到语篇对情景的依赖性。

金驰和梵·迪克的策略理论是一个多层面的语篇理解模型，其处理过程在各个层面上同时进行，整体层面和局部层面上的处理过程相互交叉。这一理论模型主要划分的层面是：

（1）原子命题层面：语义基本单位，单词；

（2）复合命题层面：单句（Teilsätze）；

（3）局部连贯层面：句子之间的联系（Satzverbindungen）；

（4）宏观结构层面：从复合命题中推导出的组成宏观结构的普遍陈述；

（5）超结构层面：语篇类型的常规化形式。

金驰和梵·迪克认为，所有这些层面都会受到知识、动机、预设和目的的影响，是相互影响和作用的。①

第五节　本书对语篇连贯的理解

通过对以上几种重要的语篇连贯理论的介绍，我们可以看出，对语篇连贯的研究实际上涉及语篇分析的整个过程和几乎所有方面。语篇连贯其实是一个综合了多种因素的复杂现象。它的产生虽然表现在形式上（衔接手段），但它本身不是形式层次的特征，而是语义特征，表现为语篇整体上的语义联系和语义一致性。而这种语义联系或一致性不是由语篇的形式和语义特征本身来决定的，而是由语言之外的因素决定的，如：文化语境、认知模式、情景语境和心理思维。由此可见，我们可以把语篇连贯所涉及的各种因素和条件归纳为"内部条件"和"外部条件"两类。其外部条件包括文化语境、认知模式、情景语境和心理思维等因素，主要从文化语境和情景语境的制约、交际者的认知模式、交际目的、个体特点等对其意义选择的限定来决定和影响语篇连贯。语篇连贯的内部条件则是从语篇的意义和体现语篇意义的衔接机制的角度来影响和限定语篇连贯。②

虽然金驰和梵·迪克的循环加工理论和策略理论模型原本是用来阐释语篇理解的过程，但因为语篇理解的过程其实就是构建语篇连贯的过程，因此，该语篇理解模型对语篇连贯研究具有重要的启发意义。特别是在循环加工理论基础上发展而来的策略理论模型对原有的理论观点进行了梳理和补充，使其变得更加清晰和系统。该理论模型认为语篇理解过程由5个层面组成：原子命题层面、复合命题层面、局部连贯层面、宏观结构层面和超结构层面。这5个层面其实就是形式和意义单位的结合体，由此可见，该理论已经考虑到了语篇连贯的内部条件。而该理论提出的5个认知心理方面的假设和5个语用交际方面的假设则详细阐释了语篇连贯构建的外部条件。此外，该理论模型运用复合性的

---

① Rickheit, Gert/Strohner, Hans. Grundlagen der kognitiven Sprachverarbeitung: Modelle, Methoden, Ergebnisse. Tübingen/Basel: A. Francke Verlag, 1993: 77.
② 参见张德禄、刘汝山：《语篇连贯与衔接理论的发展及应用》，上海外语教育出版社2003年版，第13页。

程序模式动态地描述了语篇理解过程，因而该研究方法也是语篇连贯研究可以学习借鉴的好方法。

如上所述，我们主张运用动态的方法从认知的角度研究语篇连贯现象，其根本原因在于语篇的动态性本质。本书所依据的是钱敏汝的动态语篇观，主要出于两点理由。一是因为它真实地再现了篇章从生产到接受的整个过程以及每一个步骤所涉及的各种因素，就仿佛展现在我们面前的一个流程图；它考虑到了篇章生产和接受的社会背景、篇章的功能和交际意图、篇章生产者和接受者的认知心理过程等诸多因素，这些因素可以归纳为人的两种活动——内部的精神活动和外部的交际活动。二是因为动态篇章观没有静止地分析篇章本身的形式、意义、结构以及功能等方面的特征，而是从篇章生产和接受的过程中寻求这些特征形成的原因，从而赋予了它们"生命"。正是因为动态篇章观分析了篇章生产和接受的实际过程，所以它确实能够解决语篇分析中遇到的实际问题，而不是"纸上谈兵"。这正是本书研究的目标，也是本书研究的指导思想。

此外，根据该篇章观，语篇连贯其实是在一定交际场景中结合语篇所含信息和已有知识建立意义相关性的认知过程。语篇连贯并不是语篇本身的特征，而是语篇生产者和接受者赋予它的特征。其实有许多学者也具有类似的看法，例如，布朗（Brown）和尤勒（Yule）认为，语篇的连贯性是听者或读者在语篇的理解过程中强加给语篇的结果；斯达布斯（Stubbs）也指出，是听话者的理解创造了语篇的连贯性。① 吉翁（Givon）在1995年发表的题为《语篇连贯与心理连贯》（Coherence in Text vs Coherence in Mind）的文章中明确指出："我们真正要研究的连贯不是外在语篇（external text）的连贯，而是能生成、能储存、能提取内在语篇（mental text）的心理连贯。"

需要说明的是，虽然语篇连贯涉及语篇生产者编码和语篇接受者解码的过程，但是，语篇生产者总是要把语篇编码成为可以理解的语篇以达到一定的交际目的，从这个意义上讲，语篇总是连贯的。而不同的语篇接受者可以对同一语篇有不同的理解，从这个意义上讲，语篇的连贯与否与语篇接受者

---

① 参见何自然、冉永平主编：《语用与认知——关联理论研究》，外语教学与研究出版社2001年版，第324页。

的解码过程有很大的关系。① 而且从语篇接受者解码的角度来研究语篇连贯可以揭示语篇理解的本质，具有更大的研究价值。因此，本书虽然以动态篇章观为指导，认为语篇连贯的认知研究应该兼顾语篇生产者编码和语篇接受者解码的双向过程，但是，本书仍将分析研究的重点放在语篇接受者解读语篇时对语篇连贯的构建过程上。当然，由于语篇的编码和解码就如同硬币的正反面一样是语篇连贯现象不可分割的两个方面，因此，虽然本书从语篇接受者解码的角度来研究语篇连贯，但是，在进行认知阐释时常常会涉及与语篇生产者相关的因素，因为只有在这些因素的配合下才能更加全面、客观地阐释语篇连贯的构建过程。

综上所述，我们认为，语篇接受者理解语篇的过程就是构建语篇连贯的过程，而语篇连贯的构建过程是语篇接受者建立语义联系的认知过程，是动态的过程，这一过程的完成却依赖于诸多方面的因素，首先是认知因素。由于语篇生产者并没有也不需要将所要表达的所有信息完完全全地表述出来，所以语篇接受者需要用自己头脑中已有的框架知识来填补这些信息"空位"，并且要依据一定的认知模式来建立语篇中各部分之间的语义联系。其次是语义方面的知识，因为构建语篇连贯就是建立语义联系，可以说，这一方面的知识是语篇连贯构建过程的前提条件。除了这两个主要因素之外，还需要语篇连贯的形式体现（衔接手段）以及语篇的语用知识（语境和交际意图）这两个辅助因素来促成此认知过程的完成。在我们建立语义联系的认知过程中，衔接手段常常可以帮助我们判断语义关系，从而减少认知加工环节，以提高我们构建语篇连贯的效率。当我们已具备以上条件但仍无法建立语义联系时，就要从语篇所在的语境以及语篇的交际意图中寻找答案。通过这一方面的知识所构建的语篇连贯常常需要更多的认知加工，这是更深层次的语义联系，因此也是语篇理解的更高境界。简而言之，本书认为，语篇连贯的构建过程是语篇接受者以语义知识为前提，借助衔接手段以及语境和交际意图等语用知识建立语篇各部分语义联系的认知过程。本书的第二章将详细阐释这几方面的因素在语篇连贯构建中的作用。

---

① 参见张德禄、刘汝山：《语篇连贯与衔接理论的发展及应用》，上海外语教育出版社2003年版，第87~93页。

第二章

语篇连贯的认知研究

在上一章中我们介绍了几种重要的语篇连贯研究理论,并在此基础上阐述了本书对语篇连贯的理解:语篇连贯的构建过程是语篇接受者以语义知识为前提,借助衔接手段以及语境和交际意图等语用知识建立语篇各部分语义联系的认知过程。在这一章中,本书尝试以宏观结构理论、循环加工理论、策略理论、衔接理论、框架理论、预设理论和语篇意图理论中的一些观点为依据,并在动态语篇观的指导下,将语篇连贯构建过程作为人类大脑信息处理这一大的认知过程中的一个环节进行放大和解析,在大的认知背景下全方位、多角度地阐释语篇连贯构建这一认知过程。

第一节 语篇连贯的构建——从微观连贯到宏观连贯

连贯是语篇的重要特征。连贯是指语篇中的成分之间具有合乎逻辑的有机联系,句子的表达思路清晰,使交际对方容易得到要领。语义连贯是篇章的无形网络、语篇组成的重要标志。缺乏连贯性的文本不能称之为语篇。而语篇理解是构建有效而连贯的心理表征的过程。语篇接受者要根据句内和句间的连贯性才能够清晰地把握文章的脉络,理顺语义的层次,最终有效地理解篇章的主旨,成功获取语篇信息,最终达到语篇理解的目的。因此,任何一个对语篇理解过程的描述都必须能够解释语篇接受者是如何形成整个语篇连贯的心理表征的,语篇理解的过程就是构建语篇连贯的过程。

人们在理解语篇时总倾向于运用认知世界中的知识将语句中有关信息进行

"搭桥"操作，不断主动地创造连贯性，通过语句中所提供的信息，激活概念之间的指称关系，建立话语之间的语义关联，形成一个统一的认知世界，或者说可把各个语句的意义纳入一个统一的意义框架中，寻找一个上义概念以建立一个统一的论题，这样就能获得语篇的连贯性，也就能理解语篇的信息了。这便是人们获得语篇连贯的认知心理过程，或者说是对语篇连贯本质的精炼概括。这也是本书谋篇的指导思想。语篇连贯性不仅仅基于表层的衔接手段，更主要的是基于内在认知上的统一性、内容的整体性，因此语篇连贯现象只有从深层的认知世界角度才能得到更为合理和圆满的解释。接下来我们需要了解语篇连贯构建的具体过程。

上面论述中的"通过语句中所提供的信息"说明人们获得连贯的"必经之路"是"语句"，也就是说语篇中的语言信息是构建语篇连贯的基础，是激活语义联系构建过程的"触发器"。而且语篇连贯的语言形式体现——衔接手段有助于我们识别话语之间的联系。"激活概念之间的指称关系、建立话语之间的语义关联"建立的是微观连贯，这种连贯涉及句内和句际的意义关联。"形成一个统一的认知世界，或者说可把各个语句的意义纳入一个统一的意义框架中，寻找一个上义概念以建立一个统一的论题"建立的是宏观连贯。而宏观连贯是从语篇的宏观结构中获得的。宏观结构决定一个语篇的总连贯，而其本身又由序列性句子的线性连贯决定。宏观结构是一个可以用表层结构的句子来表达的语义总命题，在语义层次表达上是完整的分级系统。篇章的宏观结构是建立在微观结构连贯的基础上的。微观结构的主要论点最后汇合成语篇的主旨，即常说的中心思想。宏观结构的形成过程也是认知篇章加工的过程。宏观结构的产生是对语篇的主题或中心思想分析和推论的结果。

通过对语篇连贯构建过程的分析，我们可以看出，语篇连贯其实是在两个层面上构建起来的：微观层面和宏观层面。只有建立了这两个层面上的语义联系，我们才能既了解语篇的细节内容，又把握语篇的中心思想，从而真正理解整个语篇。这两个层面连贯的构建过程并不是孤立的，而是相辅相成、交叉进行的。

一、梵·迪克的宏观结构理论中的微观连贯和宏观连贯

20世纪70年代话语分析的学科地位得到了确立，而此时梵·迪克的理论体

系也正在逐步形成。他一方面提出"篇章语法"（text grammar），另一方面又提出"一致性"（coherence）概念，即话语连贯。"一致性"这一概念是梵·迪克话语语义学的主题之一，也是其外延语义学的核心概念。梵·迪克在其《语篇与语境》（*Text and Context*）一书中指出，语篇连贯表现为两个层次上的连贯性："线性或顺序性连贯"（即"微观结构"上的连贯）和"整体性的语义结构"（即"宏观结构"上的连贯）。线性或顺序性连贯指"由句子或一系列句子表达的命题之间形成的连贯关系"，表现在3个方面：（1）对事实或内容的陈述的顺序，包括按常规认识事物的顺序；（2）对事实或内容陈述的细致程度和显性化的程度；（3）语篇中信息的组织和发展，已知信息与新信息的相互作用等。整体性的语义结构指的是组成整个语篇总主题的各种语义关系，即宏观结构的内部关系。他把线性结构以上的结构，即由分散的线性结构组成的更大单位和更高层次单位的结构称为"宏观结构"（macrostructure）。它可以由两条删除规则和两条替代规则分层次、分级阶回归性地进行语义浓缩而形成，并由次级的话题共同蕴含。[1]

梵·迪克断言，"宏观结构是话语意义的精华"[2]，认为它抽象地体现了话语整体意义的结构[3]。从句列的角度来看，其内部关联常常是直线延续的；而话语角度不仅要求其具备这种直线型关联，而且还必须存在一个总体关联。这一标准常常用来鉴别话语和非话语，"只有具有宏观结构的句列才在理论上称之为话语"[4]。

综上所述，梵·迪克的宏观结构理论已经关注到语篇连贯现象，并且将语篇连贯分为两个层面的连贯：线性连贯或微观连贯及整体连贯或宏观连贯，因此对语篇连贯研究具有重要的指导作用。

---

[1] van Dijk, T. A. Text and Context：Explorations in the Pragmatics of Discourse. London：Longman, 1977, p.95.

[2] van Dijk, T. A. Macrostructures. Hillsdale, N. J：Lawrence Erlbaum Associates, 1980a, p.4.

[3] 同上书，第18~20页。

[4] 同上书，第41页。

二、微观连贯与宏观连贯的构建在语篇理解中的作用

有关人工智能研究人类长期记忆中的知识结构的实验表明：篇章认知过程是外界输入的信息和人脑中的概念结构相互作用的结果。在对语篇的解读过程中，人脑对外界输入的信息具有理解、概括、储存、提取的功能，输入的信息经过人脑的加工后，以某种方式储存下来，随时供大脑提取使用。人脑对输入信息的处理过程便是大脑删除次要信息，总结、概括重要信息的过程，是从局部走向整体、从微观走向宏观的过程。同时，由于人脑有限的储存量，在语篇解读过程中，储存在大脑里的信息或记忆的对象不可能是具体的词语、语法结构或某种语言现象，而只能是对语篇的宏观理解。

语篇的解读涉及语篇的宏观形式部分，也就是我们平常所说的"语篇模式"① 以及与其相对应的语篇宏观意义部分，即梵·迪克所说的"宏观结构"。储存在大脑里的信息大多以"宏观结构"的形式出现。

宏观结构表示的是语篇不同语义层次上的意义组合方式，是语篇或话语的高层次语义结构。与宏观结构相对应的是微观结构（microstructure）。微观结构是表达最基本事件或状态的基本命题。因此，微观结构是语篇构成的最基本的单位，它以具体的词语、语法结构以及语言现象为表现形式，是语篇的低层次语义结构。微观结构体现了语篇组成的基本命题，是语篇整体意义形成的基础，它属于语篇低层次语义结构。对语篇微观结构的把握，即微观连贯的构建，只是意味着对语篇局部细节信息的理解，因此语篇微观连贯的构建只能属于较浅层次的语篇解读。

宏观结构建立在语篇微观结构的基础上，是对若干微观结构的总结、概括，是建立在低层次语义结构基础上的高层次语义结构。宏观结构抽象地体现了语篇整体意义的结构，是对微观结构的总结和意义上的浓缩。因此，宏观结构的形成，即宏观连贯的构建必须建立在对语篇微观结构的彻底解读，即微观连贯的构建基础之上，它是对语篇深层次的解读，是对语篇全局信息的把握和理解，是语篇信息处理的最高境界。下面我们举例说明：

---

① 其实这里的"语篇模式"指的就是本章第三节中的"超结构"。

"Ich ging zum Bahnhof."（我来到火车站。）"Ich kaufte eine Fahrkarte."（我买了一张车票。）"Ich lief zum Bahnsteig."（我走到站台。）"Ich stieg in den Zug ein."（我登上火车。）"Der Zug fuhr ab."（火车开动了。）

本段由若干微观结构构成："Ich ging zum Bahnhof. Ich kaufte eine Fahrkarte. Ich lief zum Bahnsteig. Ich stieg in den Zug ein. Der Zug fuhr ab."表达了"我去车站"，"我买票"等若干个基本命题（微观结构），但理解了"Ich ging zum Bahnhof."或"Ich lief zum Bahnsteig."都只能构成对本段局部细节信息的理解，尚不能构成对本段全局信息的把握。只有在彻底解读这些微观结构的基础上，对其进行意义浓缩，推导出更高语义层次上的"Ich nahm den Zug."（我坐火车）这一概括全局的宏观结构时才算真正地理解了本段。

从代表局部信息的微观结构推导出代表全局信息的宏观结构是语篇解读的关键所在。从微观连贯向宏观连贯的转化是高层次的语篇信息处理过程。由此可见，宏观连贯的构建是语篇理解的最终目标，而微观连贯又是宏观连贯的基础和前提。

通过以上分析我们可以发现，宏观连贯的构建对于语篇理解的作用主要表现在以下3个方面：

（1）宏观连贯的构建从某种意义上来说，减少了语篇解读的信息负担量。我们在处理语篇信息时，删除了大量的次要信息，使阅读者仅将注意力放在重点信息的把握上，这大大地减轻了大脑处理信息的负担，使阅读者加快了阅读速度，为更深层次的阅读储备了能量。

（2）宏观连贯的构建可以使阅读者较快地从整个语篇中获得主要的信息。阅读者可以对一个复杂的语篇进行删减和梳理，在较短的时间里，透过表层复杂的微观结构，把握文章的脉络，理清作者的思路，形成语篇的整体意义框架。从微观连贯到宏观连贯的转化可以处理好局部细节信息和语篇整体框架的关系，以便最终把握语篇的宏观结构，获得语篇的主要信息。

（3）宏观连贯的构建有利于阅读者记忆、储存语篇的重要信息。在语篇阅读过程中，具体的词语或语法结构这些微观结构储存在读者长期记忆中是不可能的，而只能是对语篇整体意义理解的宏观结构。因此，宏观结构理论有助于阅读者记忆、储存信息，加强阅读的功效。此外，运用宏观规则进行微观结构向宏观结构转化的过程中，被激活的细节信息对理解语篇的细节也是有很大帮助的。

有些学者认为，梵·迪克的宏观结构理论主要从语义学的角度研究语篇，认为他"运用了和直接成分分析法相似的模式，这只是一种语义上的和语篇层次上的模式，所以他的分析基本上还局限在语篇内部，没有把影响和支配语篇连贯的社会文化因素、情景语境因素、心理认知因素包括在其框架之内。"① 而事实上，通过上面的阐述我们可以看出，梵·迪克的宏观结构理论不仅仅描述了语篇的语义结构，更重要的是阐释了语篇解读的认知心理过程，亦即宏观语篇连贯构建的认知心理过程。

梵·迪克在《语篇与语境》一书中就曾指出话语有3个主要维度：语言使用、信念传递（认知）和社会情景中的互动。② 他在"信念传递"后面附加了一个注释"认知"，说明信念传递与认知有关，实际上是一个认知过程。可见他对话语语义的分析实际上考虑了话语的语言、社会和认知3个维度。

总而言之，梵·迪克的话语分析理论其实已经考虑到了话语的社会和认知因素，能够较为全面、系统地阐释语篇理解问题。上文提到的宏观结构理论、循环加工理论以及策略理论都包含了他的一些重要理论观点。此外，梵·迪克在其专著《篇章学：跨学科导论》(*Textwissenschaft：eine interdisziplinäre Einführung*) 中也从语法、语用、修辞和认知心理的角度分析了语篇的结构、语境以及语篇的微观结构和宏观结构理解的认知心理过程。因此，本书主要依据梵·迪克的宏观结构理论、循环加工理论、策略理论以及《篇章学：跨学科导论》中的一些语篇分析理论观点，并且以林科（Linke）等人的联系阐释模式和有关预设的理论研究、框架理论、衔接理论和语篇意图理论为补充，来研究语篇微观连贯和宏观连贯构建的认知过程。

---

① 张德禄、刘汝山：《语篇连贯与衔接理论的发展及应用》，上海外语教育出版社2003年版，第6页。
② van Dijk, T. A. Text and Context: Explorations in the Pragmatics of Discourse. London: Longman, 1977, p.2.

第二节 语篇微观连贯的构建

通过上一节对语篇连贯构建过程的分析我们得知，语篇连贯存在于两个层面上，一个是微观结构层面，即微观连贯；一个是宏观结构层面，即宏观连贯。由于宏观连贯是在微观连贯的基础上构建起来的，因此我们首先分析研究语篇微观连贯的构建过程。

一、语篇微观连贯构建的心理过程

为了全面分析影响语篇微观连贯构建的各种因素，我们首先要弄清语篇微观连贯构建的整个心理过程。在介绍此心理过程之前，我们有必要首先了解在语篇微观连贯构建中扮演重要角色的语言单位"句子"的心理表征——命题。

（一）句子的心理表征——命题

经过感知和理解，外部语言材料所负载的信息被转化成一种心理形式，输入人脑并储存起来。信息在人脑中存在的方式或形态被称为心理表征。理解的过程就是建立心理表征的过程。一方面，通过理解建立起来的对语言材料的心理表征被储存起来，成为语言记忆的主要内容；另一方面，只有当外部信息纳入记忆的已有信息网络中，心理表征才得以建立，理解才得以完成。所以理解和记忆有着极其密切的相互关系：理解是良好记忆的前提，记忆中已有的知识又是理解的基础。

句子是语言交流的单位，因此，我们所讲的语言材料的心理表征主要是指句子（有时也涉及短文）的心理表征。

我们从日常经验中知道，平时在听到或读过一段话语以后，如果没有特别的要求，过一段时间就只能记住话语的意思，而不是它的原话。这说明理解时建立了一种被我们称之为"意义"的心理表征，它不同于语言的听觉编码或视觉编码。这种深层的编码才是真正的理解，那些表层的编码形式只是意义表征的外壳，是达到意义编码的桥梁。

可见，有理由认为，句子的表层形式和意义是分别储存的。前者只保留很短的时间（除非要求背诵），一旦由表层结构建立起"意义"，表层信息就被抛弃了。意义表征建立以后，语言信息能够保存较长时间，在需要时能生成相应的句子，把储存的意义表达出来。但是，所产生出来的句子在表面形式上与原来的句子不一定相同。①

既然意义表征在言语理解中具有重要作用，那么它又是以什么形式存在的呢？认知科学发展史上盛行的关于信息表征的理论是命题符号系统理论（propositional symbol system）。该理论认为认知的构成材料是命题，言语理解中的信息表征是一种命题符号表征，它们彼此形成命题网络，随着对命题的不同操作或者操作次数的增加，命题网络会不断更新，所以其容量是无限的，解释力很强。命题符号系统理论具有功能性概念系统所需的许多重要特性，包括表征类型特征、产生归类推断、表征命题和抽象概念等。② 因此，命题就是语言信息的意义心理表征形式，是言语理解中认知加工的基本材料。下面我们详细了解一下命题的一些特征。

命题（Proposition）一直是心理学家、心理语言学家等关注的一个重要研究课题。研究的重点主要集中在知识的心理表征、意义在记忆中的表征以及这些表征在语言运用中的作用。

命题这一概念是从哲学、逻辑学和语言学引入心理学研究之中的。它是一个基本意义单位或者说是"构成意义的分子"③。命题只表达与语言无关的、不确定言语行为的句子意义，只要求其内容与所述事实相符合，例如下列言语表达："Sam raucht gewohnheitsmäßig."（萨姆习惯抽烟。）；"Raucht Sam wirklich gewohnheitsmäßig?"（萨姆真的习惯抽烟吗?）；"Es ist nicht wahr, dass Sam gewohnheitsmäßig raucht."（萨姆习惯抽烟不是真的。）；"Wenn Sam gewohnheitsmäßig raucht, dann wird er nicht mehr lange leben."（如果萨姆习惯抽烟，那么他会活不久的。）；"Sam smokes habitually."（萨姆习惯抽烟）；等等，

---

① 参见彭聃龄：《语言心理学》，北京师范大学出版社1991年版，第179~188页。
② 参见王瑞明等：《言语理解中的知觉符号表征与命题符号表征》，《心理学报》2005年第2期，第143页。
③ Sanford, A. J. Cognition und Cognitive Psychology. London: Weidenfeld and Nicolson, 1985, p. 132.

它们都是命题"萨姆习惯抽烟"的言语表达形式,不管是在断言、提问还是反驳句里,都有同样的主项"Argument"(即萨姆)和谓词"Prädikat"(即习惯抽烟)。因此,命题是句子意义的核心,决定着真值,其中,具体表达形式的句法形式和词汇选择无关紧要。① 通过上面的例子,我们可以看出,命题是由一个谓词和一个或多个主项组成。谓词通常是动词、形容词或连词;主项通常是名词或代词。主项一般是命题所要谈论的内容,而谓词则是对主项所做的断言。谓词要求主项的数量说明谓词的价位数,如一元、二元、三元谓词等。如"X ist gut."(X 很好)是一个一元谓词的命题,记作:好(X),表示主项 x 有一个特征,这时,主项和谓词的关系相当于传统语法中主语和谓语的区别。相反,多元谓词表示几个主项之间的关系,如"X ist jünger als Y."(X 比 Y 年轻。),记作:较年轻(X,Y),又如"X gibt Y Z."(X 把 Z 给 Y),记作:给(X,Y,Z)。这里,各种成分的排列次序是一定的,不能随意更换。在有的理论里,谓词的空位相当于配价。②

　　命题可以分为简单命题(或原子命题)和复杂命题,前面我们介绍了简单命题的基本特征,复杂命题是由几个简单命题组成的,其一般结构如下图所示:③

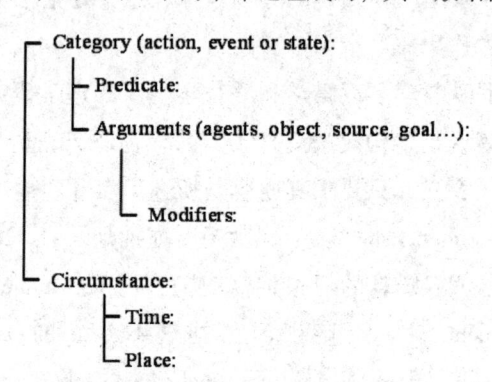

```
┌─ Category (action, event or state):
│     ├─ Predicate:
│     └─ Arguments (agents, object, source, goal...):
│                └─ Modifiers:
└─ Circumstance:
      ├─ Time:
      └─ Place:
```

Figure 3-1 Structure of complex propositions

---

① 参见哈杜默德·布斯曼著、陈慧瑛等编译:《语言学词典》,商务印书馆 2003 年版,第 430 页。
② 同上书,第 43 页。
③ 参见詹宏伟:《EFL 环境下的语篇表征与语篇理解——语篇结构知识在宏观理解中的作用》,上海交通大学外国语学院博士学位论文原稿 2007 年,第 101 页。

例如，"Yesterday, Mary gave Fred the old book in the library."此句所表达的复杂命题可以用下图描述：

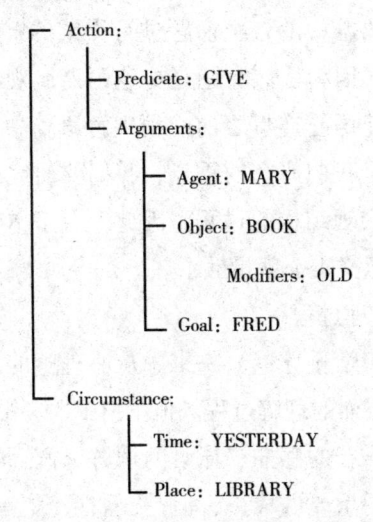

```
Action:
    ├─ Predicate: GIVE
    └─ Arguments:
        ├─ Agent: MARY
        ├─ Object: BOOK
        │      └─ Modifiers: OLD
        └─ Goal: FRED
Circumstance:
    ├─ Time: YESTERDAY
    └─ Place: LIBRARY
```

Figure 3-2 Structure of a sample complex proposition

综上所述，命题具有三个突出特征。(1)抽象性。命题所表达的是文本的底层意义，从中只能看出文本的逻辑结构，而看不出句子的表层语法结构、语用结构及其他有关信息。此外，命题的抽象性还体现在，作为一个意义单位，它是跨语言的。在不同的语言里，一个命题的表层实现形式所使用的语言是不同的。(2)复杂性。这不仅指自然语言的文本的底层命题往往是由多个简单命题构成的复杂命题，而且指命题可以嵌套，即一个命题可以用作其他命题的主项。(3)层次性。复杂文本的底层命题形成一个等级体系，不同的命题分属于不同的层次。这对于知识表征和自然语言处理具有重要的理论意义。

根据金驰和梵·迪克1978年提出的循环加工理论，当语篇接受者加工一篇文章时，首先是对篇章文字表层的解码，获得表层结构，然后将这些表层结构解释为一连串基本命题，这些命题又按照语义关系被组织起来。篇章的这种语义结构包括两个层面：一是微观结构层面，二是宏观结构层面。微观结构是篇章的局部层面，即单个命题以及它们间关系的结构；宏观结构是一个更为全局、整体性的结构。而篇章理解是一个从微观结构到宏观结构不断循环往复的过程。由此可见，命题是构建语篇连贯的基本单位。

需要说明的是，我们介绍简单命题和复合命题的结构及其标记方式的目的是更加全面地描述命题的特征，从而揭示其本质。但是，在接下来我们分析语篇连贯构建过程时并不会对语篇中的各个命题进行详细的解析，如不会具体分析命题的主项和谓词是什么，因为虽然命题是构建语篇微观连贯和宏观连贯的基本单位，语篇接受者在构建语篇连贯之前必须理解语篇中的各个命题，但是命题的分析和理解过程并不是我们研究的重点，我们要研究的是建立命题之间联系以及从命题抽象概括出宏观结构的过程，因此，对于本项研究来说只需了解命题是句子的心理表征和意义表征就足够了。

（二）微观连贯构建的心理过程

梵·迪克在《篇章学：跨学科导论》一书中从心理学的角度详细阐释了句子序列，即篇章的微观结构层面的理解过程。他指出："心理语言学和认知心理学在过去的几年里主要从事语音的感知、词语的理解、概念的形成和句法结构的处理等方面的研究并取得了重要的成果，但是，如果没有一个语义学的信息处理模型，要真正了解语言处理过程的机制是不可能的。目前，在句子成分以及句子理解方面已经取得了一些研究成果，那么，接下来必须要研究的问题是：句子的处理和理解如何与篇章中的其他句子和非语言的语境相联系。一种语言处理的认知理论必须要拥有一个能描述像篇章这样更大语言单位的心理机制的理论模型。"[1]

梵·迪克研究的出发点是，篇章处理的基础是语言表达在被接收到短时记忆时和在短时记忆里被处理时所具有的结构。篇章的主要特点是语义（语用）方面的，其语义结构可以分为两种：局部结构或微观结构，也就是命题或命题序列所组成的结构，以及更为全局性和整体性的宏观结构。他还强调："我们有必要设想，这种理论性的划分对于构建一个篇章处理的心理模型具有重要意义：一方面，语言使用者要理解句子和句子组合；另一方面，他要全局性（in globalerer Weise）地理解一个篇章或篇章片段。"[2] 他还以一个心理事实为例来

---

[1] van Dijk, T. A. Textwissenschaft: eine interdisziplinäre Einführung. (Deutsche Übersetzung von Christoph Sauer, niederl. Original 1978). Tübingen: Max Niemeyer Verlag, 1980b: 170~171.

[2] 同上书，第171~172页。

说明这一观点：语言使用者不需很费力，只需很短时间就能回忆起一个篇章的整体性内容，也就是宏观结构，而对篇章微观结构的回忆常常是零碎的、不完整的。

　　句子序列的理解与句子的理解具有一些相同的特点。首先，处理的过程主要是语义方面的，也就是说，语言使用者主要想把句子和句子序列中内容方面的信息吸收到自己的记忆里去，而不是形态的、音位的、词汇的或句法的信息。后者一般都是工具性的，因为处理这些方面的信息是为了获取他们所表达的语义信息，获得语义信息之后它们就被忘记了。这一点也可以通过一个实验来证明：请受试者马上或几秒钟后重复他刚刚听过的或读过的句子，结果是他们虽然不能逐字逐句地重复较长或较复杂的句子或句子序列，但至少能通过其他表达复述部分内容。（当然，记忆对语义信息也有一定的限制。）因此，梵·迪克只使用概念结构（konzeptionelle Strukturen）来阐释篇章线性（局部）信息处理的理论模型，如 命题、命题的组成部分以及命题之间或命题的组成部分之间的关系。

　　根据循环加工理论，有关语义短时记忆的直接容量（unmittelbare Kapazität des semantischen Kurzzeit-Gedächtnisses）的理论是篇章处理模型的重要组成部分。语言使用者在短时记忆中储存的形态、音位、词汇或句法的结构信息单位不能超过一定的数量。从交际的语义—语用角度来看，这也是没有必要的。此外，这一容量还足以把表层结构转换成语义结构。同样在一般的语言使用中，一个篇章的理解不需要记住语义信息的所有方面。简单地说，语言使用者只从篇章中提取对他来说重要的信息并将其储存在记忆中。在句子序列的理解方面，重要的是语言使用者能够记住命题之间的必要关系。因此，这些命题必须至少短时间储存于语义短时记忆中以备使用。一旦存储位置存满，就必须删除一些信息，也就是将这些信息转移到长时记忆中。对于语义短时记忆必须具有多大的容量才能足够理解句子和句子组合，我们只能猜测，但无论如何它必须足够大，从而使语言使用者能够毫无困难地将直接相邻的句子相互联系起来。也就是说，句子 S_i 的语义成分必须可以直接被提取用来理解句子 S_{i+1}。如果我们认为，一个语言使用者一般能够理解一个由 10~20 个原子命题（atomare Propositionen）组成的句子，那么这就意味着，如果与第一个句子相接的下一个句子同样长，

49

语义短时记忆必须能够至少容纳下大约 20 至 40 个原子命题。这还不够，因为还要再加上从长时记忆的知识储备中提取出来的用来将这些命题相互联系起来使其语义连贯的命题。此外，还需要一些更全局性的命题，即宏观命题，它们决定着篇章片段的当前主题。将这些命题加起来，我们就可以计算出语义短时记忆的最大容量为大约 50 个命题。有了这么大的储存空间，语言使用者不需要其他的辅助手段，也不必开启长时记忆就可以建立篇章的局部连贯。①

决定语义短时记忆容量的最重要因素是信息的组织结构（die Strukturierung der Informationen）。一般情况下，记忆（从而能够复述）任意的信息片段，如互相没有联系的一些单词或句子，要比记忆并复述有一定句法的、语义的或图式的结构联系的信息困难得多。对于语义短时记忆来说，也是如此。命题不是孤立地被记忆，而是形成一种结构，这种结构就是由下面的关系组成的②：

（1）（整个）命题之间的依赖关系（Konnexionsrelation）：可能的和必然的条件与结果关系。

（2）命题成分之间的关系：

　　a. 主项一致（Jan …er …der Junge）；

　　b. 主项之间的关系（Jan …seine Hände）；

　　c. 谓词之间的关系，而且常常建立在知识框架（Wissens-Rahmen）基础之上（[Jan] kaufte eine Fahrkarte …begab sich zum Zug …）；

　　d. 时间关系（…kaufte …begab sich …）；

　　e. 情态关系（vielleicht kommt er doch noch und bringt Blumen mit）：同一情态或可能的相互联系的多个情态。

（3）主题（宏观结构）。除了这种建立在命题之间关系基础之上的信息组织结构之外，还有一种由原子命题组成的更特殊的语义"排列"（Konfiguration）形式，即由命题主项之间的功能关系组成的语义结构。例如，我们可以将下面这个句子分解成一系列原子命题，而这些原子命题可以进一步根据格关系进行

---

① 参见 van Dijk, T. A. Textwissenschaft: eine interdisziplinäre Einführung. (Deutsche Übersetzung von Christoph Sauer, niederl. Original 1978). Tübingen: Max Niemeyer Verlag, 1980b: 173~174.

② 同上书，第 174 页。

排列：

Peter behauptete, dass er gestern von einem Räuber mit einem Messer bedroht worden sei, so dass er seine Tasche mit Geld habe aushändigen müssen.

① Peter = x_1
② behauptete (x_1, (3))
③ (4) so dass (9)
④ bedroht worden sei von (x_1, x_2)
⑤ Räuber (x_2)
⑥ gestern ((3))
⑦ haben (x_2, x_3)
⑧ Messer (x_3)
⑨ habe müssen (x_1, (10))
⑩ aushändigen (x_1, x_4)
⑪ Tasche (x_4)
⑫ in (x_4, x_5)
⑬ Geld (x_5)

通过分析上述例句的结构，我们可以看出，这 13 个原子命题组合成了一个复杂的事实（TATSACHE），即 Peter 说了两个相互联系的事实（TATSACHEN）：Überfall 和 Aushändigen der Tasche。这里用大写字母拼写的概念 TATSACHE 指的是现实世界中的事实在人们认知过程中的表征（die kognitive Repräsentation von Sachverhalten in der Welt）。梵·迪克认为，语言使用者在理解句子和句子序列时用像 TATSACHEN 这样容易处理的单元（leicht zu bewäl-tigende Einheiten）组织由原子命题所表达出的最小信息片段。①

上面的例子中，13 个原子命题组成了 4 个事实，因此，我们还可以以事实为单位计算语义短时记忆的存储容量。

通过上面的分析，我们可以看出，篇章句子序列的理解具有循环的特点：我们吸收一串命题以后，首先将其相互联系起来，然后再吸收一串新命题，如果可能的话再将这些命题与前面的命题联系起来，这时语义短时记忆的负担已经很重，于是必须决定哪些信息从中删掉，从而新的信息才可以进入。将一些命题有选择地保留在短时记忆中，必须要遵循下面两个原则。第一，和其他命题联系较多的命题容易保留下来，这些命题往往是重要的命题或主旨，后面的命题可能和它有关。第二，最新输入的命题容易保留下来，这些命题和随后

---

① 参见 van Dijk, T. A. Textwissenschaft: eine interdisziplinäre Einführung. (Deutsche Übersetzung von Christoph Sauer, niederl. Original 1978). Tübingen: Max Niemeyer Verlag, 1980b: 176~177.

的命题，可能有重现关系。命题保留在短时记忆中的次数越多，说明它与其他命题的联系越多，越重要，因而对它的记忆也就越好。①

但问题是，在这样一个循环周期里到底发生了什么？

粗略地说，篇章信息处理的循环原则的结果是把新信息和旧（已知）信息联系起来，这样，各个循环周期必须相互重叠。除此之外，为了建立联系还需要更多的条件。首先需要一个主题，也就是一个或几个宏观命题，然后根据这些命题建立连贯关系。此外，还需要一些必要的来自长时记忆的框架信息来寻找"失去的环节"（missing links），也就是一些未出现在明确表达出（隐性）的篇章基础中，但是人们需要它们在篇章基础中建立联系的命题。因此，一个阐释性循环周期（Interpretationszyklus）的内容如下②：

a. "旧"信息的必要阐释条件（预设）；
b. 旧信息，例如：前一句话的命题；
c. 新信息，例如：一个需要阐释的句子里的命题；
d. 用来联系 b 和 c 的宏观命题；
e. 用来联系 b 和 c 的框架命题；
f. 有说服力的 b 和 c 的含义（plausible Implikationen）（以及联想）；
g. 关于 b 和 c 的全局性功能的图式（超结构）信息；
h. b、c、d、e 的关系结构（Konnexions- und Zusammenhangsstruktur）。

由此可见，我们在短时记忆里进行篇章信息处理的命题不是杂乱无章的，而是具有一定的组织结构，正如 h 中所说明的结构那样。此外，有些命题可以是一致的：预设可能与宏观命题一致，有些宏观命题可能与微观命题一致，而有说服力的含义常常和通过知识框架而获得的"失去的环节"一致。a 中的命题是我们正确阐释旧信息所需要的命题，它们是从上一个循环周期中保留下来的命题，为建立持续的线性联系提供了条件。梵·迪克认为，如果句子序列的理解需要更多的宏观命题、框架命题和含义，从而需要更多的推理来建立合适

---

① 参见 van Dijk, T. A. Textwissenschaft: eine interdisziplinäre Einführung. (Deutsche Übersetzung von Christoph Sauer, niederl. Original 1978). Tübingen: Max Niemeyer Verlag, 1980b: 191~192.
② 同上书，第178页.

的语义联系，那么句子序列的理解过程就需要更多的时间。①

一篇文章中直接相邻的句子之间很可能没有任何的联系。在这种情况下我们可以认为，语言使用者将两个句子储存在语义短时记忆中（或者至少是它们所表达的重要事实以及宏观命题），首先过渡到下一个句子，而这个句子有可能使没有直接联系的两个句子间接联系起来。当一个新的篇章段落开始一个新主题时，也会出现这种情况。

我们可以从一个阐释性循环周期的内容得知，建立命题之间的语义联系需要以下条件：①对旧信息的必要阐释，即预设；②宏观命题，即宏观结构知识；③框架命题，即框架知识；④有说服力的 b 和 c 的含义和联想；⑤关于新旧命题的全局性功能信息，即新旧命题的超结构信息。需要指出的是，梵·迪克并未对第四个条件在建立命题之间语义联系中的具体作用做出详细说明。本书认为，"有说服力的 b 和 c 的含义和联想"常常作为信息 b 和 c 的预设为建立二者之间的联系提供依据，此预设可分为"语义预设"和"语用预设"两种，而第一个条件中的"预设"指的是前文提供的信息。对此将在后文做详细的探讨。

梵·迪克重点列举了建立命题间语义联系的知识前提，但其实确定命题间语义联系这一过程本身是以一定的认知规律为依据的。此外，衔接手段在一定程度上可以标明命题之间以及命题成分之间的语义联系，因此是构建语篇微观连贯的辅助手段。由此可见，构建语篇微观连贯的过程就是以人类的联系阐释认知模式为依据，以衔接手段为信号标记，以预设、框架知识、宏观结构和超结构信息为知识前提建立命题之间语义联系的过程。对这 6 个方面在语篇微观连贯构建中的作用，我们将在下面进行详细的阐释。

二、命题之间的联系

通过分析语篇微观连贯构建的心理过程我们得知，语篇微观连贯构建的过程就是建立命题之间语义联系的过程。接下来我们将首先考察命题相互联系的条件，从而揭示命题相互联系的本质：命题所表达的事实之间相互联系。事实

---

① van Dijk, T. A. Textwissenschaft: eine interdisziplinäre Einführung. (Deutsche Übersetzung von Christoph Sauer, niederl. Original 1978). Tübingen: Max Niemeyer Verlag, 1980b: 181.

之间的联系并不是杂乱无章的,而是具有一定的规律性,也就是说,我们总是按照一定的认知规律来建立事实之间的联系。因此,本部分还将介绍梵·迪克和林科等有关这一认知规律的理论观点,并在此基础之上总结概括出命题相互联系的几种方式。

(一) 命题相互联系的条件

梵·迪克指出,命题与事实(Sachverhalt)联系在一起,如果命题所描述的事实存在,那么此命题就是真的,相反则是假的。在此基础上,梵·迪克提出了整个命题相互联系的条件:如果两个命题所描述的事实相互联系,那么这两个命题就是相互联系的。① 例如在 "Das Wetter war schön. Der Mond dreht sich um die Erde."(天气好。月亮围绕地球转。)中两个命题所描述的事实之间没有联系,所以这两个命题之间也就没有关系。下面的例子同样可以证明这一条件是命题相互联系的必要条件:

Jan hat sein Examen bestanden. Er ist in Amsterdam geboren. (雅恩通过了考试。他出生于阿姆斯特丹。)

虽然这两个命题都是在描述雅恩这个人的情况,但指称的一致性(referenzielle Identität)即主项的一致性还不足以使这两个命题相互联系起来。由于两个命题所描述的事实"雅恩通过了考试"和"他出生在阿姆斯特丹"之间没有什么关系,所以这两个命题没有满足上面提到的必要条件,因此它们之间也就不存在什么联系了。

而事实上,即使指称不一致,命题之间也可能存在联系,只要它们满足上面的条件,如在 "Das Wetter war schön. Wir gingen zum Strand."(天气好。我们去了沙滩。)中,虽然 das Wetter(天气)和 wir(我们)所指并不一致,但这两个命题之间的联系还是很紧密的。

特点的一致性(die Identität von Merkmalen)常常足以使句子序列中的命题相互联系。例如,在句子序列 "Peter hat ein Klavier gekauft, und Gerd hat letzte Woche auch schon eines gekauft."(彼得买了架钢琴,格尔德上周也买了架钢琴。)

---

① van Dijk, T. A. Textwissenschaft: eine interdisziplinäre Einführung. (Deutsche Übersetzung von Christoph Sauer, niederl. Original 1978). Tübingen: Max Niemeyer Verlag, 1980b: 27.

中,"彼得"和"格尔德"具有相同的特点:买钢琴。因此两个命题是相互联系的。但是,在句子序列"Hans und Grete haben letzte Woche geheiratet. Königin Beatrix ist mit Prinz Claus verheiratet."(汉斯和格蕾特上周结婚了。倍特里克斯女王和克劳斯王子结婚了。)中,虽然"汉斯和格蕾特"与"倍特里克斯女王和克劳斯王子"具有相同的特点:结婚。但是我们却很难把这两个事实联系起来,所以这两个命题之间也就不存在联系了。因此,特点一致性也不是命题相互联系的必要条件。

其实,在上述句子序列"Peter hat ein Klavier gekauft, und Gerd hat letzte Woche auch schon eines gekauft."中两个命题相互联系的根本原因不是特点一致性,而是事实相互联系:说话者比较了两个事实,而这两个事实所涉及的行为主体都是说话者的熟人。因此,"我们可以看出,命题相互联系的条件已经不仅仅是语义方面的,因为语义学没有定义'说话者'(Sprecher)或'说话者的知识'(Kenntnisse/Wissen des Sprechers)这两个概念。接下来您会清楚地看到,我们必须从语用学或心理学的角度来阐释这些条件。谈话双方及其对事实的想象之间的关系同样需要从语用及心理的角度进行阐释。两个事实可能对于有些说话者来说是相互联系的,而对于其他人来说又可能是没什么关系的,这取决于他们对世界的认识以及他们的观点和愿望。因此,从语用学或心理学角度来看,我们必须在上面提到的必要条件中补充上:'与说话者的知识(经验等)有关'"①。

但是,梵·迪克同样指出:"尽管如此,我们对事实的认识和阐释还是要建立在普遍的约定俗成的原则之上:并不是所有事实都是任意地相互联系在一起的。"梵·迪克总结出3个事实相互联系的普遍准则:因果关系、逻辑—概念关系和处于同一情境。②

1. 因果关系(kausale Beziehung)

当事实 A 是事实 B 的起因(Ursache),或是对事实 B 的理由说明(Begründung),而事实 B 因此是 A 的结果时,我们就可以说,事实 A 和事实 B

---

① van Dijk, T. A. Textwissenschaft: eine interdisziplinäre Einführung. (Deutsche Übersetzung von Christoph Sauer, niederl. Original 1978). Tübingen: Max Niemeyer Verlag, 1980b: 28.
② 同上书,第28~29页。

之间的关系是因果关系。事实之间的这种关系是因果关联词使用的基础，如连词 weil，da，so dass 等以及副词 darum，daher，also，demzufolge 等。

2. 逻辑—概念关系（logisch-konzeptionelle Beziehung）

事实之间的起因结果关系（ursächliche Beziehungen）建立在物理的、生理的和现实世界的其他规律基础之上，阐明理由关系（begründungsliefernde Beziehungen）建立在知识和有效的论证原则基础之上。而比这种事实之间的关系更紧密的是普遍的逻辑性关系（logische Relationen im allgemeinen）和特殊的概念性关系（konzeptuelle Relationen im besonderen）。例如在下列同义反复的句子中：

Peter hat keine Frau, weil er Junggeselle ist.（彼得没有妻子，因为他是个单身汉。）

由于"Junggeselle"（单身汉）这个概念有"没有妻子"的含义，所以像这样的句子在任何情况下都是正确的。这种句子是一种语言的意义假设（Bedeutungspostulate）的组成部分，意义假设描述了词语意义的概念结构（konzeptuelle Struktur）。

3. 处于同一情境（in derselben Situation）

事实之间的关系还可以比因果关系和逻辑—概念关系更松散些。例如两个事实发生在同一情境里：同一时期、同时或先后、同一可能的环境（in derselben möglichen Welt）。例如：

Wir waren am Strand und haben Fußball gespielt.（我们去了沙滩，并踢了足球。）

在此例中，两句话之间用"und"（和）连接，第一句话给出了第二句话事实发生的情境，即"am Strand"（在沙滩上），也可以说"Fußball spielen"（踢足球）的地点是"在沙滩上"，"踢足球"的时间与"在沙滩上"的时间重合或者是其中的一部分。因此，"在沙滩上"和"踢足球"是发生在同一情境里的两个事实。

在"Maria strickte. Georg spielte Klavier."（玛利亚织毛衣。格奥尔格弹钢琴。）中，两句所描述的事实基本同时发生，前后两句相互联系。然而"同时发生"还不足以构成句子序列联系的条件。例如在"Maria strickte, und die Erde dreht sich um die Sonne."（玛利亚织毛衣，地球围绕太阳转。）中，虽然句中所描述的两个事实同时发生，但是它们之间并不存在什么联系，因为两事实之间不存在可比性（Vergleichbarkeit）。而在 "Maria strickte. Georg spielte Klavier."中，stricken 和 Klavier spielen 都是业余活动，具有可比性，因此，两事实之间存在联系。

由表示"选择关系"的连词 oder 连接的句子同样如此，例如：

①Ich gehe ins Kino, oder ich gehe Tante Anna besuchen.（我去看电影，或者去看望安娜阿姨。）

②Ich gehe ins Kino, oder ich werde Rechtsanwalt.（我去看电影，或者成为律师。）

"选择关系"要求两事实不可能同时发生，而是两种可能的选择，具有可比性，如例①中两事实都是说话者典型的周末活动，而不能一个是简单、短时的活动（如开门），而另一个是复杂、长时的活动（如建桥）。也就是说，两个事实必须具有可比性。而例②中的两个事实不具有可比性，因此，这两个句子之间不存在联系。

当第一个命题没有描述出第二个命题所表达的事实发生的背景（Rahmen）时，我们常常可以期待存在第三个暗含的命题（或一系列命题），并根据这个（或这些）命题来理解和阐释原来的那两个命题，例如："Nach dem Essen gingen Maria und Georg ins Arbeitszimmer."（饭后玛利亚和格奥尔格去了工作室。）便是 "Maria strickte. Georg spielte Klavier."中两个事实发生的背景，也是将两事实联系起来的基础。"Ich gehe heute Abend weg."（我今晚出去。）是理解 "Ich gehe ins Kino, oder ich gehe Tante Anna besuchen."中两事实联系的基础。而我们却不能为 "Ich gehe ins Kino, oder ich werde Rechtsanwalt."找到这样的一个命题。这种暗含的第三个命题常常出现在前文，或者是说话者和听者的一般的语境或世界知识的组成部分。

在详细解释了这 3 种关系之后，梵·迪克将两个命题相互联系的条件系统概括为："如果两个命题 p 和 q 所描述的事实 A 和 B 以下列方式相互联系，我们就可以暂时说，这两个命题之间存在联系，不管这种联系是否由连词表达出来。"具体如下所示。

（1）A 是 B 的起因（Ursache）（B 是 A 的结果）。

（2）A 是 B 的一个理由（Begründung）（B 是一种行为或一种行为的结果）。

（3）A 和 B 发生在同一情境里，而且属于同一个概念领域，包括以下几种情况：

——A 和 B 同时发生；

——A 的发生时间是 B 的发生时间的一部分（或者相反）；

——A 和 B 先后发生（如因果关系）；

——A 的发生时间与 B 的发生时间有重叠。

（4）A 必然（逻辑的、概念性的）是 B 的组成部分，或者相反。

（5）A 是 B 正常的（约定俗成的）组成部分，或者相反。①

除了以上的这些条件外，还有一个必不可少的前提，那就是命题 C，它是可比性的基础，还可能是普遍的意义假设、各种规律或常识性的知识。正是根据命题 C，说话者才可以设想出事实之间的关系。

在建立两个命题之间的联系时，具备一些典型情境和事件经过的常规性知识是很必要的。例如：

① Peter hatte kein Geld, so dass er eben nicht in die Kneipe gegangen ist.（彼得没有钱，所以没有去酒馆。）

② Die Ernte war nicht gut. Es hat den ganzen Sommer nicht geregnet.（收成不好。整个夏天都没有下雨。）

在这两个例子中，前后两个命题是相互联系的，我们的判断依据是有关的常识性知识：在酒馆喝酒需要付钱和不下雨就会导致收成不好。梵·迪克指出：''我们把这种关于一定的典型情况和事件的常规信息单元称作'框架'。例如这种框架就可以详细解释前面提到的条件（5），说明某个事实是另一事实的组成部分，如'付钱'是'去酒馆喝酒'的组成部分。''此外，''将两个命题联系起来的依据是：命题 C 还必须含有关于句子序列主题的信息''。② 这就涉及梵·迪克所说的''宏观结构''。

---

① van Dijk, T. A. Textwissenschaft: eine interdisziplinäre Einführung. (Deutsche Übersetzung von Christoph Sauer, niederl. Original 1978). Tübingen: Max Niemeyer Verlag, 1980b: 30~31.

② 同上书，第 31 页。

综上所述，梵·迪克认为命题相互联系的根本原因是其所描述的事实之间存在联系，并且概括了 3 种主要的事实相互联系的方式，由此可见，梵·迪克用客观世界中事物之间的关系来阐释命题之间的联系，进而解释句子与句子之间的关系。因此，可以说，他在分析微观结构层面的连贯关系时已经注意到了客观世界—人—语言三者之间的关系，即语言是人对客观世界感知的表现形式，也就是说，他已经从认知的角度去分析微观连贯现象了。此外，他还明确指出，命题相互联系的条件中还应补充上"与说话者的知识（经验等）有关"，以及来自框架知识或宏观结构知识的命题 C 是命题相互联系的必要前提，这同样证明了他的研究考虑到了认知和语用因素。

此外，梵·迪克认为命题相互联系的基础是其所描述的事实相互联系，这里所说的命题是整个命题，而不是命题成分。而且他也曾举例说明命题主项的一致性还不足以使这两个命题相互联系。由此可见，语篇接受者在构建语篇微观连贯时建立的是整个命题之间的语义联系，而命题成分之间存在联系并不意味着整个命题之间存在联系，从而也不能确保语篇的微观连贯。

与梵·迪克不谋而合，林科等人同样也提出了事物相互联系的 3 种类型。这在一定程度上证明了梵·迪克所提出的 3 种事实联系类型的合理性，说明它们确实能够反映出人们在发现事物联系方面的认知规律。下面介绍一下林科等人的联系模式。

（二）林科等人的"联系模式"（Vernetzungsmuster）①

林科等人在《语言学研究读本》（*Studienbuch Linguistik*）② 一书中介绍了几种语篇连贯研究的理论，其中就包括他们从认知的角度对语篇连贯构建过程的阐释。他们认为，语篇连贯的构建不仅需要语言知识，还需要语外知识（außersprachliche Wissensbestände），并将相关语外知识分为 3 种：世界知识、行为知识和概念性阐释模式，而且指出，这种划分只是粗略的划分，有时还会出

---

① 参见 Linke, Angelika/Nussbaumer, Markus/Portmann, Paul R. Studienbuch Linguistik. Tübingen: Max Niemeyer Verlag, 1991: 239.
② 此书由 Linke、Nussbaumer 和 Portmann 共同编著而成，为了表达简洁，本书在引用他们的观点时都以 Linke 为代表，不再提及其他两人的名字。

现重叠的现象。下面简要介绍一下这几种语外知识的主要内容①。

1. 世界知识（Weltwissen）

世界知识指的是与语篇联系最少，但同时又是最普遍、涵盖面最广的语外知识类型。它所包含的知识内容非常丰富，包括日常知识（如苹果是什么样子、一个城市由哪些部分组成、邮票应该贴在信封的什么位置等）、个人经验知识以及特殊的教育和专业知识。一个人所拥有的世界知识的种类和范围与他成长和生活的文化和社会群体密切相关。以上3种世界知识的共同特征就是它们都是一种"储备"知识（Inventar-Wissen）和客观事物知识（Objekt-Wissen）。人们常常把它们统称为：百科知识（enzyklopädisches Wissen）。

2. 行为知识（Handlungswissen）

行为知识使我们能够把特定的经过及事件解释为特定的行为并使我们自己也能够完成一些行为。这种知识也使我们有能力在特定的交际情境中期待我们的交际伙伴完成特定的行为，或者判定某些特定的行为是"恰当的"，某些特定的行为则是"不正常的"或"错误的"。例如，我们知道在某个地方作客时送上鲜花或小糖果是恰当的行为，而进入主人的厨房或仔细检查厨房冰箱的内容则会显得极不得体。此外，行为知识还使我们知道，在一定情境下，哪些行为通常先后发生，这就意味着，我们的知识包括许多完整的行为复合体，例如：当我们去饭店吃饭时，我们首先要找一张空桌，然后大多会把大衣脱下来挂在衣架上或椅背上，然后向服务员要来菜单，读菜单，点菜，等等。行为知识同样受到文化因素的影响。

3. 概念性阐释模式（Konzeptuelle Deutungsmuster）

概念性阐释模式是一种相对狭义的知识储备，它既是"世界知识"的组成部分，也是"世界知识"的前提条件。这种阐释模式控制并组织我们日常（大多是无意识的）认知世界的过程，并使我们可以将不同的行为、事实或事件理解为以一定方式相互联系的。因为我们并不是把通过感官认识的一切简单地看作是不同孤立的事物和事件所组成的杂乱无章的集合，而是努力把我们所感知

---

① 参见 Linke, Angelika/Nussbaumer, Markus/Portmann, Paul R. Studienbuch Linguistik. Tübingen: Max Niemeyer Verlag, 1991: 227~229.

的事物理解成以一定形式相互联系的。林科等人划分了3种基本的概念性阐释模式：并列关系（koordinative Beziehung）、时间关系（temporale Beziehung）和因果关系（kausale Beziehung）①。

并列关系。这种模式是一种基础模式。它是我们将不同的物体、事件、事实感知为相互联系的基础。一般情况下，我们认为这种阐释模式是把不同的事物看作是具有共同之处的一种阐释模式。也就是说，我们要寻找一个共同的空间的、情景的或事实主题的分类特征，而这一特征便是不同事物的相关点。例如：我们可以在"学校教室"（Schulzimmer）、"海滩下午"（Strandnachmittag）或"环境问题"（Umweltproblematik）的视角下将不同的事物联系在一起。

时间关系。第二种基本模式是时间顺序，这种模式也可以被视为并列关系的一种特殊情况。所感知的不同现象在时间上存在联系，它们先后发生或同时发生。

因果关系。这种模式建立在时间关系基础之上。时间关系可以进一步解释为因果关系。也就是说，我们似乎总是力求将某些事实或事件解释为其他事实或事件的原因或结果，不管有关的事件之间的因果关系是自然规律决定的，还是建立在文化或社会习俗基础之上，或干脆基于个人经验的。例如，我们把一盆本来很难养的植物突然长得很快看作是地点变换的结果，把一个女同事的坏脾气看作是刚刚接了一个电话的结果。

我们常常借助上面3种概念性阐释模式来建立语言单位间的连贯关系。例如：

①a. Anna hat den Fernseher aus dem Fenster geworfen. （安娜把电视机从窗户里扔了出去。）

b. Sie konnte den Anblick von Rudi Carell nicht mehr ertragen. （她再也不能忍受鲁迪·卡莱尔的那副模样了。）

②a. Anna hat den Fernseher aus dem Fenster geworfen. （安娜把电视机从窗户里扔了出去。）

---

① 参见 Linke, Angelika/Nussbaumer, Markus/Portmann, Paul R. Studienbuch Linguistik. Tübingen: Max Niemeyer Verlag, 1991: 228~229.

b. Die Kiste ist im Tulpenbeet gelandet. （电视机落在郁金香花坛里。）

我们很自然地会把例①中 a 和 b 之间的关系解释为因果关系，即 b 是 a 的原因；而把例②中 a 和 b 之间的关系解释为时间先后顺序，即 a 发生在 b 之前。

这两个例子中的两句话之间没有任何连接手段连接，那我们对句间之间关系判定的依据是什么呢？这一方面取决于我们的知识储备，即我们上面所说的世界知识，另一方面我们在将句间关系进行归类时运用了"概念性阐释模式"。我们作为语篇的接受者借助一定的阐释模式来组织一篇文章以线性顺序提供给我们的信息单元，从而建立它们之间的联系。而这些模式也正是我们感官认识世界时所使用的模式。因此，即使语言单元之间没有连接手段连接，但我们仍然可以依靠这些来自我们日常认知经验的阐释模式建立它们之间的连贯关系。与"概念性阐释模式"相对应，林科用 3 种"联系模式"（Vernetzungsmuster）来描述构建连贯的认知过程：并列模式（Koordinierung）、时间模式（Chronologisierung）和因果模式（Konklusivität）。① 下面我们通过举例来阐释这 3 种联系模式。

（1）并列联系模式。这种建立空间、情景或事实主题联系的模式主要存在于描述性文章中。下面这首诗就是一个并列模式的典型例子：

"Frühling lässt sein blaues Band

wieder flattern durch die Lüfte,

Süsse wohlbekannte Düfte

streifen ahnungsvoll das Land.

Veilchen träumen schon （…）"

这首诗中虽然句与句间没有任何的衔接手段，但是我们仍然可以把它看作语义连贯的语篇，这是因为这里所描述的不同事物具有相同的特征：它们都是春之初的景象。

这种并列联系模式，也就是通过寻找事物间的共同点来建立其间联系的模式，是我们前面提到的框架理论的基础，"框架"其实就是所有具有共同点的事

---

① 参见 Linke, Angelika/Nussbaumer, Markus/Portmann, Paul R. Studienbuch Linguistik. Tübingen: Max Niemeyer Verlag, 1991: 239~242.

物的集合。

(2) 时间联系模式。这种联系模式主要出现在叙述性的文章中,例如:

① Es war einmal ein fröhlicher Müllersbursch. ② Der hatte in den ersten mil-den Frühlingstagen sein Ränzlein geschnürt ③ und sich auf Wanderschaft gegeben, ④ nachdem er von Vater und Mutter recht herzlich Abschied genommen hatte. ⑤ Am Abend des ersten Tages seiner Wanderschaft kam er in einen tiefen, dunklen Wald. ⑥ Er fühlte sich sehr alleine und sehnte sich nach Gesellschaft. ⑦ Traurig dachte er an seine Eltern. ⑧ Plötzlich aber hörte er von weitem ein lustiges Singen …

在这篇文章中有一些衔接手段可以帮助我们来判断时间关系,如④中的 nachdem,⑧中的 plötzlich,②③④中的过去完成时(由于⑤中用的是过去时,所以②③④中的行为发生在⑤之前)。

值得注意的是,我们把③中的 und 也看作是表明时间关系的衔接手段,甚至是没有任何衔接手段连接的⑤和⑥、⑥和⑦之间的关系我们也能判断为时间先后的关系。这就说明语篇连贯的构建不是依赖于衔接手段,而是我们运用已掌握的知识确定特定语篇的内在逻辑关系。

(3) 因果联系模式。这种联系模式主要运用在论证性和解释性的文章中,主要包括因果关系,此外还包括目的关系、条件关系和让步关系等。例如:

① Anna hat den Fernseher aus dem Fenster geworfen. ② Sie konnte den Anblick von Rudi Carell nicht mehr ertragen. ③ Ihre Mutter ist ihr jetzt aber deshalb böse, ④ denn wenn Anna jedesmal einen Fernseher zerdeppert, sobald ihr ein Mo-derator nicht passt, wird das mit der Zeit eine teure Angelegenheit.

在该例中,我们可以通过连词"denn"识别出③和④之间的因果关系。而①和②虽然没有连词连接,但是我们仍然可以依靠来自我们日常认知经验的阐释模式识别出它们之间存在因果关系:安娜把电视机从窗户里扔了出去,因为她再也不能忍受鲁迪·卡莱尔的那副模样了。

通过对林科等人的概念性阐释模式的介绍,我们发现,这3种模式有重叠的地方,正如他们自己所说的那样,并列关系是一种基础模式,当我们初步建立事物之间的联系时,总是倾向于首先找到它们的共同点来将它们联系起来。例如,当我们看到有关课桌、椅子和黑板的描述时,就会首先想到它们都是学

63

校教室的组成部分，这一共同点就将它们联系在一起。当我们读到有关以下活动的描述时，如游泳、看日落、捡贝壳，我们就会首先找到它们的共同点，即都是在"海滩下午"进行的活动，从而将它们联系在一起。

在介绍或描述某一事物时，如在介绍学校教室的组成部分或描写下午在海滩上的活动时，时间因素并没有起作用，我们将教室组成部分之间的关系或海滩下午进行的活动之间的关系理解成并列关系就足够了。然而如果不是泛泛介绍海滩下午可以进行哪些活动，而是具体叙述某人某天下午在海滩上所做的事情，这样时间因素就起作用了，因为某人所经历的事情在时间上肯定有先后，并且常常有时间词作标记，因此，我们会将海滩下午所进行的活动之间的关系确定为时间关系。但是，这并不能排除我们将它们之间的关系理解为并列关系的可能，因为并列联系模式在通过事物之间的共同点将它们联系起来的同时，也概括出了相关描述的主题。因此，在以下两种情况下我们会使用并列联系模式。（1）当我们快速浏览时通常不需要详细了解事物之间的关系，即使它们之间存在精确的时间关系，只需大致把握主要内容就可以了。在这种情况下，我们通常会使用并列联系模式，找出它们的共同点将它们联系起来，同时也概括出了有关描述的主题。（2）当我们仔细阅读时，不仅需要了解事物之间的时间关系，而且还需要并列联系模式概括出语篇主题，这样才是真正理解了语篇内容。由此可见，何时使用并列联系模式，何时使用时间联系模式与语篇接受者的阅读目的有关。与时间关系一样，因果关系也是一种具体的关系，而并列关系是一种笼统的关系。因果联系模式与并列联系模式之间的关系同时间联系模式与并列联系模式之间的关系类似，在此就不再赘述。

此外，我们通过并列联系模式将不同事物联系起来时需要找到它们的共同点，而这是以我们以往的经验，或者说是"框架知识"为依据的。如果我们没有"海滩下午"的经历，我们就没有这一方面的知识储备，也就无法将"游泳""看日落""捡贝壳"联系到同一主题下。

我们通过对比林科等人的3种概念性阐释模式与梵·迪克的3种事实联系类型可以发现，两者都包括因果关系，而且林科等人的"时间关系"与梵·迪克的"处于同一情境"的内容基本一致。不同的是，林科等人的"并列关系"是梵·迪克的事实联系类型所不能涵盖的，而梵·迪克的逻辑—概念关系也是林科等人的3种概念性阐释模式所没有涉及的,因此,这两种理论应该是互补的。本书认为,应该将两种理论结合起来,即命题所描述的事实之间的联系可以分为4种:并列关系、时间关系、因果关系以及逻辑—概念关系。

(三) 命题相互联系的方式

通过对命题相互联系的条件的描述,我们发现命题好像常常是前后成对地联系在一起的。然而事实上,句子序列中命题之间的联系不一定都是直接的,例如下面的一个关于彼得去进行冬季运动度假的句子序列:

(…) ① Er fuhr mit dem Nachtzug. ② Die sind bequem. ③ Am nächsten Morgen war Peter ausgeruht an seinem Urlaubsort. ④ Es schneite. ⑤ Das Hotel lag am Rande des Dorfes. ⑥ Es gab eine gute Aussicht auf die Berge. ⑦ Er fühlte sich von Anfang an wohl. (…)

很明显,在这个句子序列中句子之间的联系并不是直线的和成对的。虽然①和②之间存在直接的联系,②是①的原因[根据条件(2)],但是,②和③之间却没有联系。③和①之间存在联系[根据条件(3)]:它们所描述的事实先后发生,并且属于同一概念领域(Reisen)。④与其他句子都没有直接的联系,只是与这段话的整体主题"冬季运动"(das globale Thema)有关。⑤与其他句子的联系也不是很大,只能通过框架信息得到解释:当人们去旅游进行冬季运动时,大多住在一个宾馆里,而这个宾馆常常是事先预定好的。⑥也只是与冬季运动这一框架的信息有关:冬季运动是在山上进行的。此外,⑥还可以看作是⑦的条件,而⑦是③所描述事实的(时间上的)结果。

通过对上面的句子序列的分析,我们可以看出句子序列中的联系不一定是连续的,而在不相邻的命题之间也有可能存在联系。如果命题之间不存在直接联系,它们可以通过语段的主题或某个常规知识框架间接联系起来。

三、衔接手段在语篇微观连贯构建中的作用

(一) 衔接手段的分类

在《英语中的衔接》一书中,韩礼德和哈森对英语中的衔接手段做了全面的描写,把它们分为两大类:一类是语法手段,另一类是词汇手段,每一类又

包含若干具体的体现形式。衔接手段的分类情况如下图所示①：

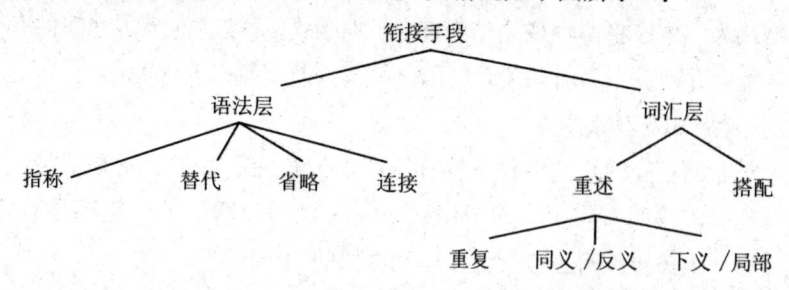

```
                        衔接手段
                    ┌──────┴──────┐
                  语法层          词汇层
              ┌────┼────┬────┐    ┌───┴───┐
            指称  替代  省略 连接  重述    搭配
                                ┌──┼──┬──┐
                              重复 同义/反义 下义/局部
```

下面对以上衔接手段做一简单的介绍②，并尝试找出与之对应的德语表达，从而对德语中的衔接手段进行系统分类。

1. 指称

指称指的是语篇中一个成分用作另一个成分的参照点的现象。指称可以分为两类：指内（endophoric）和指外（exophoric）。前者说的是有关成分的参照点存在于语篇之中，后者说的是有关成分的参照点不在语篇之内而在语境之中。根据参照点和相关成分在语篇中出现的前后顺序来看，指内又可分为两种：指前（anaphoric）和指后（cataphoric）。以下语言手段常常起到指称的作用。（1）代词指称：代词和物主代词。（2）指示指称：指示限定词、定冠词、时间和地点副词（here, now, there, then）。（3）比较指称：形容词比较级以及某些形容词和副词（same, identical, equal, similar, additional, other, diffe-rent, else, identically, similarly, likewise, so, such, differently, otherwise）③。德语中也存在相应的指称手段，如：er, ihm, sein 为代词指称；dieser, jener, der, hier, jetzt, dort, da 为指示指称；gleich, identisch, andere, so 为比较指称。

2. 替代

替代指的是用一个替代词去取代语篇中的某一个成分。被替代的部分可以从上下文中找到。英语中的替代大致有 3 种类型：名词性替代、动词性替代和

---

① Halliday, M. A. K./Hasan, R. Cohesion in English. London: Longman, 1976, p.33.
② 参见朱永生、严世清：《系统功能语言学多维思考》，上海外语教育出版社 2001 年版，第 46～52 页。
③ 参见 Halliday, M. A. K./Hasan, R. Cohesion in English. London: Longman, 1976, pp. 37～39.

小句性替代。最常见的英语名词替代词为 one，动词替代词为 do，小句替代词为 so。例如：

①Let's go and see the bears. The polar ones are over on that rock.

②She likes to travel. So do I.

③A：Tom said there would be going to be a demonstration.

　B：Really? John didn't say so.

在德语中，与 one 相对应的名词替代词是 einer, eins, eine，与 do 相对应的是 machen 或 tun，与 so 相对应的是 so. 例如：

①A：Hat jemand ein Taschenmesser?

　B：Ja，ich habe eins.

②A：Wer hat das Glas zerbrochen?

　B：Thomas hat es getan.

③A：Wir hätten keine Reise nach Süden machen sollen. Es war zu heiß.

　B：So habe ich es mir gedacht.

3. 省略

省略指的是语篇中的某个成分或某些成分被省去。被省去的成分一般都能在语篇中找到。省略与替代十分相似，韩礼德和哈森曾把它称作"零替代"。同替代一样，省略也可分为名词省略、动词省略和小句省略。名词省略指的是名词中心词的省略，如："He bought a red car, but I liked the blue."（德语："Er hat ein rotes Auto gekauft, aber ich mag das blaue."）动词省略指的是动词中心词的省略，如："John likes classical music but Mary pop music."（德语："John liebe klassische Musik, aber Marie Popmusik."）小句的省略最常见的是出现于以肯定词或否定词回答的句式中，如："A：Did you see him yesterday? B：Yes."（德语："A：Hast du ihn gestern gesehen? B：Ja."）

4. 连接

连接是一种运用连接成分体现语篇不同成分之间逻辑关系的手段，韩礼德和哈森将连接成分所体现的逻辑关系分为 4 大类：递进、转折、因果和时间。连接成分既包括连词，如：not only … but also, but, because, before（德语：nicht nur … sondern auch, aber, denn, bevor），也包括具有连接意义的由副词或介词短语体现的状语，如：also, however, consequently, later（德语：auch, trotzdem, deswegen, später）。

逻辑关系常常通过一定的语言形式体现出来，有时虽然没有语言形式来体现，但我们仍然可以判断出来，如：

①Er kam herein. Er setzte sich an den Tisch.（他走进来，坐到桌子旁。）

②Wir gehen heute abend nicht ins Kino. Es regnet.（我们今天晚上不去看电影，正在下雨。）

虽然例①和例②中的两句话都没有通过连接成分连接，但是我们根据自己的认知经验还是可以判断出例①中前后两句之间的关系是时间关系，例②中前后两句之间的关系是因果关系。①

不需要连接成分体现也可辨别出来的逻辑关系以时间关系和因果关系居多。②

5. 重述

重述可分为3类：重复、同义/反义、下义/局部。词汇重复指的是某个词（通常是关键词）在同一个语篇中重复出现。例如：

①Ich muss für eine Lüge, eine kleine Lüge, eine dumme Lüge so hart bestraft werden.（我必须因为一个谎言，一个小小的谎言，一个愚蠢的谎言而受到如此严厉的惩罚。）

②Er liest gern Romane. Jetzt liest er gerade in seinem Zimmer einen Roman.（他喜欢读小说。现在他正在自己的房间里读一本小说。）

③Wir haben drei Jahre zusammen gearbeitet. Unsere Zusammenarbeit ist sehr erfolgreich.（我们已经合作三年了。我们的合作很成功。）

上面的3个例子说明，重复的词汇可能是形式完全一致（如例①），也可能是基本一致（如例②），甚至可能是同源不同形的（如例③）。此外，上面3个例句中Lüge的重复都是可以避免的，我们可以将其改写为：

---

① 没有通过语言形式体现的逻辑关系仍然可以被识别出的原因已在上一部分中分析过了，在此就不再赘述。
② 参见朱永生、严世清：《系统功能语言学多维思考》，上海外语教育出版社2001年版，第51页。

①Ich muss für eine kleine dumme Lüge so hart bestraft werden. （我必须因为一个小的愚蠢的谎言而受到如此严厉的惩罚。）

②Er liest gern Romane. Jetzt liest er gerade einen in seinem Zimmer. （他喜欢读小说。现在他正在自己的房间里读着一本。）

③Wir haben drei Jahre zusammen gearbeitet. Es ist sehr erfolgreich. （我们已经合作三年了，很成功。）

通过对比修改前后的两组例句我们可以发现，例①中的重复可以表达出强调的效果，并且抒发出后悔的情感，而例②、例③中的重复则使得表达更加明确，避免了歧义。

同义和反义同样是一种衔接手段，其表现形式是同义词和反义词的使用。两个成分是否同义或反义，由其意义决定，而不受词性的制约，例如：

①Wir hatten eigentlich vor, am Sonntag einen Ausflug zu machen. Aber wegen des schlechten Wetters mussten wir den Plan aufgeben. （我们本来计划周日去郊游，但由于天气不好不得不放弃这一计划。）

②Er liegt in tiefstem Schlaf. Geh und weck ihn auf. （他睡得很熟。你去把他叫醒。）

在例①中，第一句中的动词 vorhaben 与第二句中的名词 Plan 虽然词性不同，但是它们的意思都是"计划"，因此，它们仍然是同义词，具有衔接前后两句话的作用。在例②中，第一句中的名词 Schlaf（睡觉）与第二句中的动词 aufwecken（唤醒）由于意思相反，因此是"反义"这一衔接手段，而它们不同的词性并没有影响到它们的衔接作用。

上下义关系是由一个上义词和一个或几个下义词共同体现的。下义词与上义词之间属于"A 是 B 的一种"的关系，如德语中 Rot（红色）和 Grün（绿色）与 Farbe（颜色）之间的关系。当两个或两个以上的下义词在语篇中出现时，它们之间便形成"共同下义"的关系，如 Rot 与 Grün。局部关系是由一个表示整体的词和一个或几个表示局部的词共同体现的。局部词与整体词之间属于"A 是 B 的一部分"的关系，如德语中的 Körper（身体）与 Arm（胳膊）和 Bein（腿）之间的关系。当两个或两个以上局部词在语篇中出现时，它们之间就会形成"共同局部关系"。

6. 搭配

搭配指的是不同的词汇在语篇中一起出现的现象。同现的词汇可以在同一个小句中，也可以在不同的小句中，如：

①Er raucht eine Zigarette.

②Er zündet eine Zigarette an und raucht schweigend.

像例②这样的跨句搭配的衔接作用更加重要些，因为它们能把分布在不同小句中的若干成分从语义上联系起来。

（二）衔接现象产生的认知语用学阐释

韩礼德和哈森一开始是将衔接与语篇性（texture）联系在一起进行讨论的。所谓语篇性是指语篇所具有的作为语篇的特征。他们列出了5种类型的衔接手段，即指称、替代、省略、连接和词汇衔接。由于他们的分析侧重的是语篇作为产品的形式特征，因而给人的印象是衔接的产生似乎就是为了构筑合乎"语法"的语篇。

语篇性不等于连贯，但与连贯是相通的概念。后来，韩礼德和哈森把连贯看作是与衔接相关的范畴，并且指出，衔接是语篇连贯的必要条件，衔接是建筑连贯大厦的基石。[1] 雷因哈特（Reinhart）也支持这一观点。[2] 可是，他们的这一观点受到一些学者的质疑。例如，恩科维斯特（Enkvist）就认为，衔接既不是连贯的充分条件，也不是必要条件。[3] 如下面的对话虽然（看上去）缺乏衔接，却仍然连贯：

A：Can you go to Edinburgh tomorrow?（你明天能去爱丁堡吗?）

B：B. E. A. pilots are on strike.（英国欧洲航空公司的飞行员正在罢工。）[4]

维多森（1979）、布朗和尤勒（1983）、斯达布斯（1983）、吉奥拉（Giora

---

[1] Halliday, M. A. K./Hasan, R. Language, Context and Text. Victoria: Deakin University Press, 1985, p. 94.

[2] Reinhart, T. Conditions of Coherence. In: Poetics Today, 1 (4): 61~180, 1980, p. 161.

[3] Enkvist, N. E. Coherence, Pseudo-coherence, and Non-coherence. In: Ostman, J. O. (ed): Cohesion and Semantics. Abo, Finland: Abo Academy Foundation, 1978, pp. 73~91.

[4] Widdowson, H. G. Explorations in Applied Linguisitics. Oxford: Oxford University Press, 1979, p. 96.

(1985)等从事话语分析的学者都认为，连贯的语篇不一定都是衔接的。遗憾的是，与恩科维斯特一样，他们都没有解释为什么会是这样。他们往往用一些简短的会话语篇或人为创造的例子来支持自己的观点，因而也受到一些批评。例如，孙玉认为，他们依靠的那些充满衔接却不连贯的人为创造的例子在自然话语中是不存在的，因而他们的结论都欠妥当，而那些人为设计的例子也容易产生误导。要找到一些有衔接现象但不连贯，或者无衔接现象却连贯的例子是很容易的，但是以较大的篇章为例就比较困难了。① 即使上百字的文章，也几乎不可能不包括韩礼德和哈森所列出的5种衔接类型的任何一种。总之，对韩礼德和哈森的观点出现了两种截然相反的意见：一种意见认为衔接不是必要的（依据是简短的对话）；另一种意见则认为衔接是必要的（依据是大篇幅语篇中的衔接遍布）。事实上，这两种意见都有一定的道理，因为它们所提到的两种现象在日常生活中确实存在。因此，用一个统一的理论来解释这两种衔接使用的不同现象是解决这种意见冲突的关键所在。

首先，我们可以从语篇产生的角度来解释语篇的衔接与连贯的关系。根据桂诗春（1985）的观点，即言语的产生牵涉到制定计划和执行计划这两类活动，话语的连贯一开始就通过说话人的制定计划而融于话语了。连贯作为语篇特征是说话人通过运用各种知识对语篇、句子、句子成分的选择而制造出来的。而语篇的衔接，特别是词汇衔接，则是在连贯语篇的生成过程中产生的副产品或伴生物。就一段自然话语来讲，连贯是前提，是听话人理解话语的一种假说；衔接则是说话人在生成话语时有意或无意留下的接结。有些衔接手段的使用是为了让听话人感到更加有条理，这种使用是有意的。同时，另外一些衔接手段的使用则是无意的。例如说话人在描写轿车时可能会提到发动机、方向盘、车灯等。这时，说话人并非有意要为听话人提供词汇衔接手段，而是由他说话的主题决定的。不论是有意的，还是无意的，对于一段自然的而不是杜撰的话语来说，衔接都是在连贯的基础上产生的。连贯是第一性的，衔接是第二性的。

通过解读衔接与连贯的关系以及衔接产生的原因，我们对衔接现象有了更

---

① 孙玉：《论衔接与连贯的来源、本质及其关系》，《外国语》1997年第1期，第31~35页。

加深刻的理解。但是，为了解决上文提到的意见冲突我们必须为衔接使用的不同情况提供一个更为统一的解释。而这种统一的解释可以借助关联理论来获得。按照关联理论，言语交际遵循着一个总的原则，那就是，说话人希望能以尽量少的努力生成能产生充分语境效果的话语，而听话人则希望付出尽量少的代价或努力获得最充分的语境效果。按照交际关联原则，对于传达最佳关联假定的话语来说，处理话语所需的努力是以特定的认知效果为补偿的。为此，说话人需要对听话人的推理能力、语境资源等进行估测，以决定选择明晰程度不同的话语，从而避免让听话人做无谓的处理努力。一般情况下，话语越直接、明确，听话人的理解就越是受到制约，话语也就越容易产生说话人所期待的语境效果，就越不容易产生误解或曲解。说话人对听话人话语理解施以制约的语言手段之一就是使用衔接手段，这些衔接手段包含了处理概念信息的程序信息，对话语所表达的命题内容不产生影响，而是促进话语的理解过程，一方面减少听话人处理话语所需付出的努力，另一方面则减少误解的可能。

通过以上从认知语用学的角度对衔接现象的阐释，我们可以解决上文中提到的意见冲突。第一种意见认为衔接不是必要的，因为简短的对话常常不使用任何衔接手段，却是连贯的。之所以会出现这种现象，是由对话这一话语形式本身的特点所决定的，即对话对语境的依赖性较大，说话者常常隐去他认为听话者根据对话时的语境能够推导出的内容，这就是上文中所说的"说话人需要对听话人的推理能力、语境资源等进行估测，以决定选择明晰程度不同的话语，从而避免让听话人做无谓的处理努力"。而与对话不同，大篇幅语篇是书面语，语篇生产者和接受者共享的语境资源较少，而且由于其篇幅长，其中语句之间的关系也较对话复杂，因此，语篇生产者不能寄希望于语篇接受者根据语境推导出隐藏的信息，而必须选择较为明晰的话语才能避免误解或曲解。这便是大篇幅语篇衔接遍布的原因。

（三）衔接手段在语篇微观连贯构建中的作用

通过上述对衔接现象产生原因的介绍我们认识到，衔接是语篇生产者在生成语篇时有意或无意留下的接结。例如指称、替代和省略这3种语法衔接手段就是语篇生产者出于语言经济性的考虑，为了避免没有必要的重复而使用的语言手段，但语篇生产者使用这些语言手段常常并不是有意地为语篇接受者提供识别语义联系的依据，而是根据一般的语言规则而这样表达的，因此，这3种衔接手段常常是语篇生产者无意留下的接结。而词汇衔接手段中的同义/反义、下义/局部以及搭配有时也是语篇生产者根据自己所要表达的内容而无意使用的，例如说话人在描写轿车时可能会无意提到发动机、方向盘、车灯等。其实，不管是同义词、反义词，是上义词、下义词，还是整体词、局部词或可以互相搭配的词语，它们所表达的概念都属于同一框架，也就是同一个有机联系在一起的概念系统。因此，框架理论才能从根本上解释这些语言手段为什么具有衔接的作用。既然上述衔接手段并不是语篇生产者有意留下的接结，这就说明，语篇生产者并不是依赖这些衔接手段来生产连贯语篇的，语篇连贯的根本原因是其所表达的内容是前后联系的，更准确地说是语篇所描述的事实前后是联系的。这正验证了梵·迪克所说的命题之间相互联系的基础是其所表达的事实相互联系。

语篇生产者有时也会有意使用一些衔接手段，其目的有二：一是为了帮助语篇接受者识别语义联系，建立语篇连贯；二是为了追求特定的表达效果。例如语篇生产者有时就会使用重复这一词汇衔接手段来避免歧义，使用连接这一语法衔接手段来明确语篇组成部分之间的关系，让语篇接受者更容易、更准确地识别出其间的连贯关系。此外，语篇生产者有时使用重复的衔接手段并不是为了避免歧义，而是为了达到强调的效果或抒发感情，使用同义/反义、下义/局部这些衔接手段来变换不同的回指方式，从而追求表达的多样性。由此可见，语篇生产者虽然有意地使用上述衔接手段，但同样不是依赖这些衔接手段来生产连贯的语篇的，而是通过它们使语篇连贯关系更加清晰从而便于语篇接受者识别出，或者是为了达到一定的表达效果，语篇连贯的基础仍然是所表达的事实是相互联系的，例如：

Maria kommt heute nicht zum Unterricht, weil sie krank ist. （玛利亚今天没来上课，因为她病了。）

在该例中，如果把连词weil去掉，我们还是能够判断出两个命题之间的因果关系，只不过要付出更多的认知努力。然而在下面的例子中，虽然同样有连词weil连接两个句子，但我们却无法建立两个命题之间的语义联系：

Maria kommt heute nicht zum Unterricht, weil sie schön ist. （玛利亚今天没来

上课，因为她漂亮。）

我们无法建立该例中两个命题之间的语义联系，其原因是这两个命题所描述的事实之间没有什么联系。

由此可见，不管是语篇生产者有意使用的还是无意使用的衔接手段都不是语篇连贯的根本原因，但它们却是生产连贯语篇时留下的"痕迹"，因此在一定程度上能够帮助语篇接受者去推导语篇中的连贯关系，是语篇连贯的形式标记。但是，由于语篇生产者有意使用一些衔接手段的目的就是让语篇接受者更容易、更准确地识别出连贯关系，因此，有意使用的衔接手段比无意使用的衔接手段的标示作用更加明显，例如"连接"和避免歧义的"重复"的标示作用就比指称、替代和省略更明显。也就是说，有意使用的衔接手段比无意使用的衔接手段的衔接力更强。

以上我们从标示作用是否明显这个角度对衔接手段的衔接力大小进行了区分，除此之外，语篇接受者判断命题之间联系的依据的主次地位也可以区分衔接手段的衔接力大小。既然两个命题之间相互联系的条件是其所描述的事实之间相互联系，而且命题成分之间的联系并不足以保证其所描述的整个事实是联系的，那么，"连接"这一标明命题之间逻辑关系的衔接手段就是语篇接受者建立命题之间语义联系的最主要的依据，而其他衔接手段常常只是标明命题成分之间的联系，虽然在建立命题语义联系时也发挥着一定的作用，但并不是主要依据。例如：

Maria kommt heute nicht zum Unterricht, weil sie krank ist.（玛利亚今天没来上课，因为她病了。）

在该例中，指称手段 sie 标明这两个命题所描述的事实都是关于一个人（Maria）的，因此，该指称手段在我们建立命题联系时发挥了一定的认知导向作用，然而，我们仅知道这一点还不够，要想建立两个命题之间的语义联系还要建立两个事实之间的联系，这时连词 weil 就可以帮助我们，也就是说，weil 在我们建立命题联系时起到了更加关键的作用。因此，"连接"这一衔接手段比其他衔接手段的衔接力更强。

（四）"连接"手段所体现的逻辑关系与事实之间关系的内在联系

构建语篇微观连贯的关键就是建立命题之间的语义联系，而命题语义联系的基础是其所描述的事实相互联系,"连接"这一衔接手段恰恰就能够标示语篇组成部分之间的逻辑关系,因此,"连接"无疑是语篇接受者构建语篇微观连贯最有力的依据。但是,我们也会发现,梵·迪克以及林科等人所提出的 4 种事实相互联系的类型——并列关系、因果关系、时间关系和逻辑—概念关系①,与韩礼德和哈森所列举的 4 种"连接"手段所体现的逻辑关系——递进、转折、因果和时间关系似乎并不完全一致。假如是这样的话,我们就应该对"连接"的标示作用产生怀疑。然而事实并非如此。韩礼德和哈森所说的因果和时间关系应该分别与梵·迪克以及林科等人所说的因果关系和时间关系相对应。而递进关系所描述的事实通常都具有共同之处,因此,从本质上讲它们之间的关系是并列关系。例如:"In Peking besuchte Thomas nicht nur viele Sehenswürdigkeiten, sondern probierte auch viele Spezialitäten."(托马斯在北京不仅参观了很多名胜古迹,而且品尝了许多特色小吃。)在该例中,"参观名胜古迹"与"品尝特色小吃"两个事实具有共同点,即都是旅游时经常进行的活动,因此两个事实之间存在并列关系。而当叙述这两个事实的命题用连词 nicht nur …sondern auch(不仅……而且)连接时,连词的意义本身又给并列关系这一基本关系增添了额外的意义或感情色彩,在本例中通过递进的意义表达出对"托马斯的北京之行收获不小"的羡慕之情。

韩礼德和哈森所说的转折关系其实是因果关系的一种变体,一般由"虽然……但是"这一连词来体现。林科等人就曾明确指出其"因果联系模式"主要包括因果关系,此外还包括目的关系、条件关系和让步关系等。② 转折关系就是让步关系,所谓"转折"就是说前后两部分内容不一致,前面的原因带来了后面一个意想不到的结果,因此后一部分内容的出现常常给人一种"意料之外"的感觉,例如:"Maria ist sehr krank, aber sie kommt zum Unterricht."(虽然玛利亚生病了,但她还是来上课了。)当我们听到"玛利亚生病"时,便会根据正常的因果关系对后面的内容进行猜测:她应该好好休息,不能来上课了。而后面的内容与我们所期待的并不一致,所以才出现了"转折"的效果。也就

---

① 梵·迪克所说的逻辑关系与韩礼德和哈森所说的逻辑关系并不一致,后者基本上等同于语义联系,而对前者的解释请参看前文。
② 请参看本节中"二、命题之间的联系"中的"(二)林科等人的联系模式"。

是说,之所以出现"转折"的效果是因为所表达的内容偏离了常规的因果关系。转折关系必须相对于一个常规因果关系而存在,没有了常规因果关系也就无所谓转折关系了。因此,转折关系的本质仍然是因果关系,只不过是一个原因带来了一个非常规的结果。

由此可见,我们可以将梵·迪克以及林科等人的并列关系、因果关系与时间关系分别与韩礼德和哈森的递进关系、转折关系和因果关系以及时间关系对应起来,也就是说,梵·迪克以及林科等人提出的这3种事实之间的关系经常表现为韩礼德和哈森所列举的几种关系。但是,还有一种事实之间的关系,即逻辑—概念关系没有在韩礼德和哈森的4种关系中找到与其相对应的关系。的确,有关逻辑—概念关系的理论以及研究与其他关系相比较少,因此,这种关系以往并没有引起我们的关注。但是,我们通过梵·迪克对这种关系的阐释可以确定,这种关系经常出现在同义反复句中,而同义反复通常有两种作用:一种是阐释作用,另一种是强调作用,而且这两种作用一般同时存在。比如在"Peter hat keine Frau, weil er Junggeselle ist."一句中,由于"Junggeselle"(单身汉)这一概念有"没有妻子"的含义,因此,"是单身汉"这一事实与"没有妻子"这一事实具有逻辑—概念关系,这也就意味着这两个事实的本质是相同的,通过语言表达出来就是同义反复,而同义反复的目的是通过后一事实来进一步解释说明前一事实,所以这两个事实之间的关系常常表现为因果关系。此外,本质相同的事实的重复必然会带来强调的效果。通过以上分析我们可以得出结论,梵·迪克的逻辑—概念关系常常表现为韩礼德和哈森的因果关系。

除了韩礼德和哈森提出的递进关系、转折关系和因果关系以及时间关系以外,常见的由连接成分体现的逻辑关系还有:并列、选择、对比、条件、目的和方式关系。显而易见,并列关系的本质是事实之间的并列关系,但事实上,具有选择关系和对比关系的两个句子所描述的事实之间也是并列关系,因为它们具有共同之处或都是关于同一主题的,也只有这样它们才具有可比性和可选择性。条件、目的和方式关系的本质都是事实之间的因果关系,只不过与递进关系一样,体现这些逻辑关系的连接成分本身的意义又给因果关系这一基本关系增添了额外的意义,即"条件""目的"和"方式"的意义。

由此可见,梵·迪克以及林科等人所说的事实相互联系的类型与韩礼德和哈森所列举的"连接"手段所体现的逻辑关系是一致的，只不过梵·迪克以及林科等人所说的事实联系是更加深层次的联系，它们揭示了人类把握事物之间关系的认知规律，从而也揭示了命题相互联系的本质，是韩礼德和哈森所列举的"连接"手段所体现的逻辑关系的基础，因此能够作为我们从认知角度阐释语篇连贯构建过程的重要依据。而另一方面，"连接"手段所体现的逻辑关系与事实联系的一致性说明，"连接"这一衔接手段可以明示命题之间的语义联系，因此可以辅助我们构建语篇微观连贯。

综上所述，衔接是语篇生产者在生成连贯语篇时有意或无意留下的接结，它虽然不是连贯的充分条件，但是它一方面可以充当语篇接受者构建语篇连贯时的认知引导，减轻处理语篇的负担，减少误解的可能性。当然，由于不同的衔接手段具有不同的特点，其衔接力的大小也有所不同，因此在语篇连贯构建中发挥的认知引导作用的大小也就不同。另一方面，衔接的使用又与语篇生产者获取特定语篇效果的意图有关，衔接方式的选择可以引发不同的语篇效果。

此外，通过探讨衔接产生的原因以及衔接在语篇连贯构建中的作用我们可以发现，不应只将衔接与连贯或语篇性联系在一起，更应将衔接及其选择与认知机制发生联系，因为语篇生产者首要关心的是其语篇的认知与交际效果，而连贯性产生于语篇接受者在语篇理解过程中对关联性的寻求。换言之，认知与交际效果是第一性的，连贯性是第二性的。衔接则是促进认知、交际效果和连贯产生的一种手段。

四、框架知识在语篇微观连贯构建中的作用

句子序列不仅仅明确表达出了一些命题，其中还必须含有一些可以解释此句子序列的，也就是可以将其中的命题相互联系起来的隐性信息。我们仍以上文提到的一段话为例：

(...) ① Er fuhr mit dem Nachtzug. ② Die sind bequem. ③ Am nächsten Morgen war Peter ausgeruht an seinem Urlaubsort. ④ Es schneite. ⑤ Das Hotel lag am Rande des Dorfes. ⑥ Es gab eine gute Aussicht auf die Berge. ⑦ Er fühlte sich von Anfang an wohl. (...)

严格地说，只有当火车到站后，彼得才能到达旅游目的地，但在上面的例子中并没有命题描述"火车到站"的事实,然而我们仍然能够根据我们有关"火车旅行"的知识推测出这一点。这已经是众所周知的常识,所以有关信息就可以省略了。这种现象也可以从语用学的角度得到解释:语言表达不能过于清楚,要恰到好处,否则就是冗余;不需要再描述听者早已知道的内容。此外,⑤中位于 Hotel(宾馆)一词前面的定冠词的使用前提(隐性信息)是:"Er hat ein Hotel reserviert."(他事先预订了一家宾馆)。在⑥和⑦中也存在隐性信息,⑥隐去了 eine gute Aussicht auf die Berge(可以眺望大山美景)的出发点 von dem Hotel aus(从宾馆),⑦隐去了 sich von Anfang an wohl fühlen(从一开始就感觉很好)的地点 im Hotel(在宾馆里)。而这些隐性信息是准确理解句子序列的必要前提。

简而言之,为了能够正确地阐释句子序列中的每一个命题,听者需要一些普遍命题,即语言的意义假设(Bedeutungspostulate)和关于世界的普遍知识(框架),根据这些知识并联系句子序列的显性命题推导出一些隐性命题。没有这些隐性命题句子序列就不能得到完整的解释。梵·迪克将构成语篇句子序列基础的命题序列命名为"篇章基础"(Textbasis),并将"篇章基础"分为"隐性篇章基础"(implizite Textbasis)和"显性篇章基础"(explizite Textbasis)两种:"显性篇章基础是一个命题序列,其中一部分命题是隐含的,没有作为句子序列表现出来;而隐性篇章基础省掉了'已知'命题,直接表现为'篇章'。因此,显性篇章基础只是一种理论性的结构,可能也是对篇章阐释的认知过程的重构。"① 此外,梵·迪克还从认知的角度阐释了"隐性篇章基础"和"显性篇章基础"在篇章理解过程中的作用:"为了理解一篇文章,我们必须根据句子序列中的隐性篇章基础以认知的方式(kognitiv)[也要理论性地(theoretisch)]重构完整的显性篇章基础。"②

通过梵·迪克对隐性和显性篇章基础的划分,我们可以看出,他已经意识到隐性信息在语篇微观连贯构建中的作用,而且认为这些隐性信息可以从语言

---

① van Dijk, T. A. Textwissenschaft: eine interdisziplinäre Einführung. (Deutsche Übersetzung von Christoph Sauer, niederl. Original 1978). Tübingen: Max Niemeyer Verlag, 1980b: 33.
② van Dijk, T. A. Textwissenschaft: eine interdisziplinäre Einführung. (Deutsche Übersetzung von Christoph Sauer, niederl. Original 1978). Tübingen: Max Niemeyer Verlag, 1980b: 33.

的意义假设和关于世界的普遍知识（框架）中获取，这就表明，预设和框架知识在语篇微观连贯中发挥着重要作用。由此可见，梵·迪克已经从认知的角度来解释句子序列的联系问题和篇章的理解。下面我们主要分析框架知识在语篇微观连贯构建中的作用，再分析预设的作用。

语篇的解读是语言认知的一个基本过程。这个过程除了基本的词汇译码、句法解构以及语义的文化阐释之外，更重要的是激活语篇中的隐性知识结构。这些知识结构往往隐含于语境及各类认知模式之中。由于框架知识结构是常人的共同知识，因而在语篇解读过程中也最容易被激活。因此，框架理论可以用来解释世界知识和行为知识是如何与语篇中通过语言传递的信息连接起来，从而在缺少衔接手段的情况下构建语篇连贯的。框架知识在语篇微观连贯构建中的作用主要表现在以下5个方面。

（一）语篇信息空缺的填补

语言表达的信息量总归要小于交际中所需的信息量，因此我们在理解字面信息时总是通过激活框架知识对空缺的信息做出适当添加，使表面上不连贯的话语形成一个完整的语义整体，从而构建语篇连贯。例如：

Anna war zu Peters Geburtstag eingeladen. Sie fragte sich, ob er schon ein Mühlespiel hatte. Sie ging in ihr Zimmer und schüttelte ihr Sparschwein. Aber es gab keinen Ton von sich.

从字面上来看，Geburtstag（生日）、Mühlespiel（连珠棋）和 Sparschwein（猪形存钱罐）之间并没有什么关系，作者也没有对此进行阐释，这样一来，字面信息中就出现了信息空缺，因此，有些读者可能会不明白为什么安娜被邀请参加彼得的生日聚会之后会问自己彼得有没有连珠棋，为什么又走进自己的房间摇一摇存钱罐，而存钱罐没有发出任何声音又意味着什么。但是，如果读者能够通过短文中 Geburtstag 一词激活"生日"这一知识框架所包含的有关信息，如"生日礼物""生日聚会""生日蛋糕"等，就知道过生日一般要举行生日聚会，并邀请朋友参加，而朋友一般要送生日礼物，而买生日礼物是需要钱的。读者把这些框架知识和语篇的字面信息结合起来就可以发现句子之间的联系，从而建立语篇连贯：安娜被邀请参加彼得的生日聚会，她想送彼得连珠棋作为生日礼物，但是当她摇了摇她的存钱罐后发现里面没有钱，所以无法买生日礼物了,这就意味着,她可能不能参加彼得的生日聚会了。

由此可见,语篇连贯程度与语篇中信息空缺的多少有关。信息空缺越少,认知加工所需的努力就越少,时间就越短,语句之间的语义联系就越紧密,连贯程度也就越高;相反,如果信息空缺越多,连贯程度就越低。

(二)代词所指的确定

一般情况下,代词的使用就意味着它所指称的对象之前已经出现过并且仍然处于关注的焦点,根据"数"和"性"可以清楚地辨别出来。而且只有确定了代词的所指对象才能建立起前后语句的连贯关系。但是下面的几个例子却违背了这一规则:

①Maria segelte nach England.

　Es hatte keinen Motor.

②Maria nahm ihren Koffer und verließ das Schiff.

　Dann fuhr sie mit dem Taxi ins Hotel.

　Er war sehr schwer.

③Maria hatte den Hut in ihrem Wagen vergessen.

　Er war sehr teuer gewesen.

在例①中,代词 es 的所指之前并没有出现;在例②中,代词 er 的所指已经不再是关注的焦点了,因为它所在的句子与 er 所在的句子之间又隔了一个句子;在例③中,根据"数"和"性"很难判断出 er 指的是 Hut 还是 Wagen。因此,我们必须依靠框架知识才能确定代词确切的所指对象。在例①中,segeln(乘坐帆船)一词激活了有关"帆船"的框架知识:帆船有"帆",在"海上航行",有的帆船有"发动机",有的没有,等等。这样,我们就可以确定代词 es 指的是 Segelboot(帆船),Segelboot 一词虽然没有出现在前文中,但是它已经被 segeln 激活出现在我们的头脑中了,因此,确定 es 所指对象的过程其实是一个根据框架知识建立语义联系的认知过程。

在例②中,第一句的意思是:玛利亚把帽子忘在她的汽车里了,第二句说的是:它很贵。Hut(帽子)和 Wagen(汽车)都是阳性名词,这样 er(它)的所指对象就很难确定,到底是说帽子很贵,还是说汽车很贵呢?这时我们同样需要根据"汽车使用"的框架知识来判断:一般我们不会把贵重的东西放在汽车里，这样不安全，于是我们可以断定"er"指的是"帽子"而不是"汽车"。

在例③中，虽然很容易找到与 er 的"数"和"性"一致的词 Koffer（箱子），但由于两词所在的句子之间又隔了一句话，两词相距较远，它们之间出现了语义间断，因此，我们会感觉 er 出现得有点突然，从语义上并不能马上断定 er 指的就是 Koffer，还是要根据框架知识来验证，到底是不是在说"箱子很重"（sehr schwer）。

通过上面的这些例子，我们可以看出，当代词与其所指的先行词之间存在模糊关系时，框架知识能够帮助确定代词的所指对象。此外，我们还能由此得出结论，像代词这样的衔接手段虽然可以帮助我们建立语句之间的联系，但是，语篇连贯的建立并不是仅靠语法规则，而是一个认知过程。

（三）对无直接着落定冠词的解释

名词在语篇中第一次出现时前面常常用不定冠词修饰，第二次出现时才开始用定冠词修饰，因此带定冠词的名词常常指上文已经提及的事物，但是有的名词第一次出现前面就用定冠词修饰，这样我们就无法在前文中找到与其相对应的事物，因此，我们把这种用法的定冠词称作无直接着落定冠词①，例如：

Jürgen besuchte ein Restaurant in Tunis. Der Kellner erhielt ein großzügiges Trinkgeld.

在此例中，前文并未提到 Kellner（服务员），Kellner 第一次出现前面就用了定冠词，这是为什么呢？原来，Kellner 在第一句中虽然没有直接被提及，但是间接地通过 Restaurant（饭店）被激活了。也就是说，Restaurant 一词激活了"饭店"这一框架所包含的概念，如"顾客""厨师""服务员""餐桌""椅子""菜单"等，因此，Kellner 一词虽然没有在第一句中出现，但读者读了第一句话后已经通过 Restaurant 激活了 Kellner 的概念，即 Kellner 已经在读者的头脑中出现过了，这样，第二句中 Kellner 前使用定冠词也就不显得那么突然，而是很自然了。

类似的例子还有："Ich habe ein Haus gekauft, aber die Küche ist zu klein."

---

① 这一命名源自王寅的《认知语言学》一书。

以上两例中 Restaurant 与 Kellner 以及 Haus 与 Küche 之间的关系都是"整体—部分"的关系，有时"激活概念"与"被激活概念"之间的关系还可能是"部分—部分"或者"部分—整体"的关系。

（四）动名词短语中逻辑关系的确定

动名词指的是由动词变成的名词，而在动词变成相应名词的同时，动词原来的主语或宾语要转变成该动名词的二格定语，这就意味着，动名词短语中动名词后的二格定语既可能是原来动词的逻辑主语，即该动作的实施者，也可能是该动词的逻辑宾语，即该动作的受事者，到底是实施者还是受事者，这个问题很难再根据语法知识来判断，而通过框架知识就比较容易解决。例如：die Beschreibung des Zeugen 和 die Beschreibung des Täters 这两个动名词短语中的动名词是一样的，但是由于动名词后的二格定语不一样，动名词与二格定语之间的逻辑关系也不一样。根据"证人作证"的框架知识，即证人一般要描述所看到的作案人的相貌以及作案过程等情况，我们可以判断出，在 die Beschreibung des Zeugen 中，Zeuge（证人）是 Beschreibung（描述）动作的实施者，而在 die Beschreibung des Täters 中，Täter（作案人）是 Beschreibung（描述）动作的对象。当然，上面的分析只是人们最容易想到的解释方案，是一种常规解释，但是，在特殊情况下，我们有可能做出完全相反的解释：证人是描述的对象，而作案人是描述的实施者，到底做出什么样的解释要视当时的语境而定。

（五）预期作用

根据策略理论，语篇接受者理解语篇的过程就是在大脑中构建一个语篇所描述事物的心理表征的过程。而语篇接受者在构建事物的心理表征时总是把这些事物阐释为某一类型的事物，也就是说，阐释过程以已经存在的关于标准情境的知识，即框架知识为依据。而且语篇接受者并不是在读完整个语篇时才开始阐释语篇，而是在读到第一个单词时就开始了，所建立的心理表征在语篇处理的过程中逐步被修改。这就意味着，语篇接受者在刚开始阐释语篇时就已经激活了一定的知识框架，对即将要叙述的内容产生一种预期。由框架提供的信息不一定能清晰地出现在意识中，但它们的可利用性是明显的。当预期同材料所叙述的内容一致时，框架将促进对材料的迅速理解。相反，当框架的预期同实际的描述不一致时，框架将阻碍对材料的理解。① 这便是框架知识的预期作用。当断定材料将会涉及某一情境时，我们就会唤醒相应的框架，将有关知识都保持在激活状态，而当我们从新线索中判定材料将不再涉及此一情境时，则有关知识会整体地脱离激活，使我们能集中精力为新材料寻找合适的框架，这两方面都表明了人们在理解时对已有知识的主动运用，同时也验证了策略理论中的"策略假设"："语篇接受者在构建语篇心理表征时会灵活地使用所有的语篇内和语篇外信息来达到理解语篇的目的"。下面的例子就可以很好地阐释框架知识的预期作用：

Die Prozedur ist wirklich ganz einfach. Erst ordnen Sie die Sachen in verschiedene Gruppen. Natürlich kann auch ein Haufen genügen-je nachdem, wie viel zu tun ist. Wichtig ist es, maßvoll zu bleiben. D. h.：Es ist besser, bei einem Mal zu wenige Sachen zu nehmen als zu viele. Ein Fehler kann hier ziemlich kostspielig werden. Zunächst mag die ganze Angelegenheit kompliziert erscheinen. Bald jedoch werden Sie sie als etwas ganz Alltägliches ansehen. Es ist kaum anzunehmen, dass sie in nächster Zeit ganz entbehrlich werden wird. Wenn die Prozedur beendet ist, teilt man die Sachen in verschiedene Gruppen auf. Sie können dann an die dafür vorgesehenen Plätze gebracht werden. Meist verwendet man sie wieder. Dann beginnt der ganze Kreislauf von neuem, aber so ist das Leben. ②

布兰斯福特（Bransford）和约翰逊曾用这篇短文做过一个实验：他们请两组大学生都读这篇短文，读完之后评价其难易程度并复述其内容。其中一组事先获知这是一篇关于"洗衣服"的短文，他们读完之后认为该短文较易理解，内容复述也较好。而另一组事先没有获得任何有关文章主题的信息，读完之后认为该短文难懂，内容复述也较差。由此我们可以看出语篇主题的重要性，而语篇主题之所以重要是因为它在语篇理解过程中可以激活相关的框架知识，使

---

① 参见彭聃龄：《语言心理学》，北京师范大学出版社1991年版，第211页。
② 援引自 Schnotz, Wolfgang. Was geschieht im Kopf des Lesers? Mentale Konstruktionsprozesse beim Textverstehen aus der Sicht der Psychologie und der kognitiven Linguistik. In：Hardarik Blühdorn, Eva Breindl und Ulrich H. Waßner (Hrsg.)：Grammatik und darüber hinaus. Berlin/New York：Walter de Gruyter, 2005：223.

读者对语篇内容产生一定的预期,如果语篇叙述的内容与该框架知识相符,那么读者就能将语篇描述的事物在自己的知识框架中"对号入座",根据框架中概念之间的常规关系来解释语篇中事物的关系,从而建立语篇连贯,理解语篇内容。在阅读上面的例文之前,如果事先知道它的主题信息是"洗衣服",那么读者就会激活相应的框架知识:洗衣服之前应该将衣服分类,如颜色相近的一起洗、质地相近的一起洗、外衣和内衣分开洗等;在洗衣过程中应该注意哪些事项,如一次不要洗得太多;洗完之后将衣服晾晒,然后叠好分类存放等。在接下来的阅读过程中,读者就会发现语篇描述的内容和自己的预期一致,因此,能够理清语篇各部分之间的关系,从而把握语篇的来龙去脉,达到理解语篇的目的。相反,如果事先不知道语篇的主题,读者在开始阅读时也会尝试激活一个知识框架,例如,文章开头的"Erst ordnen Sie die Sachen in verschiedene Gruppen. Natürlich kann auch ein Haufen genügen."(请将东西分成若干组。当然堆成一堆也可以。)这两句话可能会激活"收获水果""回收废品"等框架。但是在接下来的阅读过程中,读者发现语篇描述的事物不符合"收获水果""回收废品"这样的框架,例如,"Wenn die Prozedur beendet ist, teilt man die Sachen in verschiedene Gruppen auf. Sie können dann an die dafür vorgesehenen Plätze gebracht werden. Meist verwendet man sie wieder."(程序结束之后再将这些东西分类放到指定的位置。人们大多还会再使用它们。)于是,读者便会尝试换一个框架来阐释语篇内容直到成功为止。这也是没有获知语篇主题的那组大学生认为这篇文章难懂的根本原因。下面的短文就是一个证明框架知识的预期作用以及当语篇内容与预期不一致时更换知识框架从而能够正确理解全文的典型例子。

  Er legte an der Kasse 5 \$ hin. Sie wollte ihm 2,50 \$ geben. Er weigerte sich aber, sie zu nehmen. Deshalb kaufte sie ihm, als sie hineingingen, eine große Tüte Popkorn. ①

  虽然这篇文章的句子短小,单词也是常用的,但理解起来却不是那么容易。

---

① 援引自 Schnotz, Wolfgang. Was geschieht im Kopf des Lesers? Mentale Konstruktionsprozesse beim Textverstehen aus der Sicht der Psychologie und der kognitiven Linguistik. In: Hardarik Blühdorn, Eva Breindl und Ulrich H. Waßner (Hrsg.): Grammatik und darüber hinaus. Berlin/New York: Walter de Gruyter, 2005: 226.

大多数读者在看到"Er legte an der Kasse 5＄ hin. Sie wollte ihm 2.50＄ geben."（他把5元钱放到收银台。她想给他2.5元钱）这两句话时可能首先会猜测，他在买东西，而"她"是收银员，想找还他2.5元钱，于是便会激活"购物"框架。但是，当读到"Er weigerte sich aber, sie zu nehmen."（但是，他拒绝接受这2.5元钱）时，读者会感觉有点奇怪，但仍然可以解释为他想给她2.5元钱当小费。直到读到"Deshalb kaufte sie ihm, als sie hineingingen, eine große Tüte Popkorn."（因此，当他们进去时，她给他买了一大袋爆米花。）时，读者才发现这与购物框架不相符，收银员是不会给顾客买东西的，因此可以断定，"她"不是收银员，而是与"他"一起去看电影或戏剧的同伴。于是，读者会将知识框架更换为"朋友一起看电影"，并根据该框架重新阐释这篇短文：他为她买了门票，所以她想把2.5元票钱还给他，而他却不要。因此，当他们进电影院时，她给他买了一大袋爆米花表示感谢。这样，文章前后就不再矛盾了，也就是说，整个语篇的语义是连贯的，而在构建语篇连贯的过程中框架知识发挥了重要的作用。

五、预设在语篇微观连贯构建中的作用

预设，也叫"前提""先设"，最初是一个哲学和逻辑学的课题，是德国哲学家弗雷格（Frege）于1892年提出来的。20世纪50年代，英国语言学家司卓森（Strawson）发展了弗雷格这一思想，将这类现象看作是自然语言中的一种特殊的推理关系。他指出，自然语句中任何有意义的语句都能推导出一个背景假设（预设），该预设可表现为另一个语句，预设因此进入了语言学的研究范围，成为语言学特别是语用学研究的焦点课题之一。①

（一）林科等人有关预设的研究

过去几十年里，语言学界关于预设的定义和区分存在很大分歧。而林科等人对预设的定义和区分是针对语外知识在语篇连贯构建过程中的作用而提出的，因此，本书主要介绍一下他们关于预设的观点。②

---

① 参见魏在江：《预设研究的多维思考》，《外语教学》2003年第2期，第32页。
② 参见 Linke, Angelika/Nussbaumer, Markus/Portmann, Paul R. Studienbuch Linguistik. Tübingen: Max Niemeyer Verlag, 1991: 231~234.

林科等人将预设分为两大类：与语言使用相关的预设（gebrauchsgebundene Präsuppositionen）和与语言符号相关的预设（zeichengebundene Präsuppositionen）。

1. 与语言使用相关的预设（简称语用预设）

林科等人通过一个日常生活中的例子解释了这一类型的预设：安娜在厨房忙碌着，而科娜利亚（Cornelia）坐在客厅里，并通过敞开的厨房门与安娜交谈着，这时安娜说了一句话："Ich mach mal eben rasch die Küchentür zu. Die Milch ist übergelaufen."（我要赶快把厨房门关上。牛奶溢出来了。）为了建立这两句话之间的语义联系，也就是说，把第二句话理解为第一句话的原因，科娜利亚必须要补充以下信息：牛奶溢出时气味很难闻，一般情况下，人们会尽可能避免使烧焦牛奶的气味扩散到其他房间，因此，人们最好暂时把厨房门关上。

这一信息虽然没有通过语言表达出来，却是语篇理解前提的知识储备以及日常经验，也即与语言使用相关的预设。之所以说这种预设与语言使用相关，是因为这种预设并不是一个语言表达本身所具有的，而是通过一个语言表达的使用而产生的，因此，我们也可以把这种预设称作语用预设（pragmatische Präsupposition）。

当交际双方交流时，总是以对方具备一定的日常知识或专业知识为前提，交际双方一般认为他们拥有共同的经验、知识和价值观等。也就是说，他们会使用预设，而只有当交际一方不能理解时，才会用语言明确地表达出预设的内容。例如，在上例中，如果科娜利亚缺少做饭方面的经验，那么她会问："为什么要把门关上呢？"这时，安娜就必须将其所说话的预设用语言表达出来："因为气味很难闻。"

综上所述，与语言使用相关的预设是语篇生产者在某一具体语境里使用一个表达达到交际目的的前提。在上例中，能将"牛奶溢出"理解为"关上厨房门"的原因的前提是关于"溢出的牛奶气味难闻"的常识。因此，这种预设在语篇连贯构建过程中的作用就在于：我们借助这一类预设能够为两个在同一语篇中出现的、在句法和内容上缺少直接联系的事物建立有意义的关联。

2. 与语言符号相关的预设（简称符号预设）

与语言使用相关的预设的激活和推导其实是语篇中的"空位"（Leerstellen）所引发的，而与语言符号相关的预设与语篇的物质层面（语篇的结构和词语的意义）之间存在直接的联系。这类预设又可以分为以下两种：

（1）指称预设（referentielle Präsuppositionen）：这种预设又称为存在预设（Existenzpräsuppositionen），与语言表达的外在形式相关，通常出现在句子层面，例如该预设可以通过定冠词的使用或者通过释义性定语的使用而被推导出来。顾名思义，这种预设通过语言表述的形式来确保所谈到的人或事物的存在。我们可以通过下面的经典例句来说明：

Der König von Frankreich hat eine Glatze.（法国国王是个秃头。）

该句的表述要想有意义就必须含有一个预设，那就是：法国有一个国王。在这个例句中之所以能够推导出一个存在预设是因为 König（国王）前面用了定冠词 der，而定冠词的使用规则就是之前已经出现过的名词，第二次出现时前面要用定冠词，所以定冠词的使用是以该名词所表达的人或事物的存在为前提的，因此，定冠词常常是存在预设的一个标志。

（2）语义预设（semantische Präsuppositionen）：这种预设与某个单词或表达的语义有关，关系到一种没有直接谈及的而附带表达出的意义。例如：

Sven hat es geschafft, Karten für das Michael-Jackson-Konzert zu bekommen.（司文设法搞到了迈克尔·杰克逊演唱会的门票。）

我们通过上面的例句不仅仅可以得知司文搞到了迈克尔·杰克逊演唱会的门票，还知道他为此付出了很大的努力，虽然这一点并没有被明确地表达出来，也就是说，"司文为此付出了很大的努力"是该句的预设。而这一预设之所以存在是因为 es schaffen, etwas zu tun 这一表达具有"经过努力成功做了某事"的隐含意义。

以上两种与语言符号相关的预设的共同特征是，说话者通过某些语句顺带表达出一定的事实情况并假设其已经存在，而这些情况本身并没有明确地被表达出来。而且，即使表述变为否定句或疑问句时，其预设仍然存在。例如：

① Der König von Frankreich hat keine Glatze.（法国国王不是秃头。）
② Hat der König von Frankreich eine Glatze?（法国国王是秃头吗？）

在上面的否定句和疑问句中"法国有个国王"这一预设仍然存在。

同样，在下面的否定句和疑问句中：

① Sven hat es nicht geschafft, Karten für das Michael-Jackson-Konzert zu bekommen.（司文没有搞到迈克尔·杰克逊演唱会的门票。）

② Hat Sven es eigentlich geschafft, Karten für das Michael-Jackson-Konzert zu bekommen?（司文设法搞到迈克尔·杰克逊演唱会的门票了吗?）

"司文已经努力了"这一预设并没有改变。

林科等人认为，与语言符号相关的预设可以形成"隐藏的再现"或"隐藏的替代"等类似的衔接形式，因此具有构建语篇微观连贯的作用。例如：

① Er ist jetzt wieder viel aktiver bei seiner Arbeit. (= er war eine Zeitlang nicht aktiv)（他工作又积极起来。）

② Aber so Durchhängephasen hat man halt manchmal, das kennt ja jeder.（每个人都清楚，人是会有累得直不起腰的时候的。）

wieder 一词的意思是"又，再"，所以它有"某种情况曾经存在过，之后中断了，现在又出现了"的含义，因此，"他工作又积极起来。"这句话的隐含意义是"Er war eine Zeitlang nicht aktiv."（他曾经有一段时间工作不积极。）它与例②的 so Durchhängephasen（累得直不起腰的时候）意义相近，它们之间存在再现或替代关系，这种关系并没有明确表达出来，而是通过 wieder 的隐含意义建立起来的，因此是"隐藏的再现"或"隐藏的替代"。

通过对语用预设及符号预设的阐释，我们不难看出，语用预设与符号预设中的语义预设在语篇微观连贯构建中发挥着重要作用。然而林科等人主要是从语用学的角度分析语用预设在语篇微观连贯构建中的作用，而对语义预设的分析则是从语义学的角度进行的。虽然林科等人已经注意到了语用预设与语义预设对语篇连贯的重要性，但是并未揭示其构建语篇连贯的本质。这两种预设在语篇微观连贯构建中的作用只有从认知的角度才能得到根本的解释。

(二) 预设的认知阐释

1. 预设的认知阐释

预设的语义解释涉及命题的真值条件，认为一个句子有一个预设 P，当且仅当 P 被否定时该句无法判断真假值。预设的语用解释指交际双方共有的知识或背景知识。而预设的认知解释则认为，预设是语言使用者对某个或某些领域里经验的统一和理想化的理解，是由预设触发语（presuppositiontriggers）激起的概念和知识所构成的一种认知环境，在交际中表现为交际双方互明的共同认知环境（shared cognitive environment）。① 预设触发语一般是由话语中的某些词语和某些句式充当。由此可见，从认知的角度对预设的阐释更能揭示预设的本质及其在语篇理解中的作用。

预设的认知解释并没有区分语用预设和语义预设，这就表明，语用预设和语义预设的推导过程都是认知过程，而且是具有共性的认知过程：通过预设触发语激活一定的知识和经验作为认知环境，而它们之间的不同之处就在于，所激活的知识性质不同。语用预设是预设触发语所激活的世界知识或百科知识，这种知识与预设触发语（即相关的词语或句式）的意义本身联系并不紧密，而是关系到与预设触发语所描述的事实相关的一些事实情况，因此是一种语外知识。语义预设是与预设触发语的意义本身联系紧密的知识，即仅从预设触发语的语义就能推导出来的知识，因此是一种语内知识。正是由于推导这两种预设所需要的知识性质不同，所以付出的认知努力也就不同：日常知识或百科知识与预设触发语关系较远，可选择的可能性较多，因此要根据具体语境确定合适的知识付出的认知努力较大；而语义预设的推导只需要将目标锁定在语言符号本身，主要是预设触发语的语义构成，由于其语义构成已经比较固定，所以推导出合适的语义作为符号预设并不需要付出很大的努力。我们仍然可以通过上面的两个例子来说明这一区别。例如：

Ich mach mal eben rasch die Küchentür zu. Die Milch ist übergelaufen.（我要赶快把厨房门关上。牛奶溢出来了。）

在该例中，预设触发语"Die Milch ist übergelaufen."的语义是：牛奶从锅里溢出来了。虽然该语义很容易获得，但是语用预设与其并没有直接联系，而是涉及与这句话所描述的事实相关的一些事实，如：牛奶溢出就意味着把灶台弄脏、浪费掉一些牛奶、发出难闻的气味、让煮牛奶的人手忙脚乱等。听者究竟从这些激活的信息中选择哪一个作为预设，要结合语境来确定。这里的语境既包括言内语境"我要赶快把厨房门关上"，也包括当时说话时的情景语境，如：厨房里散发出难闻的气味。这样，听者就能推断出"Die Milch ist übergelaufen."的预设是：发出难闻的气味，因此，把厨房门关上能阻止这种气

---

① 王文博：《预设的认知研究》，《外语教学与研究》2003年第1期，第34页。

味进一步扩散。这便是上例中语用预设的推导过程,整个过程是比较复杂的,需要付出较大的认知努力。

而在下面的例子中:

① Er ist jetzt wieder viel aktiver bei seiner Arbeit (= er war eine Zeitlang nicht aktiv). (他工作又积极起来。)

② Aber so Durchhängephasen hat man halt manchmal, das kennt ja jeder. (每个人都清楚,人是会有累得直不起腰的时候的。)

"wieder"一词的意思是"又、再",而"某种情况曾经存在过,之后中断了,现在又出现了"这一含义也是其语义的固定组成部分,因此,只要掌握了该词的语义,就能很容易推导出"他工作又积极起来。"的预设是"他曾经有一段时间工作不积极",而不需要额外的知识作参考,因此,该认知过程相对比较简单。

2. 预设产生的认知理据

通过上面的阐释我们可以将预设的本质概括为:预设是说话或写作时假定对方已知晓的信息,隐含于语言因素之间及说者和听者或作者和读者的心中,相对于有关的显性信息,可以称之为隐性信息。由此可见,预设最突出的特征是隐性,"预设是如何产生"的这一问题的实质就是"为什么有些信息作为预设被隐藏起来",这一问题可以从认知的角度得到回答,其原因主要有两个。

首先,语言的经济性使得语言形式往往传递了比其本身要多得多的信息。一般来说,人们在语言实际运用中不可能把所要说的信息一字不漏地全部用语言表达出来,常常要在整体信息中做一定的选择,再将其用语言表达出来。听者或读者此时要依靠背景知识来获得语句中某些成分所激活的相关信息,并借此来理解整个语篇。

其次,人们在交际时出于语言经济性的考虑必须选择一些信息隐藏起来,那么选择的标准是什么?哪些信息被隐藏起来,哪些信息又通过语言表达出来呢?这两种信息之间又存在什么关系?我们可以根据图形—背景理论来回答这一问题。

早在1915年,丹麦心理学家鲁宾(Rubin)就提出了图形—背景理论,后来由完形(或格式塔)心理学家借鉴用来研究知觉及描写空间组织的方式。他们认为，知觉场始终被分成图形与背景两部分。图形是看上去有高度结构的、被知觉者所注意的那一部分，即某一认知概念或感知中突显的部分，是注意的焦点；而背景则是与图形相对的、细节模糊的、未分化的部分，也是为突显图形起衬托作用的部分。人们观看某一客体时，总是在未分化的背景中看到图形。图形和背景的感知是人类体验的直接结果，背景就是图形的认知参照点。① 这一理论对预设也有很强的解释力。语用学认为任何话语都有预设和陈述两部分，即隐性信息和显性信息，前者是话语中的已知部分，是谈话双方拥有的共同背景知识；而后者则是话语中的未知部分，是话语包含的焦点信息，图形—背景理论可有效地解释它们之间的关系。在日常交际中，预设是语言使用者的一种认知环境，起着背景的作用；而陈述部分作为话语所要表达的主要意图，是注意的焦点，它在共同认知环境的衬托下作为图形而突显出来。

3. 信息显性程度对语篇连贯构建的影响

通过对语用预设和语义预设的认知阐释，我们不仅可以认识到它们作为隐性信息在语篇理解中的作用，同时也可以发现构建语篇连贯所需信息的显性程度不同，需要付出的认知努力也不同。语义预设相对语用预设来说较为显性，比较容易推导出，因此借助语义预设构建连贯的过程也比较容易。

广义的衔接包括衔接关系和衔接手段，前者指的是语义层面上的联系，而后者指的是体现衔接关系的语言形式，② 因此，"替代"等衔接手段能够帮助语篇生产者实现语篇内部命题之间的最佳关联，充当语篇接受者处理话语时的认知引导，减轻处理话语的负担，减少误解的可能性，在语篇连贯构建过程中具有较强的辅助作用。而语义预设是预设触发语的隐性信息，并没有通过语言直接表达出来，所以它与同一语篇中其他信息的呼应关系相对于衔接手段来说是较为隐性的，形成"隐性衔接"，如"隐藏的替代"。由于这种衔接关系比较婉转地被表达出来，因此，语篇接受者需要付出一定的认知努力才能识别出来，但它同样具有指导语篇连贯构建的作用。

我们在处理含有语义预设的语篇时，一般能够较容易识别出语义预设所形

---

① 参见赵艳芳：《认知语言学概论》，上海外语教育出版社 2000 年版，第 148~150 页。
② 参见张德禄、刘汝山：《语篇连贯与衔接理论的发展及应用》，上海外语教育出版社 2003 年版，第 97、98 页。

成的"隐性衔接",并根据这种衔接关系建立语篇连贯。而语用预设是比语义预设更加隐性的信息,根本无法形成衔接,因此,含有这种预设的语篇留给我们的第一印象常常是前言不搭后语,也就是说,在没有衔接作指引的情况下语篇接受者刚开始总有不知所云的感觉,这样,构建语篇连贯就需要付出更多的认知努力。

通过上面的分析,我们可以看出,预设与衔接虽然是为了解释不同的语言现象而提出的两个不同的概念,但是在语篇连贯构建的过程中都发挥着重要作用,并且表现出一定的相似之处,那就是信息显性程度对语篇连贯构建的影响力。所不同的是,预设突出的是隐性信息对于语篇连贯构建的作用,而衔接突出的是显性信息。但是两者又有交叉,即语义预设,它既是预设的一种,又具有衔接的特征,是一种隐性衔接,因此是介于显性信息和隐性信息之间的一种"半隐性信息"。这3种显性程度不同的信息对语篇连贯构建过程的影响可以总结为:衔接关系通过衔接手段表达出来,在语篇连贯构建中充当认知向导,因此可以降低语篇接受者所要付出的认知努力,加快构建的速度;语义预设虽没有明确表达出来,但很容易推导出来,可以说处于"半隐藏状态",可以形成衔接关系,因此也能指导语篇连贯的构建;而语用预设则处于"完全隐藏状态",需要付出较大的认知努力才能推导出来,但它又是构建语篇连贯不可缺少的信息,因此,它的隐藏性会加大语篇连贯构建的难度。

综上所述,信息显性程度会影响语篇连贯构建的难易程度,这一结论对于我们从认知的角度研究语篇连贯现象具有重要的指导意义。

(三)预设在语篇微观连贯构建中的作用

通过上面的阐释我们得知,语用预设是预设触发语所激活的世界知识或者百科知识,是一种语外知识,是隐性信息;语义预设则是与预设触发语的意义本身联系紧密的知识,即仅从预设触发语的语义就能推导出来的知识,因此是一种语内知识,是半隐性信息。总之,不论语用预设还是语义预设都是语篇生产者认为语篇接受者已经掌握的所以没有明确表达出来的信息,因此,预设的产生同时也导致语篇中信息空缺的产生。而语篇接受者在阅读时只有通过预设触发语激活自己已掌握的百科知识或语义知识才能推导出语用预设或语义预设,从而填补这一信息空缺,建立起命题之间的语义联系。因此,预设在语篇微观连贯构建中的作用就在于填补语篇中的信息空缺。我们仍然通过上文中的两个例子来对此做进一步解释：

①Ich mach mal eben rasch die Küchentür zu. Die Milch ist übergelaufen.（我要赶快把厨房门关上。牛奶溢出来了。）

② a. Er ist jetzt wieder viel aktiver bei seiner Arbeit（＝er war eine Zeitlang nicht aktiv）.（他工作又积极起来。）

b. Aber so Durchhängephasen hat man halt manchmal, das kennt ja jeder. （每个人都清楚，人是会有累得直不起腰的时候的。）

在例①中，第一句"我要赶快把厨房门关上"和第二句"牛奶溢出来了"似乎是前言不搭后语，但是如果我们通过预设触发语"牛奶溢出来了"激活百科知识"牛奶溢出时常常会散发出难闻的气味"获得语用预设从而填补了语篇中的信息空缺，就可以建立起两句之间的语义联系："我要赶快把厨房门关上。因为牛奶溢出来会散发出难闻的气味。"

在例②中，"他工作又积极起来"和"每个人都清楚，人是会有累得直不起腰的时候的"这两句话之间并不存在直接的联系，因为其中存在信息空缺，我们只有根据语义知识通过wieder（又）一词激活"他曾经有一段时间工作不积极"这一预设信息才能填补信息空缺，使得"工作不积极"与"累得直不起腰"产生"替代"或"再现"关系，即"累得直不起腰"替代"工作不积极"（因为两者所指的内容一致），从而建立起语句之间的连贯关系。因此，语义预设的"隐藏的替代"作用的本质是信息空缺的填补。

（四）对循环加工理论中预设概念的阐释

根据循环加工理论，建立两个命题之间的语义联系需要的条件之一是"对旧信息的必要阐释，即预设"，这里的"旧信息"指的是"前一句话的命题"。梵·迪克对"预设"所做的解释是："因为有关说话者和听话者所拥有的知识方面的内容属于语用学研究范围，因此'预设'这一语义概念在语用学中涉及到说话者对听话者知识的假设：说话者假设，听话者已经了解了一定的事实，要么根据该句列之前的命题，要么根据可以逻辑推导出的或从关于世界的普遍知识中获得的命题。"① 由此可见，梵·迪克认为有两种信息来源不同的预设：一种来自需要建立语义联系的句列的前文内容；另一种可以按逻辑推导出或从世界知识中获得。虽然他没有明确阐释，但是我们可以推测，按逻辑推导出的预设其实就相当于语义预设，而从世界知识中获得的预设是语用预设。他曾通过下面的例子来说明作为建立新旧信息之间语义联系条件之一的"预设"指的是什么：

a. Peter behauptete, dass er gestern von einem Räuber mit einem Messer bedroht worden sei, so dass er seine Tasche mit Geld habe aushändigen müssen.

b. Aber ich glaube, dass er gar nicht ausgeraubt worden sein kann und das Geld selbst hat verschwinden lassen. ②

梵·迪克解释说，a 和 b 是前后相邻的两句话，如果 b 后面还有一个句子 c，在建立 b 和 c 之间的语义联系时，b 就是旧信息，c 是新信息，而 a 中的 Peter existiert、Peter ist überfallen worden、Das Geld wurde gestohlen 和 Von Geld war die Rede 就是 b 的预设。由此可见，梵·迪克这里举例说明的"预设"主要指的是前文提到的内容，而不是从世界知识或框架知识中获得的预设。

通过对循环加工理论中预设概念的阐释我们可以看出，梵·迪克对预设的理解与一般的预设理论研究有所不同，他把前文提供的信息也看作是当前语篇理解的预设，因为前文内容虽然没有在当前语篇片段中表述出来，却是当前语篇理解不可缺少的背景知识，是当前语篇理解的前提。从这个意义上讲，前文提供的信息具备预设的基本特征，因此可以看作是预设。

此外，梵·迪克所说的建立新旧信息之间语义联系的第四个条件，即"有说服力的 b 和 c 的含义和联想"应该是与他所说的"可以按逻辑推导出或从世界知识中获得的信息"相对应的，即语义预设和语用预设。总而言之，在构建语篇微观连贯的过程中有 3 种信息发挥着重要的作用：第一种是前文提供的信息；第二种是语义预设，即与语言符号本身有关的语义知识；第三种是语用预设，即相关的世界知识或百科知识。

---

① van Dijk, T. A. Textwissenschaft: eine interdisziplinäre Einführung. (Deutsche Übersetzung von Christoph Sauer, niederl. Original 1978). Tübingen: Max Niemeyer Verlag, 1980b: 36.
② 同上书，第 179 页。

(五)框架知识与语用预设的异同

通过对"框架知识"和"语用预设"的介绍我们不难发现两者具有相似之处,即两者都是语篇中没有明确表达出来的,但却是正确理解语篇的知识前提,并且都是通过语篇中的某一触发语被激活。所不同的是"框架知识"强调的是触发语与被激活概念所形成的"框架",即概念系统,而"语用预设"强调的是语篇生产者假设语篇接受者为正确理解语篇已具备一定的相关知识。此外,由于"框架知识"是一种与某些经常重复发生的情景相关的知识和观念,是某个物体或事件的典型,因此这种知识是一种更加常规化、更具普遍性的知识;而"语用预设"是语篇理解所需的世界知识或百科知识,所包含的知识内容非常丰富,包括日常知识、个人经验知识以及特殊的教育和专业知识,一个人所拥有的世界知识的种类和范围与他成长和生活的文化和社会群体密切相关,因此,"语用预设"是包括"框架知识"在内的、涉及范围更广的知识。

除了命题之间的联系、衔接手段、框架知识和预设是构建语篇微观连贯的重要条件之外,宏观结构和超结构信息同样也发挥着重要作用。为了说明此作用,我们首先需要对宏观结构和超结构做详细的阐释。

第三节 语篇宏观连贯的构建

上一节我们详细探讨了语篇微观连贯构建的过程。概括地讲,语篇微观连贯构建的过程就是建立语篇微观结构层面语义联系的过程,即建立命题之间语义联系的过程。然而只理解了语篇微观层面的语义联系并不意味着理解了语篇的整体内容,只有在宏观层面建立起更大语义结构之间的语义联系,即构建语篇的宏观语义结构,进而获得整个语篇的主题才算理清了语篇内容的来龙去脉。

但是,完成了宏观语义结构的构建只能说明了解了语篇各组成部分的主要内容以及整个语篇的主题思想,如果再从各部分的主要内容中抽象概括出各部分在整个语篇中所承担的语义交际功能,即构建语篇的超结构,就意味着理解了各部分之间的功能联系,从语义联系上升到功能联系标志着对语篇各部分之间联系的更深刻理解,因此,语篇超结构的构建是更深层次的语篇宏观连贯的构建，是对语篇更深层次的理解。

了解了语篇超结构，我们就可以知道，哪部分属于哪一个功能范畴，承担着什么样的语义交际功能。而这些功能范畴又服务于整个语篇的交际功能，如新闻报道的交际功能是告知新闻事件，其中所包括的功能范畴如标题、导语、主要事件、背景、后果、口头反应、评论等，它们都是服务于"告知新闻事件"这一语篇交际功能的。但是，这一功能只体现了作者最主要的写作目的，因此也是最容易识别出来的目的，是作者希望读者最起码能够领会到的目的。只能告之以事的新闻不是好新闻，一篇优秀的新闻报道应该含有丰富的潜信息，而这些潜信息则反映出作者的写作意图，这一意图是比"告知新闻事件"更深层次的意图，只有领会了这一意图才能更深刻地理解语篇主题，才能在宏观层面上对整个语篇有更透彻的理解，这也是语篇理解的最高境界，因此领会"语篇意图"是最高层次语篇宏观连贯构建的关键。

总之，本书认为，语篇接受者仅仅通过宏观语义结构并不能真正地构建起语篇的宏观连贯，语篇宏观连贯构建应该包括3个层次：宏观结构、超结构和语篇意图。这3个层次标志着语篇宏观连贯构建的不同程度。宏观语义结构的构建只能满足语篇宏观连贯构建的最基本要求，超结构的构建是更深层次的语篇宏观连贯构建，而语篇意图的识解是语篇宏观连贯构建的最高境界。三者之间的关系如下图所示：

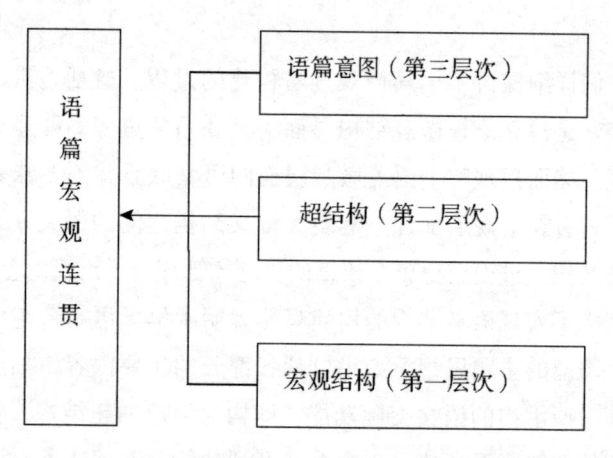

```
                    ┌─────────────────────┐
                    │  语篇意图（第三层次） │
                    └─────────────────────┘
┌──────┐                       │
│语篇  │            ┌─────────────────────┐
│篇宏  │ ◄──────────│  超结构（第二层次）  │
│观连  │            └─────────────────────┘
│贯    │                       │
└──────┘            ┌─────────────────────┐
                    │  宏观结构（第一层次） │
                    └─────────────────────┘
```

下面我们详细分析一下这3个层次的语篇宏观连贯是如何构建的。

一、语篇宏观连贯构建的第一层次——宏观结构

（一）宏观结构

在前面的论述中，我们一直在用"句子序列"这一概念，这是因为由相互联系的句子组成的句子序列不一定真的就能构成篇章。我们接下来关注的内容不再是单个句子之间以及它们所表达的命题之间的联系，而是建立在整个篇章基础上或篇章的更大单位基础上的联系。梵·迪克将这种整体性的篇章结构称作宏观结构，而把篇章的句子和句子序列结构称作微观结构，并且认为，只有具有宏观结构的句子序列才能被称作篇章。①

梵·迪克指出，他所说的宏观结构是一种语义结构，是一个篇章整体语义结构的抽象概括。句子序列必须满足线性语义联系（Bedingungen des linearen Zusammenhangs）的条件，而篇章不仅要满足这些条件（因为它是由句子序列组成的），而且还要满足整体语义联系的条件（Bedingungen des globalen Zusammenhangs）。宏观结构是一种抽象的、理论性的结构，尽管它建立在普遍的、常规的范畴和规则基础之上。篇章有时也会偏离局部和整体联系的规则，有时是有意识的偏离，例如在现代诗中，有时是无意识的偏离，例如在与邻居和朋友的日常对话中。②

由于宏观结构是语义结构，所以要通过语义学的概念"命题"来描述，这样宏观结构从形式上与微观结构没有什么区别，它们都是由一串命题组成的。宏观结构是一个相对性的概念，指的是相对较低层面的结构而言更整体性的结构。因此，一个篇章的微观结构在另一篇章中就可能是宏观结构。此外，一个篇章的宏观结构具有不同的层面，因此，较高（较整体性的）层面的命题相对较低层面来说就是宏观结构。整个篇章的最普遍、最整体性的宏观结构就是这个篇章的宏观结构，篇章的组成部分都有自己的宏观结构。于是，不同层面的

---

① van Dijk, T. A. Textwissenschaft: eine interdisziplinäre Einführung. (Deutsche Übersetzung von Christoph Sauer, niederl. Original 1978). Tübingen: Max Niemeyer Verlag, 1980b: 41.

② van Dijk, T. A. Textwissenschaft: eine interdisziplinäre Einführung. (Deutsche Übersetzung von Christoph Sauer, niederl. Original 1978). Tübingen: Max Niemeyer Verlag, 1980b: 41~42.

宏观结构便形成了一个层级结构，如下图所示①：

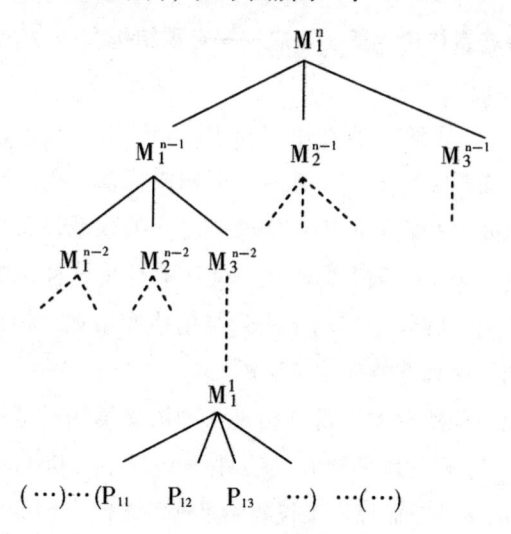

$$M_1^n$$

$$M_1^{n-1} \quad M_2^{n-1} \quad M_3^{n-1}$$

$$M_1^{n-2} \quad M_2^{n-2} \quad M_3^{n-2}$$

$$M_1^1$$

$$(\cdots)\cdots(P_{11} \quad P_{12} \quad P_{13} \quad \cdots)\cdots(\cdots)$$

（说明：M 代表 Makrostruktur（宏观结构），P 代表 Proposition（命题））

图中的 n 有可能等于 0，这样，微观结构就是宏观结构。当一篇文章中只有几个句子或一个句子时，就会出现这种情况。

宏观结构的作用是什么？它能解决一些什么样的具体问题呢？梵·迪克认为，宏观结构能够解释为什么有些句子序列虽然已经满足局部连贯的条件，但对于语言使用者来说仍然不是一个可以理解和接受的篇章。如果没有宏观结构，语言使用者在听了一串句子之后会问："你在说什么？""你想要表达什么？"。②

宏观结构必须要澄清的一个概念是篇章的主题或谈话的主题。语言使用者在读了或听了很长、很复杂的篇章或谈话之后，能够知道它的主题是什么，即使主题并没有明确地出现在篇章或谈话中。这说明语言使用者具有从篇章中推导出主题的能力。这种能力是一种非常基本的语言能力，并且也是宏观结构必须要解释的问题。宏观规则是对主题推导过程的形式重构，而一个篇章的主题就是我们所说的宏观结构或宏观结构的一部分。当然，在篇章中常常会有直接

---

① van Dijk, T. A. Textwissenschaft: eine interdisziplinäre Einführung. (Deutsche Übersetzung von Christoph Sauer, niederl. Original 1978). Tübingen: Max Niemeyer Verlag, 1980b: 43.
② 同上书，第 44 页。

揭示部分宏观结构的主题词（Themawörter）或主题句（Themasätze）。这种主题句具有特殊的语法特征：一般情况下，我们不能把它和其他的句子联系起来。

在下面的例子中，前后两句话总是相互联系的，即在微观结构层面上是连贯的，但是我们仍然不知道这些语句想要表达什么，无法为这些句子找到一个总的主题，即无法建立一个整体性的篇章结构，因此该例在宏观结构层面上是不连贯的，严格地讲不能称之为篇章。

Peter war krank. Deshalb rief er den Arzt an. Aber der Arzt konnte nicht kommen, weil seine Frau mit ihm ins Theater gehen wollte. Es wurde gerade Othello gespielt, was sie auf keinen Fall versäumen durften, weil Shakespeare einer ihrer bevorzugten Dramatiker ist. Seine Werke waren eine Zeitlang nicht aufgeführt worden, weil das Schauspielhaus umgebaut werden musste. Die Bauzeit hatte mehr als drei Jahre gedauert und ... (nach van Dijk 1980a).

而下面的例子就有一个主题，而且主题又可分成若干层次，即分为若干分主题，因此该例具有层级性的宏观结构，在宏观结构层面是连贯的。

Der Stoff- und Energieaustausch in Ökosystemen realisiert sich zum großen Teil in Nahrungsketten. Den Anfang der Nahrungsketten bilden die Produzenten. Die Produzenten wandeln Lichtenergie in Nahrungsenergie um. Bei den Produzenten handelt es sich im Wesentlichen um Pflanzen. Pflanzen bauen aus anorganischen Stoffen mit Hilfe von Sonnenenergie organische chemische Verbindungen auf. Bei dieser sog. Photosynthese erzeugen die Pflanzen Sauerstoff, den sie an die Umgebung abgeben. Die Fortsetzung der Nahrungsketten bilden die Konsumenten. Die Konsumenten sind selbst nicht in der Lage, aus anorganischen Bausteinen organische Stoffe zu bilden. Sie ernähren sich von anderen Lebewesen, von Produzenten oder von anderen Konsumenten ...[1]

该例文的总主题是 Stoff- und Energieaustausch in Ökosystemen（生态系统中的

---

[1] 援引自 Schnotz, Wolfgang. Was geschieht im Kopf des Lesers? Mentale Konstruktionsprozesse beim Textverstehen aus der Sicht der Psychologie und der kognitiven Linguistik. In: Hardarik Blühdorn, Eva Breindl und Ulrich H. Waßner (Hrsg.): Grammatik und darüber hinaus. Berlin/New York: Walter de Gruyter, 2005: 229.

物质和能量交换），比其低一级的主题是 Nahrungsketten（食物链）（在该语篇节选部分之后可能还会有与"食物链"同一级的分主题），而比 Nahrungsketten 低一级的主题是 Produzenten（制造者）和 Konsumenten（消费者），比 Produzenten 低一级的主题是 Pflanzen（植物）。因此，该语篇的主题层级结构，即宏观结构，可用下图说明：

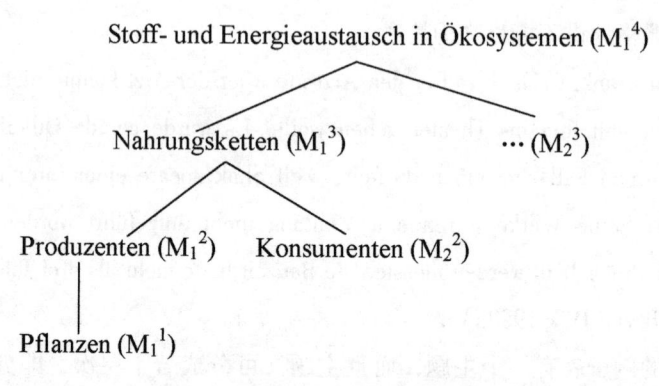

$$\text{Stoff- und Energieaustausch in Ökosystemen } (M_1^4)$$

$$\text{Nahrungsketten } (M_1^3) \quad \cdots (M_2^3)$$

$$\text{Produzenten } (M_1^2) \quad \text{Konsumenten } (M_2^2)$$

$$\text{Pflanzen } (M_1^1)$$

需要说明的是，图中分支的终端如 M_1^1 和 M_2^2 是从具体的命题中推导出来的，如 M_1^1 是从 Lichtenergie in Nahrungsenergie umwandeln（将光能转化成食物能量），organische chemische Verbindungen aufbauen（合成有机化合物），Sauerstoff erzeugen（制造氧气）等命题中推导出来的，也就是说，这些命题都是在说明 Pflanzen 的特征，因此，Pflanzen 可以概括这些命题的内容，是它们的主题。此外，我们还可以根据主题词或主题句来概括主题，如："Der Stoff- und Energieaustausch in Ökosystemen realisiert sich zum großen Teil in Nahrungsketten."，"Den Anfang der Nahrungsketten bilden die Produzenten."，"Bei den Produzenten handelt es sich im Wesentlichen um Pflanzen." 和 "Die Fortsetzung der Nahrungsketten bilden die Konsumenten."。

（二）宏观规则及其认知理据

梵·迪克认为，从微观结构转换为宏观结构的过程需要一些语义转换的规则，即使一些命题转换为一些（其他的或相同的）命题的规则，他把这些规则称作宏观规则（Makroregeln）。我们可以将意义组合成更大的意义单位，也就是说，能够使一些第一眼看上去复杂的关系有条理，例如一个篇章中的命题之间的关系。宏观规则就是对我们这种能力的重构。如果我们认为，命题是我们一般所说的（语义）信息的一种抽象表达，那么，宏观规则就是特别复杂的篇章信息的组织规则。此外，运用宏观规则的过程就是减少信息的过程，因此，我们可以把宏观规则看作是语义信息减少的认知过程。梵·迪克首先从语义学的角度介绍了宏观规则的语义组织功能，然后又从认知心理学的角度阐释了宏观规则的认知过程。①

1. 宏观规则

宏观规则包括4种规则：删除规则、选择规则、概括规则和组构规则。

（1）删除规则（Auslassen）：删除规则是把相互关联的信息单元中不重要的、无关紧要的信息删除，使相关信息内容得到浓缩。运用删除规则浓缩语义内容的心理学依据是，人们在解读篇章、把握篇章语义内容的时候，往往会忽略或者不需要甚至设法忘记那些十分琐碎的细节内容，而只对一些主要的对于事件表述起支撑作用的核心内容十分关注。

例如：在"Ein Mädchen mit einem gelben Kleid lief vorbei."（一个穿着黄色连衣裙的姑娘跑过去了）一句中包含3个命题：

①Ein Mädchen lief vorbei.（一个姑娘跑过去了。）

②Sie trug ein Kleid.（她穿着连衣裙。）

③Das Kleid war gelb.（连衣裙是黄色的。）

根据删除规则可以缩减为：

①Ein Mädchen lief vorbei.（一个姑娘跑过去了。）

②Sie trug ein Kleid.（她穿着连衣裙。）

可以进一步缩减为：

Ein Mädchen lief vorbei.（一个姑娘跑过去了。）

（2）选择规则（Selektieren）：相关联的几个信息单元，如果其中的一个所表述的语义内容蕴含在另外一个所表述的语义内容之中，那么，在对这几个相关联的单元进行信息浓缩的时候，就可以只选择后一个单元而舍弃前一个单元。与"删除规则"不同的是，被删略的信息不是"绝对地失去了"，在需要的时

---

① 参见 van Dijk, T. A. Textwissenschaft：eine interdisziplinäre Einführung.（Deutsche Übersetzung von Christoph Sauer, niederl. Original 1978）. Tübingen：Max Niemeyer Verlag, 1980b：43.

候，仍然能够根据常识背景而复原。例如下面的3个命题：

①Peter lief zu seinem Auto. （彼得走到他的汽车旁。）

②Er stieg ein. （他上了车。）

③Er fuhr nach Frankfurt. （他开车去法兰克福。）

根据选择规则，我们选择命题③，而删略命题①和②，删略的理据是根据我们一般的常识和最普通的前提———如果我们要开车去某个地方，必先走到汽车旁边，然后上车。可见被选择的命题③之所以能够包含命题①和②是基于人们对事件、场景、行为的常识。

（3）概括规则（Generalisieren）：有几个相互关联的信息单元，如果它们所表述的事物同属于某个上义词，那么，在进行语义浓缩的时候，就可以用这个上义词语对各句的语义表述进行综合性概括，运用其本质特征而舍弃所表述的各种事物的部分个性特征。与上面两条规则不同的是，这里不保留原来的命题，而要用一个新的命题来代替它们。例如下面的3个命题：

①Eine Puppe lag auf dem Boden. （地上有个玩具娃娃。）

②Eine Holzeisenbahn lag auf dem Boden. （地上有个木质火车轨道。）

③Bausteine lagen auf dem Boden. （地上有些积木。）

因为Puppe（玩具娃娃）、Holzeisenbahn（木质火车轨道）和Bausteine（积木）都是"玩具"的下义词，所以根据概括规则这3个命题可以用一个新命题来取代：

Spielzeug lag auf dem Boden. （地上有玩具。）

这种用上义词来概括下义词的"抽象"表明，在宏观层面上重要的是所指事物，而不是这些事物的具体特征的标志。

（4）组构规则（Konstruieren oder Integrieren）：如果几个相关联的信息单元所表述的事件属于同一个经验框架的话，那么，就可以用表述这个经验框架的信息单元来涵盖它们。原来的信息不是被删除也不是被选择，而是被新的命题所取代，而这新的命题也必须蕴含性地保存与原来信息的种种关联。例如下面的命题：

①Ich ging zum Bahnhof. （我来到火车站。）

②Ich kaufte eine Fahrkarte. （我买了一张车票。）

③Ich lief zum Bahnsteig.（我走到站台。）

④Ich stieg in den Zug ein.（我登上火车。）

⑤Der Zug fuhr ab.（火车开动了。）

这一系列的命题可以用下面的命题组编和归总：

Ich nahm den Zug.（我坐火车。）

①~⑤这5个命题是"我坐火车"这个总概念的必要组成部分。这一宏观规则的意义在于，它揭示了人们抽象出宏观结构的心理机制，即当语篇不给出"我坐火车"这样的总概念，而只是罗列出"我来到火车站""我买了车票"这个总概念的组成部分时，人们通常按照归纳法推理出"我坐火车"这样的总概念。

2. 宏观规则的认知理据

抽象的篇章语义学的基本原则也是实际的篇章理解过程的基础。我们在理解句子和句子序列的同时，还整体性地理解一个篇章。这种整体性的理解证明不仅对于（长时）记忆中篇章整体的信息组织具有重要意义，而且对于篇章基础的命题之间的局部语义联系的阐释也很重要。

篇章语义学的宏观规则同样存在于心理学的模型中，因此，句子理解过程中的信息组织和减少就是建立在以下程序的基础之上：

（1）删除（Auslassen）：凡是语言使用者认为对于接下来的命题阐释（例如作为预设）不再重要的命题都要删除。

（2）概括（Verallgemeinern）：凡是其中的若干概念可以被一个共同的上层概念概括的命题序列就可以通过一个含有此上层概念的命题取代。

（3）组构（Konstruieren）：凡是描述一个更加整体性的事实的一般前提、组成部分、结果、特征等方面的命题序列可以被一个描述此整体事实的命题取代。

这里的"删除、概括、组构"已经不再是抽象的规则，而是心智过程：通过这些过程，语言使用者可以划分出等级性的结构，同时删减没有被吸收到宏观结构中的信息。这些操作也揭示出将信息从短时记忆中删除的过程：不再具有宏观结构功能的命题被尽快地储存于长时记忆中，语义短时记忆要继续处理宏观命题。需要说明的是宏观规则中的选择规则被归入"删除"程序，因为根

103

据该规则只有包含其他命题的那个命题能够继续保留下来,而其他被包含的命题则被删除。

通过对上面的3种操作过程的描述我们可以发现,在此认知过程中语言使用者需要进行假设:一旦储存了一串命题后,语言使用者就会构建(或者从篇章基础中选出)一个临时性的宏观命题,并根据这个宏观命题理解这些命题以及它们之间的关系。语言使用者当然也会犯错,新信息会使他放弃以前的宏观命题假设而重新构建一个新的宏观命题。

宏观规则和宏观策略的实施离不开框架知识。因为语言使用者通过将语篇中的命题与框架知识进行对比可以判断,语篇中的哪些信息对下文的理解仍然重要,语篇描述的是一个什么样的整体性事实情况。例如,只有当我们具有"玩具"框架知识时,知道什么是玩具,常见的玩具有哪些,我们才可以从"地上有个玩具娃娃""地上有个木质火车轨道"和"地上有些积木"这些命题中得到宏观命题"地上有玩具"。只有当我们具有"乘坐火车"的框架知识时,知道乘坐火车需要哪些步骤,我们才可以从"我来到火车站""我买了一张车票""我走到站台""我登上火车"和"火车开动了"这些命题中得到宏观命题"我坐火车"。

(三)宏观结构在语篇微观连贯构建中的作用

通过上文的阐述我们得知,宏观结构必须要澄清的一个概念是语篇的主题或谈话的主题。即使前后两句话总是相互联系的,即在微观结构层面上是连贯的,但是如果我们不知道这些语句想要表达什么,无法为这些句子找到一个总的主题,即无法建立一个整体性的语篇结构,也就是说这些句子在宏观结构层面上是不连贯的,严格地讲不能称之为语篇。由此可见,语篇生产者在生产语篇时必须使各个句子具有同一主题。反过来,语篇接受者在阅读语篇时如果知道了语篇的宏观结构,即语篇主题,也就知道了语篇中各个句子所表达的命题之间的相关点,从而建立起命题之间的语义联系,即语篇的微观连贯。因此,语篇接受者不仅可以根据命题之间的语义联系来获得宏观命题(即主题),而且在事先知道主题的情况下还可以根据主题建立起命题之间的语义联系,这是一个可逆的过程:微观连贯⇌宏观结构。

梵·迪克在解释一个信息处理循环周期所完成的内容时曾指出新旧信息有

时需要通过一个宏观命题才能建立起联系。此外，他在《作为话语的新闻》一书中详细阐释了获取语篇主题的过程，认为"主题的认知性理解，即语言使用者对文本的全局性理解和把握，并不是在他理解了整个文本的所有词语和句子的同时才完成的，而是当读者在作者的主题性暗示下开始猜测文本中最可能的话题时就开始了。文章开头的概述、文中主题的明确表达和标题都是作者的暗示。除形式规则外，语言使用者还可采用有效的理解策略推导出文本的主题。只要听到第一个句子我们就已开始猜测整个文本或谈话片段的总体的或最初的主题内容。"① 他还明确指出主题对于微观结构理解的重要性："……主题对其余文本的进一步理解起着主要的总体控制作用。把握住文本的主题后理解其各句子关系就更容易了。这可算得上心理学家们所谓的顶向下或倒金字塔加工思维的例子（top-down processing）"。② 另外，他还指出了主题对局部一致性的制约："同一组群命题的局部一致性受统领这一组群的主题制约"，"只有当命题都和主题相关时它们才具有局部的一致性"。③ 这里所说的"局部一致性"（local coherence）指的就是微观连贯。可见微观连贯的构建还需要主题作指导。具体来讲就是，命题序列的主题往往可以帮助语篇接受者找到这些命题的相关点，从而建立起它们之间的语义联系。而文章开头的概述、文中主题的明确表达和标题都可以帮助语篇接受者获得命题序列的主题。

此外，根据林科等人对并列关系阐释模式所下的定义：并列关系阐释模式是把不同的事物看作是具有共同之处的一种阐释模式。也就是说，我们要寻找一个共同的空间的、情景的或事实主题的分类特征，而这一特征便是不同事物的相关点，我们可以进一步确定通过主题建立起的命题之间的语义联系是并列关系。而这种关系是以不同的物体、事件、事实感知为相互联系的基础。也就是说，由于命题序列中各个命题都是关于同一主题的，从这个意义上讲，它们之间的关系是并列关系，而并列关系是它们之间存在的基本关系，如果再详细

---

① 托伊恩·A. 梵·迪克著、曾庆香译：《作为话语的新闻》，华夏出版社2003年版，第36~37页。
② 托伊恩·A. 梵·迪克著、曾庆香译：《作为话语的新闻》，华夏出版社2003年版，第37页。
③ 同上书，第63页。

分析，它们之间还可能存在更加具体的关系，如因果关系或时间关系。

二、语篇宏观连贯构建的第二层次——超结构
（一）超结构的定义及类型

梵·迪克为了区分用来表示语篇宏观语义结构的"宏观结构"这一术语，另用"超结构"（Superstruktur）这一术语来指称为语篇的宏观结构内容提供整体形式的宏观形式结构。超结构和宏观结构均为总体结构，只不过前者为形式结构，而后者为语义结构。"宏观结构"的概念是用来解释话语的话题、主题或者概要的；"超结构"对语篇的话题进行顺序编排。梵·迪克对"超结构"下的定义是：超结构是一种确定语篇整体顺序，由一系列功能范畴组成的抽象图式，这些范畴的联系方式要遵循约定俗成的规律。[①] 他指出，不同类型的语篇具有不同的交际功能和社会功能，受其制约语篇的超结构也不同，因此，超结构是标志语篇类型的整体性结构。[②] 同类语篇的形式结构虽然不像八股文一样一成不变，而会随语域的变化发生某些变异，但一般来说总是遵守约定俗成的超结构。学术论文、求职信、报纸新闻报道、产品说明书等都有其约定俗成的超结构。譬如，报纸新闻大致包括标题（和副标题）、导言、正文几部分。虽然这不是系统性的分析，但我们至少可以看出报纸新闻报道有独特的超结构。

梵·迪克主要研究了3种典型的超结构：叙述结构、论证结构和科学论文结构，其中具有代表性的是叙述结构。他用下面的树形图来描述叙述结构，以概括这类语篇的一般语体状态或常规功能框架[③]：

[①] van Dijk, T. A. Textwissenschaft: eine interdisziplinäre Einführung. (Deutsche Übersetzung von Christoph Sauer, niederl. Original 1978). Tübingen: Max Niemeyer Verlag, 1980b: 131.
[②] 同上书，第128页。
[③] 同上书，第142~143页。

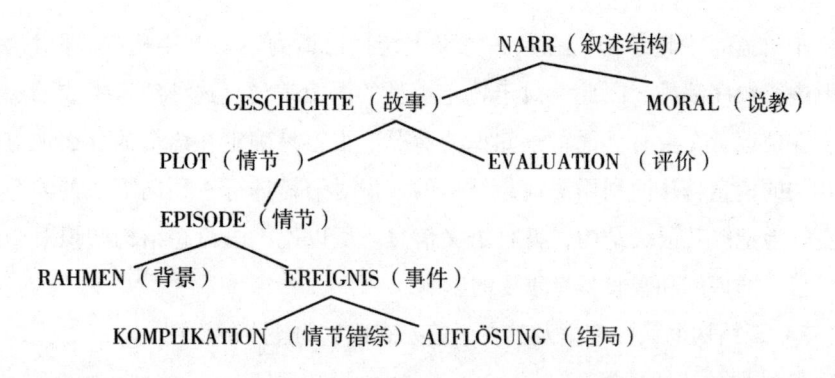

```
                          NARR（叙述结构）
          GESCHICHTE（故事）           MORAL（说教）
    PLOT（情节）        EVALUATION（评价）
  EPISODE（情节）
RAHMEN（背景）  EREIGNIS（事件）
    KOMPLIKATION（情节错综） AUFLÖSUNG（结局）
```

需要说明的是，有些范畴，例如背景、评价和说教，可以是隐性的，因为语篇接受者有可能已经知道故事发生的时间和地点，可以猜测出语篇生产者的评价以及说教。此外，根据梵·迪克的叙述结构，叙述的一般顺序为：背景、错综的情节、结局、评价和说教，但是有时该顺序也可以有所变动，例如：文学叙述语篇有时以"情节错综"开始，然后才说明人物和"背景"。

超结构中的各种范畴以特殊的方式限制着语篇的语义结构。例如，在"错综的情节"这一范畴下的内容必须是关于各种具体事件的，而"结局"范畴下的内容应该是宏观层面的行为；与此相反，"背景"主要描述的是状态和过程，而"评价"描述的是精神状态。

（二）超结构与宏观结构的关系

超结构是为语篇的宏观结构内容提供整体形式的宏观形式结构。就像句法结构解释为语义结构一样，超结构也是以整体内容填装的；整体内容由话语的话题或主题界定，由宏观语义结构来描写和解释。每一种超结构范畴都和宏观语义结构的宏观命题（主题）相联系，这一范畴赋予这个宏观命题以具体的语义交际功能，而宏观命题可以看作是分层语义序列的语义总结，它支配一个连贯的普通命题序列，因此，这个范畴其实也赋予了这一命题序列的功能。由此可见，超结构与宏观语义结构的关系是：超结构的各种范畴规定了宏观语义结构组成部分的语义交际功能，从而制约着语篇的宏观语义结构，并且超结构通过宏观语义结构和其他话语结构建立必要的联系；而宏观语义结构是对超结构范畴所赋予的功能的具体实施。因此，超结构可以看作是比宏观语义结构更抽象的更高层次上的宏观结构。

由于语篇的"超结构"在某种意义上统摄语篇的"宏观结构",即对语篇的话题进行顺序编排,因此,对于特定类型的语篇来说,这种约定俗成的超结构的存在使读者在没有其他背景知识的情况下很容易确定在语篇的什么地方能找到相关的信息,从而利用语篇超结构的知识对语篇进行"顶向下"的演绎推理,更好地把握其语义结构,吸收语义信息。所以说,语篇超结构知识对于语篇语义信息的理解和吸收具有重要的影响。

(三) 超结构的认知理据及其在语篇宏观连贯构建中的作用

1. 超结构的认知理据

心理学中的"图式"最早始于 20 世纪二三十年代的完形心理学对记忆的研究,英国心理学家巴莱特(Bartlett)于 1932 年就发现:人的记忆能够把各种信息和经验组织成认知结构,形成常规图式,储存于人们的记忆之中,新的经验可通过与其对比而被理解。到了 20 世纪三四十年代,瑞士心理学家皮亚杰(Piaget)再次运用"图式观"来论述他的发生心理学和建构论思想,强调认识主要来源于主体与客体之间的互动,可通过自我调节使得客体被同化到主体的图式之中,或主体调节图式或创立新图式来适应新客体。皮亚杰早就提出"图式来源于动作"的观点,人们经过多次活动逐步抽象而形成了图式。[①] 美国人工智能专家鲁梅尔哈特曾对图式与语篇理解之间的关系提出过自己的观点,认为图式就是"以等级层次形式储存于长时记忆中的一组相互作用的知识结构",或者是"构成认知能力的建筑砌块"。其实质是"系统深入探讨长时记忆在理解过程中的作用的一种理论模式"。这一模式"不仅指导我们理解各种事物和经历,而且还有助于我们理解对这些事物和经历的语言描述"。[②]

语篇超结构是一种确定语篇整体顺序,由一系列功能范畴组成的抽象图式,因此,语篇超结构是心理图式的一部分,是知识结构中的语篇结构部分。根据图式理论,同一类语篇的宏观形式结构一般都具有相同的特点,经常阅读这一类语篇的读者能够根据经验抽象出其常规宏观形式结构,从而形成图式,将其储存于记忆中,这便是语篇超结构。在以后的阅读过程中,读者通过与该超结

---

① 参见王寅:《认知语言学》,上海外语教育出版社 2007 年版,第 172 页。
② 转引自张琦:《图式论与语篇理解》,《外语与外语教学》2003 年第 12 期,第 18 页。

构进行对比来理解所读的语篇。

超结构之所以能够帮助读者理解语篇,是因为它为读者提供了语篇推进的信息。根据自己的超结构知识,读者更容易推断语篇各部分之间的联系,从而从宏观上或总体框架上构建语篇连贯,全面、透彻、准确地理解整个语篇。对于超结构的作用,纳塔尔(Nuttall)的看法是:"了解了整个语篇的结构有助于理解其中的每个部分,就像理解了一个段落之后有助于理解其中每个句子一样"[1]。不同类型的语篇有不同的结构特征。读者在阅读过程中应该根据这些相对独特的特征对下文做出推测。

2. 超结构在语篇宏观连贯构建中的作用——衔接作用

在上文中,我们从认知的角度揭示了语篇超结构作为一种图式知识在语篇宏观连贯构建中的作用:读者根据超结构知识可以较容易推断出语篇段落之间的联系。那么,超结构为什么具有这样的辅助作用呢?其根本原因就是,超结构在语篇连贯构建中起到了衔接手段的作用,即超结构中的功能范畴及其顺序和关系可以揭示语篇各组成部分之间的语义联系。

语篇的衔接包括语篇内部成分之间的线性语义联系,如句子与句子之间的衔接,从而把一组句子连接成为一个相互联系的组合,如一个段落。同时,也包括把语篇的部分与部分连接起来,使其组成更大的语义单位,直至整个语篇的衔接。这种衔接机制有两种功能。一是把部分与部分联系起来,使其相互有联系。这种作用与线性衔接的作用相同,只是所连接的单位更大而已。二是把这些部分有机地组成一个整体。这样,每个部分不仅相互联系,而且都要发挥语篇整体所分配给它们的作用。不然,尽管语篇的各个部分之间可以是有联系的,但由于其没有起到语篇整体所需要的作用,出现了不一致的现象,这样语篇仍然是不连贯的。

语篇超结构就具有这样的衔接作用。语篇超结构是语篇的总体结构,是一种确定语篇整体顺序,由一系列功能范畴组成的抽象图式。它通过功能范畴赋予语篇各个组成部分语义交际功能,因此它不仅控制语篇各个语义成分的出现

---

[1] 转引自李志雪:《从语用和图式角度来看语篇的连贯》,《解放军外国语学院学报》1999年第5期,第25页。

及其出现的顺序，而且还通过分配给各语篇部分不同的功能使它们有机地联系在一起。超结构对语篇宏观上的这种组织作用，尤其是功能范畴及其顺序的衔接作用是语篇衔接的主要组成部分。此外，超结构的这种衔接机制相对于其他语法词汇项目形成的线性衔接具有支配作用。只要语篇的超结构出现不衔接现象，其他类型的衔接就会在宏观上丧失其衔接力。所以，忽视语篇超结构的衔接作用是造成语篇缺少衔接与连贯的重要原因之一。综上所述，超结构的衔接作用是一种支配线性衔接，体现语篇部分与部分之间联系的宏观结构衔接机制。① 只要我们将语篇功能范畴与语篇各部分对应起来，就能将功能范畴之间的联系映射到语篇各部分之上，从而建立起语篇各部分之间的语义联系，即语篇宏观连贯。

通过上面的阐述我们可以看出，找准功能范畴在语篇中所对应的位置是超结构发挥其衔接作用的关键所在。一般情况下，超结构功能范畴在语篇中出现的顺序相对固定，但有时也会有所变动，而且一个语义交际功能可能会有几个语篇段落共同行使，这样，我们就不能机械地按照常规的超结构确定功能范畴在语篇中的准确位置，而是需要一个"验证"的过程：先阅读语篇内容，并对该部分内容概括出宏观命题，然后再抽象出其在语篇中所行使的语义交际功能，确定其在超结构中的功能范畴。这一过程其实就是确定当前所读语篇的超结构的过程，这个超结构就是常规超结构的具体实现方式。而且这一过程是一个从微观结构到宏观结构再到超结构的逐步抽象化的过程，也正是建立语篇宏观连贯的认知加工过程。

（四）超结构在语篇微观连贯构建中的作用

通过上文的分析我们得知，每一种超结构范畴都和宏观语义结构的宏观命题（主题）相联系，超结构范畴赋予宏观命题以具体的语义交际功能，而宏观命题可以看作是分层语义序列的语义总结，它支配一个连贯的普通命题序列，因此，超结构范畴其实也赋予了命题序列的功能。也就是说，超结构范畴的语义交际功能是由该范畴在语篇中所对应的命题序列来行使的。这就意味着，如果我们知道了语篇中某一部分的超结构范畴，就可以确定这一部分中所有命题

---

① 参见郭翠：《论语类结构的衔接功能》，《外语与外语教学》2001年第1期，第17页。

共同行使的语义交际功能，而这一功能与这些命题的宏观命题（即主题）一样都是将这些命题联系在一起的相关点。然而建立在共同的语义交际功能基础之上的命题之间的联系与建立在共同主题之上的命题之间的联系相比是更加深层次的联系。因此，超结构在语篇微观连贯构建中的作用就在于它有助于读者更深刻地理解命题之间的联系。

在上文中已经提到，虽然读者在阅读某一语篇之前通常已经掌握了该类语篇的常规超结构，但是所读语篇的超结构仍需通过抽象概括宏观命题的语义交际功能而获得，因为超结构功能范畴在语篇中出现的顺序相对固定，但有时也会有所变动，而且超结构范畴在语篇中所对应的范围也需要进一步验证。既然超结构范畴是根据宏观命题来确定的，而要想获得命题序列的宏观命题必须了解该序列中各命题之间的语义联系，即微观连贯，因此，整个构建的过程应该是微观连贯→宏观命题→超结构。这似乎与上段中的"超结构有助于读者更深刻地理解命题之间的联系"相矛盾，因为这里的顺序是超结构→微观连贯。事实上，这两个过程并不是相互排斥的，而是可以融合在一起的，即微观连贯→宏观命题→超结构→微观连贯。但是，需要指出的是，前面的"微观连贯"和后面的"微观连贯"的内容并不完全一致：前面的"微观连贯"主要指的是命题之间的语义联系，而后面的微观连贯指的是各个命题在语义交际功能方面的联系，而后者是更深层次的联系。在第三章中本书将以新闻报道为例对此进行详细的阐释。

此外，在分析宏观结构在语篇微观连贯构建中的作用时，我们得出的结论是：语篇接受者不仅可以根据命题之间的语义联系来获得宏观命题（即主题），而且还可以在事先知道主题的情况下根据主题建立起命题之间的语义联系，这是一个可逆的过程：微观连贯⇌宏观结构。这样，如果语篇接受者事先已知道命题序列的主题，超结构范畴就可以直接从宏观命题中推导出来，超结构对语篇微观连贯构建的作用过程就是：宏观命题→超结构→微观连贯。而宏观结构和超结构对语篇微观连贯构建的作用过程综合在一起是：微观连贯←宏观命题→超结构→微观连贯。

三、语篇宏观连贯构建的第三层次——语篇意图

篇章的交际意图研究属于篇章语用学的范畴。篇章交际意图是在行为理论

引入篇章研究的前提下提出来的。行为理论认为,由语言实现的行为即言语行为是融合在交际行为过程当中为了实现一定的行为目的的人类社交行为的一部分。从这个意义上说,篇章作为人类社交行为过程中的一个组成部分涉及的是交际过程中的言语部分。人们逐渐认识到,篇章不仅仅是有着自身结构的孤立的个体,更是语言的具体使用形式,是在一定交际语境中用以完成某种交际目的的行为。德国学者海涅曼曾指出:"篇章以及篇章的句法和语义结构已不再构成篇章语言学描写的出发点,而应是奠定篇章基础的交际活动。……篇章不再作为成品而只对其句法和(或)语义进行研究,而是作为行为要素,作为实现说话人具体的交际性和社会性意图的工具。"① 篇章语言学不应该仅局限在对语言结构的描述上,而是应该分析篇章在交际语境中所要实现的交际目的和功能。以交际—语用为取向的篇章语用学的理论认为:篇章作为主题、符号和意图的综合体是为实现一定的交际功能而服务的。从根本上来说,篇章的意图决定了篇章的属性,篇章的生产源于意图性的存在,没有意图就没有生产篇章的必要。

随着人们对篇章认识的不断提升,篇章语言学研究的范围也由篇章结构、篇章主题拓展到了篇章的意图和功能上。这一点也可以从以下围绕篇章功能而对篇章所下的定义中得到进一步的验证:施密特(Schmidt)按照社会交际的标准认为"功能中的篇章"才可以称得上是真正的篇章;罗斯帕尔(Rossipal)提出篇章的一致性是由满足特定语言外部需求的篇章意图所决定的;黑尔比希(Helbig)给出的定义是"篇章是有着可识别的交际功能的统一体";菲尔可(Feilke)则认为"篇章是篇章生成行为意图性的结果,篇章的意义通过意图性得以表达"。② 随着篇章功能观的提出,"篇章意图"即"篇章功能"在篇章语言学领域的重要性日益突显,德·碧欧格兰德(de Beaugrande)和德莱斯勒(Dressler)将"意图性"视为篇章的基本要素之一③;另有些学者则将篇章功能

---

① Heinemann, Wolfgang. Textlinguistik heute: Entwicklung, Probleme, Aufgaben. Wiss. Zeitschr. d. Karl – Max – Univ. Leipzig. Gesellschafts – u. sprachwiss. Reihe, 1982: 219.
② 以上各种关于篇章定义的讨论请参见 Heinemann, Margot/Heinemann, Wolfgang. Grundlagen der Textlinguistik: Interaktion – Text – Diskurs. Tübingen: Max Niemeyer Verlag, 2002: 99.
③ de Beaugrande, R. A./Dressler, W. U. Einführung in die Textlinguistik. Tübingen: Max Niemeyer Verlag, 1981.

作为划分篇章类型的主要标准，其代表人物是：布林克尔和吕格尔（Lüger）。因此，一个语篇要想达到预期的目的，还要看受话人/读者是否理解说话人/作者的意图、受到一定的影响并做出相应的反应，否则就谈不上是一个连贯的语篇。霍普斯（Hobbs）就曾指出，语篇是否连贯，不取决于是否有表面上的连接形式，而是取决于受话人能否理解说话人的意图。[1] 由此可见，语篇意图在语篇连贯构建中发挥着重要作用。下面详细介绍3种具有代表性的语篇意图研究理论。

（一）斯贝尔波和威尔森的关联理论

斯贝尔波和威尔森认为，从认知心理的角度来说，交际涉及说话人对意图的呈现与听话人的认知、推理，交际意图就是通过交际行为所表现的一种思维表征。

斯贝尔波和威尔森把交际视为一种明示—推理过程（ostensive-inferential process）。明示与推理是交际过程中的两个方面，前者与说话人有关，后者则与听话人有关。从说话人的角度而言，交际就是一个明示过程。在语言交际中，说话人必须生成一定的话语，并通过该话语向听话人展示自己的交际意图，并让对方获取该意图，这就是一个明示过程。"明示"就是说话人向对方明确显示自己有明确表示某种意图的一种行为。而从听话人的角度来说，交际又是一个推理过程，即根据说话人所提供的明示语义信息（即字面意义）去推导对方的交际意图。在说话人的明示过程中存在两种意图：（1）信息意图（informative intention），即提供交际内容的意图，它可以帮助听话人明白一系列的语境假设；它就是话语的字面意义，即与话语的明说（explicature）是一致的；（2）交际意图（communicative intention），是让对方明白说话人有一个传递信息意图的意图，它往往包含话语的暗含意义。[2] 也就是说，说话人不仅要表明自己有传递某种信息的意图，而且更要向对方表明自己有传递这种信息意图的意图。例如：

甲：看电影去吗？

乙：我明天要考试。

该例中甲邀请乙去看电影，乙并没有直接拒绝对方的邀请，而是讲出了拒

---

[1] 参见陈海庆、张绍杰：《语篇连贯：言语行为理论视角》，《外语教学与研究》2004年第6期，第423页。

[2] Sperber, D./Wilson, D. Relevance: Communication and Cognition, 2th ed. Oxford: Blackwell, 1995, pp. 54~64.

绝的理由。乙把明天要考试这一信息直接传递给了对方，使甲知道自己明天要考试这一新信息。乙的这个意图就是信息意图。但同时更重要的是，乙需要通过该话语让甲知道自己有那个信息意图，并让对方从该话语中推导其隐含意义，从而放弃邀请。这就是乙的交际意图。

如果说话人生成话语的目的是为了传递某种交际意图的话，那么他就有必要首先使听话人明白话语的信息意图。明示就是明白地示意，就是说话人通过某一话语向听话人表示自己的这种意图，以期待听话人对该话语加以注意，它往往与话语的"明说"有关。而听话人必须根据说话人的明示行为，再结合语境假设进行推理，从而获得说话人的交际意图。[1]

虽然斯贝尔波和威尔森的明示—推理模式主要是针对"对话"这种交际形式而提出的，但它同样适用于语篇的交际意图分析。语篇生产者通过明示自己的信息意图为语篇接受者提供了推理语篇交际意图的依据，即语篇接受者可以根据语篇提供的明示语义信息，即字面意义来推导语篇的交际意图。

（二）布林克尔的篇章功能模式

对篇章交际意图研究做出重要贡献的德国语言学家首推布林克尔。他以言语行为理论中的施为行为为出发点，沿用格洛瑟（Große）（1976）提出的"篇章功能"这一概念来描述篇章在交际过程中所获得的意义和在交际情景中的目的和意图。他将言语行为的意图性和规约性相结合，给篇章功能下的定义是："通过一定的、在交际群体中有着规约性的（语言）表达式所表达出来的篇章生产者的交际意图。它是篇章生产者认为篇章接受者应辨认出来的意图，即篇章整体所要表达的篇章生产者对于篇章接受者的指令或指示，例如可把篇章当作是信息类或是呼吁类的篇章。"[2] 正如一个施为性行为可以确定一个语言表述的行为特征，篇章功能决定了篇章的交际形态，即生产者借助于篇章与接受者进行交际的表达方式。

布林克尔在瑟尔将言语行为划分为5类的基础上，从考察交际者双方互动

---

[1] 参见何自然主编：《认知语用学：言语交际的认知研究》，上海外语教育出版社2006年版，第180页。

[2] Brinker, Klaus. Linguistische Textanalyse: eine Einführung in Grundbegriffe und Methoden. 5., durchgesehene und ergänzte Auflage. Berlin: Erich Schmidt Verlag, 2001: 95.

关系的交际—功能视角出发，将篇章的基本功能划分为信息功能（Informationsfunktion）、呼吁功能（Apellfunktion）、指令功能（Obligationsfunktion）、联络功能（Kontaktfunktion）和声明功能（Deklarationsfunktion）。① 按照篇章所具有的不同基本功能，篇章可分为下列5个种类：①信息类篇章（简讯、报道、应用类书籍、书评等）；②呼吁类篇章（广告、评论、法律文本、合同等）；③指令类篇章（协议、保证书、奖状等）；④联络类篇章（感谢信、吊唁信、明信片等）；⑤声明类篇章（遗嘱、任命书等）。②

布林克尔认为，可以根据篇章功能指示项来确定具体篇章的功能类型，并将篇章功能指示项分为篇内指示和语境指示，前者是语言要素，而后者是非语言要素。篇内指示项包括语法单位和句法结构（显性施为动词、句式、动词表达式、一些副词和语气词）、篇章主题的方式、次要主题的排列方式、主题延展的方式以及主题和延展方式的修辞范式。语境指示项指的是传播篇章的媒介和所归属的范畴更广的语境（篇章的具体交际形式，如书信、报刊文章、宣传画册等和篇章所属的篇章类型和交际范围③）。④

通过对斯贝尔波和威尔森以及布林克尔的交际意图理论的介绍，我们可以看出，这两种交际意图理论具有相似之处，那就是，隐含的交际意图要通过明示的语言表达形式并结合语境推导出来，而且布林克尔还将语篇功能的篇内指示项和语境指示项做了较为详细的分类。这两种交际意图理论的不同之处也显而易见，斯贝尔波和威尔森的交际意图概念是一个广义的概念，而布林克尔的研究重点则是规约性的交际意图，即交际群体成员可以根据规约性的表达形式就能推导出来的意图，这种语篇交际意图主要是用来描述语篇所具有的最基本

---

① Brinker, Klaus. Linguistische Textanalyse：eine Einführung in Grundbegriffe und Methoden. 5., durchgesehene und ergänzte Auflage. Berlin：Erich Schmidt Verlag, 2001：107~108.
② 同上书，第136~137页。
③ 布林克尔对交际范围的解释是：特定的社会范围和机构。不同的篇章类型可以被归入一定的交际范围，可以根据交际-功能标准对篇章类型进行区分。
④ Brinker, Klaus. Textfunktionale Analyse. In：Klaus Brinker, Gerd Antos, Wolfgang Heinemann und Sven F. Sager（Hrsg.）：Text- und Gesprächslinguistik：ein internationales Handbuch zeitgenössischer Forschung（Linguistics of Text and Conversation）. Berlin/New York：Walter de Gruyter, 2000：180.

的交际功能,并根据该功能给语篇分类,因此,布林克尔所研究的交际意图只是交际意图中的一种,即体现篇章功能的交际意图。他自己也曾指出:"篇章功能和生产者的'真正的意图',即和篇章作者无意识的'隐蔽的意图'可能相符,也可能与之不同。例如一篇报道的功能在于信息传播,但是它的真正意图可能在于呼吁。篇章接受者是否能够判断出隐蔽的意图要依赖于篇章中是否具有相关的指示手段,与类似篇章的比较能否提供相应的支持,以及篇章接受者是否掌握关于生产者或所描述事实的额外信息。"① 而这里提到的篇章生产的"真正的意图"显然不是他的研究重点,但在语篇连贯构建以及语篇理解过程中却具有不可忽视的作用。

(三)吕格尔的报刊篇章意图模式

专门研究新闻媒体语言的德国语言学家吕格尔同样提出将篇章的意图(Textintention)作为区分不同篇章种类的标准。吕格尔的意图模式也是建立在言语行为理论的基础上,同时他还秉承了桑迪希(Sandig)、罗斯帕尔、莫驰、菲韦格和罗森格伦等人的观点:任何语言表达,不管是一个简单的句子,还是一个复杂的篇章,同时都有意图的一面(eine intentionale Seite)和内容的一面(eine inhaltliche Seite),如下图所示②:

	语言表述	
	意图成分	内容成分
单个的语言行为 (句子)	言外行为/ 行为成分/ 交际价值	命题/ 命题成分/ 陈述成分
复杂的语言行为 (篇章)	篇章言外行为/ 篇章功能/ 篇章意图	篇章命题/ 篇章主题/ 篇章内容

---

① Brinker, Klaus. Linguistische Textanalyse: eine Einführung in Grundbegriffe und Methoden. 5., durchgesehene und ergänzte Auflage. Berlin: Erich Schmidt Verlag, 2001: 96.
② Lüger, Heinz – Helmut. Pressesprache. 2., neu bearbeitete Aufl. Tübingen: Max Niemeyer Verlag, 1995: 51.

吕格尔认为,篇章生产从根本上来说是一个有意图的行为,篇章生产者试图通过语言表述使篇章接受者理解这一意图。因此,篇章意图在很大程度上决定着篇章中语言手段的选择和谋篇的方式。这一影响发生在篇章的不同层面上,也就是说篇章意图决定了篇章内容上的构成以及词汇和句法手段的选择。①

与布林克尔的篇章功能模式相似,吕格尔研究的重点是社会规约所决定的意图,是人们约定俗成的意图,是划分篇章类型的标准。吕格尔认为,不同的接受群体可能从同一篇章中领会到不同的篇章意图,因此,应该将篇章意图分为两种:一种是标准意图(Standardintentionen),它是不同的接受群体都能领会到的意图;另一种是更深层次的意图(weiterführende Intentionen),它可根据不同的描述目的或多或少地将大的关联包括进去,如某一篇章生产者的立场、某一媒体的倾向等。② 然而,吕格尔认为篇章分类的标准不是标准意图,而是在此基础上对典型的篇章和情景因素逐步普遍化和抽象化而推导出的"基本意图"(Grundintention)或"意图类型"(Intentionstyp)。③ 按照篇章的基本意图,吕格尔将报刊篇章分为5个篇章种类(Textklassen)④:

(1)强调信息类篇章(informationsbetonte Texte):这类篇章的范围最为广泛,其篇章意图是"传递有关事实的信息",对事件、行为、过程及它们之间的关联进行客观的描述,大多不会含有明显的评价,或评价不会处于中心地位。简讯、消息、报道、通讯等新闻报道类篇章都属于此类篇章。

(2)强调观点类篇章(meinungsbetonte Texte):这类篇章以表达思想观点、阐述道理为主,篇章意图为"对事物进行评价",包括社论、评论、专栏评论和讽刺性短评等。

(3)请求类篇章(auffordernde Texte):这类篇章直接要求或呼吁读者进行某一行为、持某一观点或做出某一反应。报刊不是请求类篇章的典型媒介物,

---

① Lüger, Heinz–Helmut. Pressesprache. 2., neu bearbeitete Aufl. Tübingen: Max Niemeyer Verlag, 1995: 51.
② Lüger, Heinz–Helmut. Pressesprache. 2., neu bearbeitete Aufl. Tübingen: Max Niemeyer Verlag, 1995: 58~59.
③ 同上书,第53~64页。
④ 同上书,第66~76页。

传单、宣传广告画等可被视为典型的请求类篇章。没有一个单独、完整的报刊篇章类别能归入请求类篇章中，部分的读者来信和访谈可归入这一类篇章。

（4）指示—指令类篇章（instruierend-anweisende Texte）：这类篇章的基本意图在于为人们的行为提供指南，如使用、加工及安装指南。

（5）联系导向类篇章（kontaktorientierte Texte）：这类篇章的基本意图在于吸引读者的注意力与兴趣，如报纸首页、篇章的标题、副标题及导语等，它们综合运用内容上、语言上和视觉上的不同手段来吸引读者。

我们通过对比布林克尔和吕格尔的篇章类型划分可以发现，两者有相似之处：都包括传递信息、发出呼吁和请求、发出指令和进行联络的篇章类型。虽然这些篇章类型的名称不同，但其所指基本一致。两者的不同之处就在于：布林克尔提出的声明类篇章是吕格尔的划分模式中所没有的，而吕格尔的强调观点类的篇章是布林克尔的划分模式所没有的。

（四）本节所研究的"语篇意图"及其识解

既然篇章的基本意图是社会规约所决定的意图，是不同接受群体都能识别的意图，是划分篇章类型的标准，因此它就应该是最容易识别出的篇章意图，尤其对于报刊篇章来说，因为报刊篇章的类型一般都有明确的标注。例如，当我们看到篇章类型是简讯时，即使没有阅读该篇章我们也可以知道该篇章的基本意图是传递信息。因此，我们要想全面、彻底地理解某一篇章只知道其基本意图是不够的，还必须了解其更深层次的意图，如篇章生产者的立场等，这一意图与布林克尔所说的生产者的"真正的意图"或"隐蔽的意图"十分相似。只有领会了篇章生产者的这一意图，才能把握整个篇章的主旨，从而真正地构建起篇章的宏观连贯，因此，这一意图才是本书所研究的语篇意图。

此外，在篇章意图与篇章的语言表述之间的关系方面，吕格尔观察的角度与斯贝尔波和威尔森以及布林克尔有所不同。吕格尔强调的是篇章意图对篇章中语言手段的选择和谋篇方式的决定作用，而斯贝尔波和威尔森以及布林克尔则侧重语言表述对篇章意图的明示作用，即根据一些语言表达形式可以推导出篇章意图。其实，这两个作用是密不可分的，篇章意图决定语言表述就意味着语言表述能够体现篇章意图，只不过前者是从篇章生产者的角度来看篇章意图与语言表述之间的关系，而后者是从篇章接受者的角度来看的。因此，篇章接受者在阅读篇章时可以根据篇章中的语言手段和谋篇方式（如超结构功能范畴的顺序安排）来推导篇章意图，从而建立起篇章整体连贯，真正理解整个篇章。

第四节　本章小结

　　本章主要为本书研究构建了理论框架，重构了语篇连贯构建的整个过程，即从微观连贯到宏观连贯的过程，因此本章共由3部分内容组成：首先概括性地介绍了语篇连贯的构建要在两个层面上进行：微观层面和宏观层面，即要构建微观连贯和宏观连贯；然后从认知的角度分别探讨了微观连贯和宏观连贯的构建过程以及影响此过程的各种因素。

　　在分析语篇微观连贯的构建时，我们首先根据循环加工理论分析了语篇微观连贯构建的心理过程，从而揭示了语篇微观连贯构建的关键是建立命题之间的语义联系，而命题之间语义联系的本质是其所表达的事实之间相互联系，这便集中体现了本书研究语篇连贯的认知视角。然后，本书根据梵·迪克以及林科等人的相关理论总结出命题所描述的事实之间的4种关系：并列关系、时间关系、因果关系以及逻辑—概念关系。这一分类为从认知角度研究命题之间的语义联系奠定了基础。要构建语篇微观连贯就要建立命题之间的语义联系，为此要确定命题所表达事实之间的联系，而确定事实之间的关系有两种途径：一种是根据我们的认知经验，一种是根据衔接手段。因此，本书还从认知的角度阐释了衔接与连贯的关系，并在此基础上揭示了衔接手段在语篇微观连贯构建中的认知向导作用。此外，通过分析语篇微观连贯构建的心理过程我们还可以发现框架知识、预设、宏观结构以及超结构同样在语篇微观连贯构建中发挥着重要的作用。出于语言表达经济性的考虑语篇生产者常常会省掉一些他认为语篇接受者已经具备的信息，而语篇接受者只有根据自己的框架知识推导出这些隐性信息，根据世界知识或语义知识推导出语篇中的语用预设和语义预设才能建立起命题之间的语义联系。宏观结构中的语篇主题或语篇组成部分的宏观命题为其中的命题序列提供了语义方面的相关点，而超结构的功能范畴为语篇组成部分中的命题序列提供了语义交际功能方面的相关点，因此，宏观结构和超结构同样对语篇微观连贯的构建具有指导作用。

在分析语篇宏观连贯的构建时，本书继承并发展了梵·迪克的宏观结构理论，认为构建了语篇的宏观结构只意味着构建了语篇宏观连贯的最低层次，而语篇超结构和语篇意图构建的是更深层次的语篇宏观连贯。此外，本书还分析了这3个层次的语篇宏观连贯是如何构建的：宏观结构主要通过运用宏观规则而获得，超结构的功能范畴则是根据宏观命题抽象概括出来的，而语篇意图要根据语篇内的语言标记来识解。

综上所述，本书的理论框架，即语篇连贯构建的整个过程如下图所示：

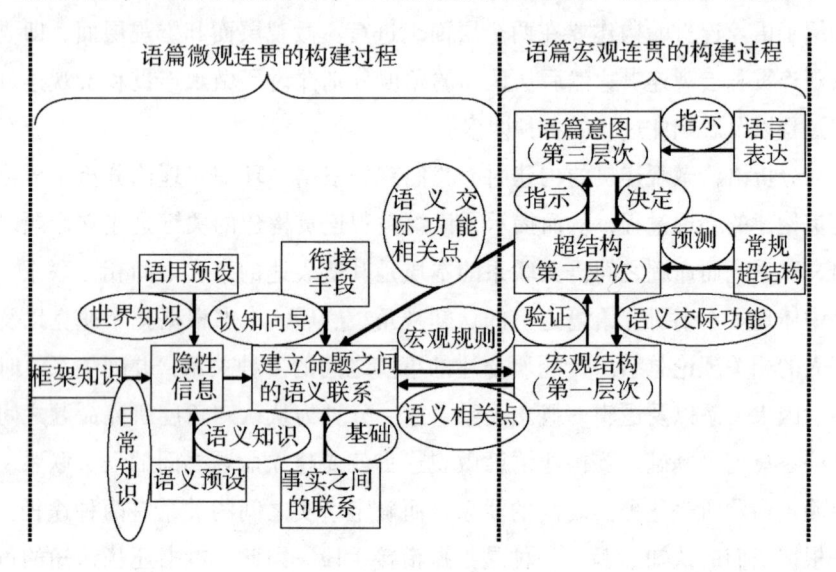

第三章

德语新闻报道语篇微观连贯的认知研究

在上一章中，我们构建了语篇微观连贯和宏观连贯认知研究的理论框架。在本章中，我们将这一理论框架用于指导德语新闻报道语篇微观连贯的认知研究。在此之前，有必要首先界定一下本书所研究的"新闻报道"这一术语。新闻报道有广义与狭义之分，广义的新闻报道是消息、通讯、特写、调查报告、采访杂记等的总称；狭义的新闻报道仅指消息，即所说的纯新闻。纯新闻最能代表新闻作品的本质属性，是新闻作品的主流。[1] 本书研究的是报纸中的狭义的新闻报道，即德语中所说的报道（Bericht），指的是主要着眼于报道事实的、语言简洁明快的、篇幅比简讯长的纯新闻形式。需要指出的是，德语中狭义的新闻报道与消息（Nachricht）稍有不同，主要表现在前者比后者的篇幅长。[2] 在本章和下一章中，本书将以《世界报》中的5篇新闻报道（见附录1）为例分析研究德语新闻报道语篇连贯的认知规律。[3]

---

[1] 参见廖艳君：《新闻报道的语言学研究》，湖南大学出版社2006年版，第1~2页。
[2] 参见 Lüger, Heinz – Helmut. Pressesprache. 2., neu bearbeitete Aufl. Tübingen: Max Niemeyer Verlag, 1995: 109.
[3] 鉴于所选例文篇幅较长，因此没有将其纳入正文，而是将其放在附录部分。

第一节　衔接手段在德语新闻报道语篇微观连贯构建中的作用

衔接是语篇生产者在生成连贯语篇时有意或无意留下的接结，它虽然不是连贯的充分条件，但是它可以充当语篇接受者构建语篇连贯时的认知引导，减轻处理语篇的负担，减少误解的可能性。在上一章中，我们介绍了韩礼德和哈森的衔接理论对衔接手段的分类：指称、替代、省略、连接、重述和搭配。本节将具体分析这些衔接手段在德语新闻报道中的使用规律以及在语篇微观连贯构建中的作用。

本书对所选5篇新闻报道中的衔接手段进行了详细的统计，其结果见附录2。通过统计我们不难发现，德语新闻报道中大部分句子都通过衔接手段与其他句子相联系。由于衔接是语篇生产者在生产连贯语篇时有意或无意留下的接结，在一定程度上能够体现连贯关系，是语篇接受者构建语篇连贯的认知向导，所以新闻报道中衔接手段使用的频率高一方面证明新闻报道类语篇的语义联系紧密，连贯性强；另一方面表明新闻报道类语篇的语言表达直接、明确，为语篇接受者提供了足够的构建语篇连贯的依据，从而保证语篇接受者能够准确理解语篇内容，获取主要信息。新闻报道中衔接手段的这一使用特点其实是与新闻报道本身的交际任务及交际目的密不可分的。新闻报道的主要任务就是在有限的版面内或在有限的时间内传递出尽可能多的信息，即用尽可能少的语言表达出尽可能多的内容，因此，新闻报道是一种信息高度浓缩的语篇，其语义联系非常紧密，表现在语言上便是衔接手段使用频繁。此外，新闻报道的交际目的是让读者快速而准确地了解事实真相，这就对新闻报道信息传递的客观性和明确性提出了较高的要求。衔接正是为了满足这一要求而使用的手段之一，只有语言表达明确，信息传递的效率才会高。

此外，通过对所选新闻报道中衔接手段的统计我们还可以发现，德语新闻报道中常用的衔接手段是指称、连接和重述，而替代、省略和搭配的使用率较低。由于韩礼德和哈森是以英语为例对衔接手段进行分类的，而德语与英语语法虽然相近，但也有许多不同之处，因此德语中衔接手段的语言表现形式与英语有所不同。本书将以上述新闻报道中的衔接手段为例详细介绍德语语篇，特别是德语新闻报道语篇中衔接手段的特点及其在语篇微观连贯构建中的作用。

需要说明的是，虽然命题是语言信息的心理表征，我们在构建语篇连贯时要建立命题之间的语义联系，但是在实际的语料分析时，将句子转换成命题是一个很烦琐的过程，而且我们前文已经介绍了句子和命题之间的关系（一个句子通常表达一个复合命题），为了使分析过程更加简单直观，增加其可操作性，我们在进行语料分析时就不再以命题为单位，而是以简单句为单位，主从复合句看作两个简单句（即把主句和从句分别看作一个句子单位），因为连接主句和从句的连词是最常见的衔接手段之一。

一、指称

指称这一衔接手段又可分为3种：代词指称、指示指称和比较指称。通过上面的统计我们可以看出，前两种指称手段在德语新闻报道中出现得较多，而比较指称的使用率较低。

（一）代词指称

实现代词指称的语言手段主要是人称代词和物主代词，该衔接手段是语篇生产者出于语言经济性的考虑，为了避免不必要的重复而使用的语言手段，但语篇生产者使用这些语言手段常常并不是有意地为语篇接受者提供识别语义联系的依据，而是根据一般的语言规则而这样表达的，因此，代词指称这一衔接手段常常是语篇生产者无意留下的接结，是信息量最低的衔接手段，当语篇生产者没有传达特别效果的意图时通常会选择这种衔接手段。

代词指称通过人称代词或物主代词来代替前文提到过的人或事物，从而建立起前后两个命题所描述的事实中的人或事物之间的联系，为进一步建立整个命题之间的语义联系奠定基础，这便是代词指称在语篇微观连贯构建中的作用。语篇接受者为了建立人或事物之间的联系，就必须首先确定代词所指代的是哪个名词，这也是通过代词指称构建语篇连贯的关键所在。下面我们以所选新闻报道中的代词指称衔接手段为例对此进行详细分析。

一般情况下，人称代词或物主代词所指代的名词较容易确定，例如：

(1)"Sie können aber Leben retten, gerade in der düsteren Winterzeit", sagte Ramsauer. Er verweist auf eine unveröffentliche, aktuelle Studie des ADAC... (Fast jeder zweite Radler fährt ohne Licht)

在该例中，er 紧邻它所指代的名词 Ramsauer，因此它们之间的指代关系很容易确定，不需要付出太多认知努力。而当指代关系不明确时，语篇生产者一般会放弃代词指称这一衔接手段来避免歧义，例如：

(2) Außenminister Radoslaw Sikorski sprach das Thema am Freitag bei einem Treffen mit seinem deutschen Kollegen Guido Westerwelle an. Sikorski habe angeregt, die Themen des deutsch-polnischen Nachbarschaftsvertrags von 1991 rechtzeitig vor seinem 20jährigen Bestehen „auf den Prüfstand zu stellen", damit er fristgemäß verlängert werden könne. (Polen fordern mehr Rechte in Deutschland)

该例中第一句和第二句的主语都是 Sikorski，如果将第二句中的 Sikorski 改为 er，这样似乎可以避免重复，但是就会产生歧义，很难确定 er 指的是 Sikorski 还是 Westerwelle，因此作者仍然使用了 Sikorski 来避免歧义，这也正表明了重复这一衔接手段具有避免歧义的作用。而在下一例中，虽然 er 与其所指代的名词 Leienbach 相距较远，但是我们还是能够确定 er 指的就是 Leienbach。

(3) Leienbach sagte, mehr ärztliche Untersuchungen bedeuteten nicht automatisch eine bessere Versorgung: „Das Gegenteil dürfte häufig der Fall sein." Es sei auch nicht zu verstehen, dass die PKV rund fünf Mal mehr für Laboruntersuchungen ausgebe als die gesetzlichen Kassen. Er forderte Bundesgesundheitsminister Philipp Rösler (FDP) auf, seinem Verband ein Verhandlungsmandat für Verträge mit Ärzten, Kliniken oder Arzneifirmen zu geben. (Regierung soll Privatkassen beim Sparen helfen)

新闻报道常常会通过引用别人所说的话来体现其报道的客观性，而且常常是引用一个人的多句话，以直接引语和间接引语的形式交叉出现，为了避免重复，只在一句引语后面标明说话人。例如：

(4)„Dass so viele Radfahrer ohne Licht fahren, ist nicht lässig, sondern fahrlässig. Im Straßenverkehr gilt: Licht an – auch auf dem Rad!" sagte Ramsauer im Gespräch mit dieser Zeitung.

124

<<< 第三章 德语新闻报道语篇微观连贯的认知研究

Besonders Senioren sowie Kinder und Jugendliche in der Altersgruppe von 6 bis 14 Jahren, die ihr Rad für den Schulweg benutzten, seien gefährdet. Gute Lampen und Reflektoren für die Fahrräder würden nicht viel Geld kosten. (Fast jeder zweite Radler fährt ohne Licht)

新闻报道的这一特点有时会增加确定代词所指的难度，例如：

(5) Die Kosten der privaten Versicherer seien in den vergangenen zehn Jahren zwischen sechs und sieben Prozent pro Jahr gestiegen, sagte der Direktor des PKV-Verbandes, Volker Leienbach, der „ Berliner Zeitung ". Dieser Trend müsse gebrochen werden. „ Wir können unsere Versicherten nicht immer wieder aufs Neue mit heftigen Beitragserhöhungen belasten. " (Regierung soll Privatkassen beim Sparen helfen)

在该例中，wir 和 unser 所指代的名词就较难确定，wir 和 unser 出现在直接引语中，它们指代的就是说话人自己，而说话人并没有在文中明确给出，因此，要确定 wir 和 unser 的所指就是确定该直接引语的发出者。在该例中，作者引用了三句 Leienbach 所说的话，前两句是间接引语，第三句是直接引语，而只有在第一句后面标明话语发出者是 Leienbach，后两句都没有标出，那我们就可以推断出，后两句也是 Leienbach 所说的话，这样我们就可以确定 wir 和 unser 指的是 Leienbach 他们，即 PKV 协会的人。

代词所指的确定不仅受到新闻报道语体特点的影响，有时还要以上下文知识和背景知识为依据，例如：

(6) Und Fry blieb mit seinem Widerstand nicht allein. Mit seiner Mitwirkung bei der Kungelei im kleinen Kreis unterstütze er einen „ Staatsstreich gegen die Vereinten Nationen ", musste sich der immer verzweifelter wirkende Konferenzpräsident, Dänemarks Premier Lars Lokke Rasmussen, von der Delegation Venezuelas anhören. (Kater nach Kopenhagen)

在该例中，我们可能会根据代词指称的一般规律认为 sein 和 er 前指 Fry，但是根据前文内容："Die Rache für die Sonderverhandlungen im kleinen Kreis kam prompt. Den Anfang machte der Vertreter des winzigen Inselstaats Tuvalu, Ian Fry."我们得知，福利（Fry）是反对小范围的私下谈判的，不可能参与这一谈判，因此，sein 和 er 只能后指大会主席、丹麦总理拉斯穆森（Rasmussen）。此外，前

125

文提到这一小范围谈判是在奥巴马（Obama）、默克尔（Merkel）和其他大国领导人中间进行的，而丹麦是西方大国之一，丹麦总理又是大会主席，因此拉斯穆森是可能参加这一谈判的，根据以上两点我们可以断定，sein 和 er 指的就是 Rasmussen。

综上所述，代词指称是德语新闻报道常用的一种衔接手段，它可以作为认知向导帮助语篇接受者建立起命题中人和事物之间的联系，从而为建立整个命题之间的语义联系奠定基础。如果不能准确判断出代词所指，就不能完全理解命题内容，从而无法建立命题之间的联系，更不可能构建语篇连贯、准确理解语篇内容。一般情况下，新闻报道语言表达明确，代词所指关系很容易判断，因此语篇连贯的构建过程比较顺畅。但有的时候代词所指关系不是很直接明了，需要一定的新闻语体知识、上下文知识和背景知识作为判断依据，在这种情况下，代词所指关系的模糊性在一定程度上妨碍了语篇接受者构建语篇连贯，而这恰恰说明了新闻语体知识、上下文知识和背景知识对于语篇连贯构建的重要性，恰恰揭示了衔接手段并不是构建语篇连贯的根本依据，语篇连贯构建的过程从根本上来说是语篇接受者根据各种知识建立语义联系的认知过程。

（二）指示指称

指示指称也是新闻报道中常用的一种指称手段。韩礼德和哈森认为英语中常用的指示指称形式有：指示限定词、定冠词、时间和地点副词。德语中与之相对应的指示指称形式有：dieser/jener, der/das/die, jetzt/damals, hier/dort。除此之外，德语中的代副词也具有指示指称的作用。

1. 指示限定词以及时间和地点副词

指示限定词 dies-（这）和 jen-（那）以及时间和地点副词 jetzt/damals（现在/当时）和 hier/dort（这里/那里）都是以会话参加者所在位置和时间作为参照点，dies- 指近，jen- 指远；jetzt/hier 指近，damals/dort 指远。除了指示限定词 dies- 和 jen- 之外，指示代词 dies（这）和 das（这）同样具有指示指称的作用。除了 jetzt/damals 之外常用的时间副词还有：zuvor（之前）、bisher（到目前为止）、derzeit（目前）、inzwischen（在此期间）、nun（现在）。此外，指示限定词以及时间和地点副词既可以指内也可以指外，即其所指对象有时存在于语篇之中，有时不在语篇之内而在语境之中。不论指外还是指内，准确定位其所指是理解其所在命题的重要前提，例如：

（1）Jetzt hat erstmals Sikorski das Thema angesprochen. „Entscheidend ist, dass der Vertrag erfüllt wird", heißt es dazu in seinem Ministerium. Offenbar will man vor dem Wahlkampfjahr 2010 verhindern, dass allein die Kaczynski-Zwillinge dieses Thema besetzen. (Polen fordern mehr Rechte in Deutschland)

（2）... Die Ablehnung jeder Aufstockung des Bundeswehrkontingents heiße „Festlegung vor Strategie".
Die Bundesregierung will dagegen an ihrer Linie festhalten und diese Strategie auf der Afghanistankonferenz Ende Januar in London gemeinsam mit den internationalen Bündnispartnern diskutieren. (SPD kündigt Kurswechsel in Afghanistan an)

（3）Er sei dafür, zu jenen Volksgruppen und Stämmen offene Kommunikationskanäle zu halten, die nicht generell die Bekämpfung der westlichen Kultur zum Ziel haben. (SPD kündigt Kurswechsel in Afghanistan an)

在例（1）中 dieses Thema 指代第一句话中的 das Thema，例（2）中的 diese Strategie 指代上一段中的 Strategie，而例（3）中的 jene Volksgruppen und Stämme 却指向后面的从句。由此可见，dies-和 jen-在书面语篇中一般指内，即其所指出现在语篇内部，而且 dies-一般指前，jen-一般指后。而在口语对话中，其所指常常是在语境中，因为对话双方都在同一语境里，比较容易判断其所指，dies-指近，jen-指远。需要指出的是当 dies-和名词组成的词组指称前文时，dies-后的名词有时只是简单重复前文出现的名词，如例（1）和例（2），有时则换为另一个名词，例如：

（4）Spät in der Nacht hatte US-Präsident Barack Obama noch einen „unerwarteten Durchbruch" bei der Weltklimakonferenz von Kopenhagen verkündet. Eine Gruppe von etwa 30 Staatenlenkern aus aller Welt hatte in mühsamer Kleinarbeit einen Kompromiss erarbeitet. Für einen Moment schien es, als gäbe es doch ein achtbares Ergebnis dieser gigantischen Veranstaltung, zu der rund 45 000 Menschen angereist waren. (Kater nach Kopenhagen)

在该例中 diese gigantische Veranstaltung（这一巨大活动）指代前文的 die Weltklimakonferenz von Kopenhagen（哥本哈根世界气候大会），但是 dies-后的名词

并不是简单重复所指代名词，如 diese Weltklimakonferenz，而是换为另一名词 Veranstaltung（活动），并且前面有形容词 gigantisch（巨大的）修饰，这种形式的表达不仅具有指称的作用，而且还具有概括评价的作用，例如在该例中作者就把"哥本哈根世界气候大会"概括为"巨大活动"，而且形容词"巨大的"又表达出作者对此次活动的评价。此外，由于这种指称形式具有概括评价的作用，它常常能够体现出作者的交际意图，如"这一巨大活动"与下文中的会议成果篇幅只有三页的"哥本哈根协定"形成鲜明的对比，因此具有一定的讽刺意味。这种具有概括评价作用的指称形式不仅可以指代前文的某一个名词，还可以指代前文的整句话，甚至整段话，例如：

（5）Die Kosten der privaten Versicherer seien in den vergangenen zehn Jahren zwischen sechs und sieben Prozent pro Jahr gestiegen, sagte der Direktor des PKV-Verbandes, Volker Leienbach, der „Berliner Zeitung". Dieser Trend müsse gebrochen werden.（Regierung soll Privatkassen beim Sparen helfen）

在该例中 dieser Trend（这一趋势）指代前文的 Die Kosten der privaten Versicherer seien in den vergangenen zehn Jahren zwischen sechs und sieben Prozent pro Jahr gestiegen（私人投保者的费用在过去十年里每年增加6%至7%）这句话，并且对该句内容进行了抽象概括。除了这种 dies-和名词组成的词组可以指代前文一句或几句，甚至一段内容外，代词 dies 和 das 也常常不确指某一名词，而是指代前文所描述的整体情况，只不过这种形式的指代没有概括和评价的作用，例如：

（6）Konkret geht es um die Möglichkeit, mit Ärzten, Krankenhäusern oder Arzneiherstellern über Menge, Preise und Qualität von Leistungen verhandeln zu können. Anders als den gesetzlichen Krankenkassen ist dies den Privaten bisher nicht erlaubt.（Regierung soll Privatkassen beim Sparen helfen）

（7）Die Zahl der Verkehrstoten sinkt, das ist ein gutes Signal.（Fast jeder zweite Radler fährt ohne Licht）

在例（6）中，dies 指代前面动词不定式 mit Ärzten, Krankenhäusern oder Arzneiherstellern über Menge, Preise und Qualität von Leistungen verhandeln zu können 所描述的整体情况，而例（7）中的 das 与 dies 用法基本相同，指代前一

<<< 第三章 德语新闻报道语篇微观连贯的认知研究

句所描述的事实。

鉴于时间关系是最常见的命题语义联系之一，因此准确把握时间指示指称手段所指内容对于构建语篇连贯具有重要意义。表示时间的指示指称手段有时指内，有时指外，例如：

（8）Auch Obama wertete den Drei-Seiten-Text als unzureichend. Zu diesem Zeitpunkt wussten beide aber noch nicht, dass die Mammutveranstaltung noch weiter ins Unverbindliche abrutschen würde. （Kater nach Kopenhagen）

（9）Am Ende blieb das Durcheinander. Die schmutzigen Teller, die leeren Flaschen und Plastikbecher zwischen Laptops und Kopfhörern. Die Delegierten, die sich quer über die grauen Plastikstühle im Bella Center gelegt hatten, wo sie mit halb offenen Mündern in komatösen Schlaf versunken waren.

Es war der Morgen danach. Spät in der Nacht hatte US-Präsident Barack Obama noch einen „unerwarteten Durchbruch" bei der Weltklimakonferenz von Kopenhagen verkündet. Eine Gruppe von etwa 30 Staatenlenkern aus aller Welt hatte in mühsamer Kleinarbeit einen Kompromiss erarbeitet. Für einen Moment schien es, als gäbe es doch ein achtbares Ergebnis dieser gigantischen Veranstaltung, zu der rund 45 000 Menschen angereist waren. （Kater nach Kopenhagen）

（10）Doch genau dies geschah – kaum war die nächtliche Plenarsitzung der UN-Klimakonferenz eröffnet worden, entlud sich die Empörung über den von Obama, Merkel und den anderen mächtigen Staatenlenkern zuvor im Streit vor allem mit Chinas Premier Wen Jiabao verhandelten Minimalkompromiss. （Kater nach Kopenhagen）

（11）Anders als den gesetzlichen Krankenkassen ist dies den Privaten bisher nicht erlaubt. （Regierung soll Privatkassen beim Sparen helfen）

（12）Im polnischen Parlament wurde die Lage der Polen in Deutschland in den letzten Jahren immer wieder thematisiert, vom Außenministerium jedoch auf kleiner Flamme gehalten. Jetzt hat erstmals Sikorski das Thema angesprochen. （Polen fordern mehr Rechte in Deutschland）

在例（8）、例（9）和例（10）中时间指示指称手段 zu diesem Zeitpunkt（此刻）、danach（此后）和 zuvor（此前）的所指都在语篇内部，例（8）中的

zu diesem Zeitpunkt 指代的是前一句所描述行为发生的时间,而 danach 和 zuvor 一般也都是指代前文所描述的行为,即表示在前文所描述行为发生之后和之前。然而例(9)中的 danach 和例(10)中的 zuvor 并不是前指,而是后指,因此其所指并不容易确定。如果例(9)中的 danach 前指第一段所描述的事情,那么 Es war der Morgen danach. 中的 es 就指代第二段所描述的事情,这样第二段所描述的事情就应该发生在前一段所描述事情之后的早晨,然而第二段所描述事情是发生在 spät in der Nacht(深夜),这样就出现了前后矛盾,因此,danach 只能后指第二段,而 es 指代前一段所描述的事情,这样,第一段所描述的事情就发生在第二段所描述事情之后的早晨,这也与第二段所描述事情发生在深夜相一致。据此我们还可以断定这两段运用了倒叙的叙述方式。由此可见,语篇接受者理清语篇内容的来龙去脉、建立语篇各部分的语义联系的主要依据不是衔接手段,而是依赖于对所描述事实本身的重构这一认知过程。

例(10)中 zuvor 的所指也较难确定。按照一般规律 zuvor 应该前指 die Empörung(愤怒),即在"愤怒爆发之前",如果是这样,人们"愤怒"的原因便是"在愤怒爆发之前由奥巴马、默克尔以及其他大国领导人在与中国总理温家宝的争论中协商达成的最小妥协方案",那么这里的"在愤怒爆发之前"就显得有些多余,因为按照一般逻辑,愤怒的原因一定是发生在"愤怒"之前的事实,一般不需再对此进行专门的说明。因此,zuvor 应该后指 der verhandelte Minimalkompromiss(经过协商达成的最小妥协方案),这样,人们"愤怒"的原因便是"由奥巴马、默克尔以及其他大国领导人协商达成的最小妥协方案,而在达成这一方案之前他们曾与中国总理温家宝发生争论",这一解释更符合逻辑。此外,需要指出的是,如果读者具备关于"哥本哈根世界环境大会"的一些背景知识,如"哥本哈根大会迟迟不能取得一定的成果,其原因就是各个国家之间存在一定的分歧,尤其是西方发达国家与以中国为代表的发展中国家之间,但经过一番争论之后,大会最终还是取得了成果,虽然这一成果并不大",就不难判断出 zuvor(此前)指的是"在达成最小妥协方案之前"。

由于像 danach 和 zuvor 这样的时间副词能够体现命题所描述事实之间的时间关系,因此也可把它们看作是"连接"手段。

通过例(8)、例(9)、例(10)我们还可以认识到确定命题所描述事实之间的时间关系在构建语篇连贯过程中的重要性。每件事情都是按照时间顺序发生的，任何事物都摆脱不了时间自然规律的控制，时间是事实发生的一个重要维度，而语篇生产者通过语篇来反映现实，从而赋予了语篇时间性。如果语篇接受者不能理清所描述事实之间的时间关系，搞不清事实发生的来龙去脉，就无法还原整个事实的真相，就不能算作真正理解了语篇所描述的内容。

与例（8）、例（9）和例（10）不同，例（11）中的bisher（到目前为止）和例（12）中的jetzt（现在）是指外的时间副词，其参照点不在语篇内，而是在语境中。通过对所选新闻报道中衔接手段的统计，新闻报道中像这类表示"现在""目前"的时间副词通常都是以新闻报道作者写稿时间为参照点，即"现在""目前"指的是新闻报道写稿时间。因此，读者在阅读时一定要注意这些时间副词所表示的时间的参照点是新闻报道写稿时间，而不是读者阅读的时间。因为有些新闻报道时效性很强，写稿时是一种情形，而当你阅读时可能又发展成另一种情形。如果读者把"现在""目前"的参照点看作是阅读时间，那就会把写稿时的情形看作是阅读时的情形，这样就不能真实地了解事态变化。此外，只有准确把握了这些时间副词的所指时间，才能建立其所在命题与其他命题之间的时间关系。例如，在例（12）中作者在第一句话中用过去时态来叙述他写稿之前的事实情况，即第一句也是以写稿时间为参照点，其所述事实发生在写稿之前，而第二句描述的是写稿时的情形，这样两者之间的时间关系就可以确定为：

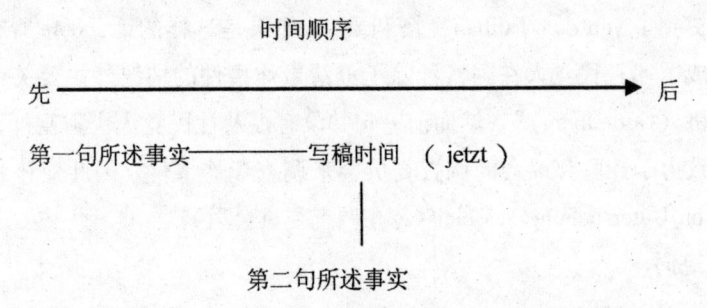

时间顺序

先 ———————————————————→ 后

第一句所述事实—————写稿时间（jetzt）
　　　　　　　　　　　　　｜
　　　　　　　　　第二句所述事实

由此可见，像"现在"或"过去"这样的指外时间副词所体现的时间关系都是与写稿时间相比较之后确定的，即都是相对于写稿时间而言的；而由指内的时间副词如"此前""此后"连接的命题之间的时间关系不需第三者作为参照点而直接可以确定。虽然这两种时间关系指称手段作用的原理有所差别,但同样都具有体现命题之间时间关系的作用,是我们构建语篇连贯时的重要参考。

与时间副词不同,地点副词在新闻报道中一般不会指外,因为指外的时间副词一般以新闻报道写作时间为参照点,而写作时间又可根据报纸的出版发行时间确定,因此其所指时间很容易确定。然而如果地点副词指外,其所指就很难确定,因为报刊新闻报道的读者对作者报道的地点并不了解,如果作者所指的地点不在语篇中,而是在当时报道的语境中,读者就很难确定其所指。因此,报刊新闻报道中的地点副词一般指内。而电视新闻报道中的地点副词有可能指外,即其参照点在语境中,因为观众可以通过画面了解当时的地理位置。虽然报刊新闻报道中地点副词所指代的对象在语篇内,但有时仍然很难确定其所指,例如:

(13) Weil sich die SPD an dieser Strategiedebatte offenbar nicht ausreichend beteiligt fühlt, will sie ihre Anstrengungen nun vornehmlich dem Untersuchungsausschuss des Bundestages widmen, der sich mit dem von der Bundeswehr angeordneten Luftschlag auf von den Taliban entführte Tanklaster vom 4. September befasst. Neben der Aufklärung der Umstände des Bombardements nehmen die Sozialdemokraten dort vor allem Verteidigungsminister Guttenberg ins Visier. (SPD kündigt Kurswechsel in Afghanistan an)

在该例中地点副词 dort 很有可能被误认为指代 Afghanistan (阿富汗),因为前一句中提到了 von den Taliban (塔利班),如果是这样的话,dort 所在句子的意思就变成了"社民党人在阿富汗除了澄清轰炸事件的情况外主要关注国防部长古滕贝格(Guttenberg)"。然而前一句并没有提及社民党人去阿富汗,而是说社民党人致力于让联邦议会的调查委员会来调查轰炸事件,因此应该将 dort 理解为指代 im Untersuchungsausschuss (在调查委员会里)。

2. 定冠词

(1) 指前定冠词。

英语和德语中的定冠词也具有指称作用,因为它可以指称前文提到的某一名词,例如:

(1) Er liest gerade ein Buch. Das Buch ist sehr dick. (他正在读一本书,那本

书很厚。)

在该例中定冠词的这种指称形式是最典型的。但是我们有时也会遇到某一名词第一次出现前面就用定冠词的现象①，例如：

(2) Die polnische Regierung will polnischstämmige Bürger unterstützen, die in Deutschland mehr Rechte und eine verstärkte Förderung ihrer Kultur und Sprache fordern. Außenminister Radoslaw Sikorski sprach das Thema am Freitag bei einem Treffen mit seinem deutschen Kollegen Guido Westerwelle an. (Polen fordern mehr Rechte in Deutschland)

(3) Die Rache für die Sonderverhandlungen im kleinen Kreis kam prompt. Den Anfang machte der Vertreter des winzigen Inselstaats Tuvalu, Ian Fry. (Kater nach Kopenhagen)

(4) Die neue Troika an der Spitze der Sozialdemokraten hat sich an diesem Wochenende mit Afghanistan befasst. Das Ergebnis: Die SPD lehnt eine Aufstockung der deutschen Truppen am Hindukusch mit 2：1 Stimmen ab. (SPD kündigt Kurswechsel in Afghanistan an)

例(2)与例(1)的不同之处就在于带有定冠词的名词词组 das Thema 并不是指称前面的某一个词，而是指称前句的意义，值得注意的是语篇生产者在前指的同时对前句的内容加以概括和评论，例如将例(2)的第一句内容抽象概括为"话题"(das Thema)。因此，这种带有定冠词的名词的衔接作用就在于总结上文内容，并引出下文新信息。

与例(2)不同，在例(3)中名词 Anfang (开始) 前的定冠词表明"开始"不是随便什么活动的"开始"，而是特指前句中 Rache (复仇) 的"开始"，是 Rache 的组成部分，Anfang 与 Rache 之间的关系不是像例(1) 那样的直接的指称关系，而是一种间接的指称关系，因此该定冠词同样具有指前的衔接作用。

例(4)与例(2)和例(3)都不同，却综合了例(2)和例(3)中定冠词的指称特点。das Ergebnis 没有直接指称前句的某一名词，而是前句所描述活

---

① 当然在这两个例子中还有一些定冠词如 die polnische Regierung 和 die deutschen Truppen 不具有指称的作用，它们只是表示后面的名词是独一无二的，因此不能使用不定冠词而必须使用定冠词。由于定冠词的这一用法不具有衔接作用，所以本书就不再赘述。

动的"结果",因此与例(3)一样,指称与所指之间存在着"整体—部分"的关系,但是与例(3)不同的是"整体"并没有在前句中通过名词明确地表达出来,这个"整体"指的是前句整体的意义,这一点与例(2)相同。

例(2)、例(3)和例(4)中定冠词的所指对象不像例(1)那样容易判断出来,语篇接受者一般需要从前文中推导出其所指对象,方能理解其所在语句的内容,因此有些学者将这种现象称作间接回指或间接指称。这种语言现象产生的根本原因是语篇生产者出于语言表达经济性的考虑,而且认为这种语言表达的间接性或信息传递的跳跃性不会影响到语篇的理解,语篇接受者通过认知分析能够确定其指称关系,从而进一步构建语篇连贯。定冠词的这种间接指称虽然使得语篇生产者的表达更加简洁凝练,却给语篇接受者的识解过程带来一定的麻烦。定冠词的这种指称作用虽然为语篇接受者构建语篇连贯提供了指示信号,但是根据信号识解指称关系,确定命题成分之间的联系,从而建立整个命题之间的语义联系,这3个构建语篇连贯的步骤都需要语篇接受者付出认知努力(如上一章提到的需要激活框架知识)。因此,定冠词的这种衔接作用就像放大镜一样使我们更清楚地看到了衔接在语篇连贯构建中的作用,更清楚地看到了构建语篇连贯过程的本质。

(2)指后定冠词。韩礼德和哈森(1976)认为英语的定冠词在语篇中都是指前的,如果是指后则只能见之于名词词组内部,如 the theory of translation, the lecture by Professor Halliday, the Nanjing Road in Shanghai 等。这种用法属句法范畴,在语篇中的衔接意义不大。定冠词在名词词组中指后的现象在德语中也很普遍,在本书选取的新闻报道中就有许多这样的例子,如:die Rache für die Sonderverhandlungen, die Delegation Venezuelas, die Vertreter Costa Ricas, die Kosten der privaten Versicherer。由于定冠词的这种用法不具有体现命题之间语义联系的作用,其衔接意义不大,因此在统计上述新闻报道中的衔接手段时没有将其统计进去。

然而在德语中指后的定冠词不仅出现在名词词组内部,而且还可以指向后面的定语从句,由于定冠词的这种指称关系跨越了两个句子,因此具有衔接的作用。例如:

(1) Konkret geht es um die Möglichkeit, mit Ärzten, Krankenhäusern oder Arz-

neiherstellern über Menge, Preise und Qualität von Leistungen verhandeln zu können. (Regierung soll Privatkassen beim Sparen helfen)

(2) Ein Gutachten des polnischen Außenministeriums kommt sogar zu dem Schluss, dass der von den Nazis abgeschaffte Minderheitenstatus von Deutsch-Polen weiter Bestand habe. (Polen fordern mehr Rechte in Deutschland)

(3) Auch das Außenministerium sympathisiert mit der Auffassung, dass ein Teil der polnischstämmigen Bürger in Deutschland sich auf diesen Status berufen könne. (Polen fordern mehr Rechte in Deutschland)

(4) 53 Prozent der Deutschen trauen ihm sogar das Potenzial zu, eines Tages Bundeskanzler zu werden. (SPD kündigt Kurswechsel in Afghanistan an)

以上4个例句中划横线的定冠词所指示的不是前文内容，例句中的名词前之所以用定冠词来表示特指，是因为后面的定语从句①对其具有修饰限定作用，因此这4个例句中的定冠词具有指后的衔接作用。在这种句型中后面的定语从句详细说明前面带定冠词的名词具体所指的内容，从另一角度来说，前面带定冠词的名词是对后面定语从句内容的概括，因此定冠词的这种指后作用的本质与带有定冠词的名词具有概括评价前文内容的作用本质是相同的。

(3) 关系代词。德语中定冠词的用法与英语不完全相同，它不仅可以位于名词前和名词一起指示前文提到的名词，而且还可以单独使用前指某一名词，例如：

A: Sind Ihre Fenster bei der Explosion kaputtgegangen?

B: Ja, die müssen erneuert werden.

在上面的例句中定冠词 die 具有指示的作用，相当于 diese。与定冠词的这种用法相似，德语中引导关系从句的关系代词也具有前指的作用，② 例如：

(1) In Deutschland gibt es „1,5 bis 2 Millionen Polnischsprachige, die eine der größten Bevölkerungsgruppen mit Migrationshintergrund bilden". (Polen fordern

---

① 由于在德语中动词不定式具有从句的性质，所以这里的定语从句包括动词不定式作定语的情况。

② 除了与定冠词词形一致的关系代词之外，还有其他形式的关系代词，如 was，以及关系副词，如 wo，都可以引导关系从句，由于其衔接作用机制都一样，所以本文不再赘述。

mehr Rechte in Deutschland)

（2）Besonders Senioren sowie Kinder und Jugendliche in der Altersgruppe von sechs bis 14 Jahren, die ihr Rad für den Schulweg benutzten, seien gefährdet. (Fast jeder zweite Radler fährt ohne Licht)

（3）Kritisch äußerte sich Leienbach über die Pläne der schwarz-gelben Koalition, die gesetzliche Krankenversicherung über Pauschalbeträge zu finanzieren, die für alle Versicherten gleich sind... (Regierung soll Privatkassen beim Sparen helfen)

（4）Die polnische Regierung will polnischstämmige Bürger unterstützen, die in Deutschland mehr Rechte und eine verstärkte Förderung ihrer Kultur und Sprache fordern. (Polen fordern mehr Rechte in Deutschland)

（5）Er sei dafür, zu jenen Volksgruppen und Stämmen offene Kommunikationskanäle zu halten, die nicht generell die Bekämpfung der westlichen Kultur zum Ziel haben. (SPD kündigt Kurswechsel in Afghanistan an)

在例（1）和例（2）中，关系代词前指的名词很容易确定，分别是1,5 bis 2 Millionen Polnischsprachige 和 Senioren sowie Kinder und Jugendliche in der Altersgruppe von sechs bis 14 Jahren。而在例（3）和例（4）中关系代词所指名词的确定就稍微有点难度，因为乍一看例（3）中的 die 既可指 Krankenversicherung，又可指 Pauschalbeträge，例（4）中的 die 既可指 Regierung，又可指 Bürger。但根据关系从句中动词的复数形式，我们可以确定关系代词 die 所指的名词不是阴性单数名词，而是复数名词，所以例（3）中的 die 指的是 Pauschalbeträge，而例（4）中的 die 指的是 Bürger。然而这一判断方法却不适合于例（5），因为 Volksgruppen und Stämme（少数民族和部落）和 Kommunikatio-nskanäle（交流渠道）都是复数名词。而且关系代词 die 离 Kommunikationskanäle 较近，这样一来好像 die 指的就是 Kommunikationskanäle，但是经过仔细分析发现关系从句中的行为应该是由"人"实施的，而不是"交流渠道"，因此 die 应该前指"少数民族和部落"。此外，jene 经常放在关系从句所修饰名词前，与关系从句相呼应，因此也可以作为确定关系代词所指名词的依据。由此可见，关系代词虽具有指称作用，但有时其所指对象较难确定，只有确定了其所指对象才能进一步构建语篇连贯。

3. 代副词

代副词是英语没有而德语特有的一类词。顾名思义其词性是副词，但又是一种指代形式。在德语中，当介词宾语是人时，介词位于人称代词前，如 vor ihm, an sie, 当宾语是物时，介词和 da 连写，构成代副词，例如：

A：Wann fangen wir mit der Diskussion an?

B：Wir können gleich damit anfangen.

在该例句中代副词 damit 指代的是 mit der Diskussion。使用代副词可以避免重复，从而使表达更加简练，因此是受版面限制的新闻报道常用的一种衔接手段，例如：

（1）So heißt es in der Studie „Zwischen zwei Welten", die soeben vom Institut für Auslandsbeziehungen in Stuttgart veröffentlicht wurde. Darin wird empfohlen, die „Ausbildung von Jugendlichem mit polnischem Migrationshintergrund" stärker zu fördern. (Polen fordern mehr Rechte in Deutschland)

（2）2008 verunglückten 11 470 Kinder unter 15 Jahren mit dem Rad（minus 4,1 Prozent），23 davon tödlich. (Fast jeder zweite Radler fährt ohne Licht)

（3）Im Nachbarschaftsvertrag von 1991 heißt es, die deutsche Minderheit in Polen und polnischstämmige oder sich zur polnischen Kultur bekennende Bürger Deutschlands sollten in ihrem jeweiligen Land „Möglichkeiten für den Unterricht ihrer Muttersprache oder in ihrer Muttersprache in öffentlichen Bildungseinrichtungen" erhalten. Darum wollten beide Staaten sich laut Vertrag bemühen. (Polen fordern mehr Rechte in Deutschland)

（4）Es kommt zu dem Schluss, dass das Verbot von 1940 auch damaligem Recht widersprach und daher ungültig sei. Damit bestehe auch ein Minderheitenstatus unverändert fort, folgerte am Wochenende die Zeitung „Rzeczpospolita". (Polen fordern mehr Rechte in Deutschland)

（5）…Zunächst sei ein Konzept nötig. „Wir formulieren jetzt die Strategie, und aus der folgt, wie viele Truppen und Zivilkräfte man braucht."

Dafür seien umfassende Überlegungen auzustellen…. (SPD kündigt Kurswechsel in Afghanistan an)

(6) Von Seiten polnischer Diplomaten hieß es, es könne darum gehen, wie beim deutsch-französischen Elysée-Vertrag einen Anhang anzufügen. (Polen fordern mehr Rechte in Deutschland)

(7) Er sei dafür, zu jenen Volksgruppen und Stämmen offene Kommunikationskanäle zu halten, die nicht generell die Bekämpfung der westlichen Kultur zum Ziel haben. (SPD kündigt Kurswechsel in Afghanistan an)

代副词不仅可以指代前文中的某一个名词，如例（1）和例（2）中代副词 darin 和 davon 分别指代名词 Studie 和 11 470 Kinder，而且还可以指代前文中的一句话或几句话，如例（3）和例（4）中代副词 darum 和 damit 指代的都是之前的整句话。有时代副词位于段首，指代上一段的某个名词或某句话，这样代副词就具有了衔接两个段落的作用，如例（5）中代副词 dafür 指代的是上一段的最后一句话。除此之外，代副词还可用作呼应词指代后随的或前引的从句或动词不定式，如例（6）中的 darum 和例（7）中的 dafür 都是指代其后的动词不定式。

（三）比较指称

比较指称指的是指称词与其所指之间存在一种比较的关系。这里的比较不同于一般语法中的形容词和副词比较级，例如：

(1) Die PKV wolle auch weiter höhere Honorare als gesetzliche Kassen zahlen. (Regierung soll Privatkassen beim Sparen helfen)

韩礼德和哈森认为这种比较存在于小句结构之内，对语篇衔接无多大价值。他们认为在比较指称中比较指称词的意义必须参照上下文中的所指方能确定，[1]例如：

(2) Einige der über 100 polnischen Organisationen in Deutschland fordern außerdem die Anerkennung einer polnischen Minderheit. Eine solche hatte es bis zum Weltkrieg gegeben. (Polen fordern mehr Rechte in Deutschland)

(3) Warschau hat nach Angaben des polnischen Bildungsministeriums allein im Jahr 2008 63 Millionen Zloty (etwa 15 Millionen Euro) für den Unterricht in Deutsch

---

[1] 参见胡壮麟：《语篇的衔接与连贯》，上海外语教育出版社1994年版，第61页。

als Muttersprache, vor allem in Oberschlesien, aufgewendet und eine kleine Summe für weitere Fördermaßnahmen. (Polen fordern mehr Rechte in Deutschland)

(4) Die deutschen Behörden dagegen stehen auf dem Standpunkt, anders als Sorben oder Dänen seien die Polen frühestens im 19 Jahrhundert an ihre heutigen Wohnorte gekommen. „Ein Minderheitenstatus würde den Forderungen anderer Tür und Tor öffnen", heißt es. (Polen fordern mehr Rechte in Deutschland)

(5) …Guttenberg konterte, die Vorwürfe der SPD seien längst wie „ein Kartenhaus" in sich zusammengefallen.

Die Mehrheit der Bundesbürger sieht das ähnlich. In einer Emnid-Umfrage für „Bild am Sonntag" sagten 76 Prozent der repräsentativ Befragten, in der Informations politik Guttenbergs nach dem Fall Kundus könnten sie keinen Grund für einen Rücktritt des Ministers erkennen. Nur 17 Prozent sehen das anders. (SPD kündigt Kurswechsel in Afghanistan an)

在例（2）中 eine solche（一个这样的）的意义要参照它的所指来确定，如果不能确定其所指，也就无法确定其意义。经过分析 eine solche 只能是指代前一句的 die Anerkennung einer polnischen Minderheit（对波兰少数民族的认可），因此，eine solche 的意义就是"对波兰少数民族的认可"。而例（3）中的 weitere Fördermaßnahmen（其他的促进措施）是相对于前一句的 Unterricht in Deutsch als Muttersprache（母语德语课）这一措施而言的，即 weitere Fördermaßnahmen 指的是除了"母语德语课"这一措施以外的措施。而例（4）中的 andere（其他人）指的是除了 die Polen（波兰人）以外的其他人。在例（5）中 Die Mehrheit der Bundesbürger sieht das ähnlich.（大多数德国人看法相似。）然而要知道大多数德国人的看法到底是什么，就要参照比较指称词 ähnlich 的所指，即与谁的看法相似。由于 ähnlich 的所指一般在前文，因此我们可以确定大多数德国人的看法与前一段古藤贝格（Guttenberg）的看法相似，即认为 Die Vorwürfe der SPD seien längst wie，ein Kartenhaus ' in sich zusammengefallen.。最后一句中的 anders 与 ähnlich 的比较指称作用机制是一样的，这里就不再赘述。

需要指出的是，只有当 ähnlich、anders、solch-、weiter- 以及 ander- 这些词位于不同的句子中时，才具有衔接的作用，否则就像位于小句中的形容词或副词比较级一样不具有衔接价值，如例（4）中的"Anders als Sorben oder Dänen seien die Polen frühestens im 19 Jahrhundert an ihre heutigen Wohnorte gekommen."。

虽然韩礼德和哈森重点研究了以上比较指称词的衔接作用，并且认为小句中形容词或副词比较级的语篇衔接价值不大，但是当形容词或副词比较级的比较对象在另一句时（一般在前一句），这种比较关系就具有指称的作用，因为比较级具体所指的内容要取决于其比较对象，例如：

（6）" Die Zahl der teilnehmenden Schüler ist auf 2800 gestiegen." Eine weit größere Zahl nutze den Sprachunterricht in Sonntagsschulen der Polnisch Katholischen Mission. (Polen fordern mehr Rechte in Deutschland)

（7）Auch Umweltminister Norbert Röttgen war enttäuscht. „Viel weniger als gedacht", meinte der CDU-Politiker lakonisch. Umweltschützer und Verbände waren weniger zurückhaltend: Sie sprachen schlicht von einem Scheitern der Konferenz. (Kater nach Kopenhagen)

在例句（6）中 eine weit größere Zahl（更大数量）这一比较指称词与其所指 2800 之间存在比较关系，即比较指称词所指的数量比 2800 大，因此其所指的数量到底有多大还要参照 2800 才能确定。在例（7）中环境保护者和协会的态度是"较少克制的"（weniger zurückhaltend），那他们的态度到底是克制到何种程度也要根据前一句中诺贝特·勒特根（Nobert Röttgen）的态度而定。由于比较级的这种指称关系是跨句的，因此具有语篇衔接的作用。

通过对代词指称、指示指称和比较指称 3 种指称手段的介绍我们可以总结出指称的一般特点：指称是一种指称关系，指称词和其所指对象的内容是一致的或相关的，因此指称词的理解依赖于其所指称对象。指称现象产生的本质是：语篇生产者所描述的两个事实的某个组成部分是一致或相关的，但是在用语言描述事实时语篇生产者为了语言的经济性，避免重复或添加自己的概括评价而使用不同的语言形式表达相同或相关的内容，例如代词、指示词、形容词或副词比较级等。而语篇接受者只有识别出这种指称关系，发现所指内容的一致性或相关性，才能建立起所描述事实之间的联系，从而构建语篇连贯。

通过对 3 种指称手段的详细分析，我们可以将指称词所指对象分为两种：一种是句子成分，另一种是整个句子，而第二种指称形式能够比较直接地体现出两个句子之间的关系。由于构建语篇连贯需要建立两个（整）命题之间的语义联系，因此第二种指称形式对于语篇接受者构建语篇微观连贯的辅助作用更大。通过以上举例分析，我们还可以发现，第一种指称形式较为普遍，而第二种数量有限，主要有以下几种情况：

第一，代词指称手段 es 指代前面整句话或整段话，如：

（1）Am Ende blieb das Durcheinander. Die schmutzigen Teller, die leeren Flaschen und Plastikbecher zwischen Laptops und Kopfhörern. Die Delegierten, die sich quer über die grauen Plastikstühle im Bella Center gelegt hatten, wo sie mit halb offenen Mündern in komatösen Schlaf versunken waren.

Es war der Morgen danach. Spät in der Nacht hatte US-Präsident Barack Obama noch einen „unerwarteten Durchbruch" bei der Weltklimakonferenz von Kopenhagen verkündet.（Kater nach Kopenhagen）

（2）Die neue Troika an der Spitze der Sozialdemokraten hat sich an diesem Wochenende mit Afghanistan befasst. Das Ergebnis: Die SPD lehnt eine Aufstockung der deutschen Truppen am Hindukusch mit 2 : 1 Stimmen ab.

So lässt es sich in Interviews der drei Führungskräfte nachlesen. Während sich der Parteivorsitzende Sigmar Gabriel und Fraktionschef Frank-Walter Steinmeier strikt gegen zusätzliche Kampftruppen über die Obergrenze des bisherigen Mandats hinaus aussprechen, sieht Generalsekretärin Andrea Nahles derzeit „überhaupt noch keine Veranlassung, irgendwelche Aussagen dazu zu treffen."

第二，指示指称手段 dies- 或定冠词和名词组成的名词词组指代前面整句话或整段话，如：

（1）Die Kosten der privaten Versicherer seien in den vergangenen zehn Jahren zwischen sechs und sieben Prozent pro Jahr gestiegen, sagte der Direktor des PKV-Verbandes, Volker Leienbach, der „Berliner Zeitung". Dieser Trend müsse gebrochen werden.（Regierung soll Privatkassen beim Sparen helfen）

（2）Die polnische Regierung will polnischstämmige Bürger unterstützen, die in Deutschland mehr Rechte und eine verstärkte Förderung ihrer Kultur und Sprache fordern. Außenminister Radoslaw Sikorski sprach das Thema am Freitag bei einem Treffen mit seinem deutschen Kollegen Guido Westerwelle an. (Polen fordern mehr Rechte in Deutschland)

第三，指示指称手段 dies 和 das 指代前面整句话或整段话，如：

Die Zahl der Verkehrstoten sinkt, das ist ein gutes Signal. (Fast jeder zweite Radler fährt ohne Licht)

第四，时间指示指称手段指代前面整句话或整段话，如：

Auch Obama wertete den Drei-Seiten-Text als unzureichend. Zu diesem Zeitpunkt wussten beide aber noch nicht, dass die Mammutveranstaltung noch weiter ins Unverbindliche abrutschen würde. (Kater nach Kopenhagen)

第五，代副词指代前面整句话或整段话，如：

Im Nachbarschaftsvertrag von 1991 heißt es, die deutsche Minderheit in Polen und polnischstämmige oder sich zur polnischen Kultur bekennende Bürger Deutschlands sollten in ihrem jeweiligen Land „ Möglichkeiten für den Unterricht ihrer Muttersprache oder in ihrer Muttersprache in öffentlichen Bildungseinrichtungen " erhalten. Darum wollten beide Staaten sich laut Vertrag bemühen. (Polen fordern mehr Rechte in Deutschland)

根据指称手段构建语篇连贯的前提是确定各种指称手段的指称对象，然而语篇接受者并不是马上就能准确定位指称手段的所指，而是需要先假设然后通过分析来验证其是否合理，否则就要对其进行修改，直到找到合适的为止，这正验证了策略理论中的"在线假设"，即语篇接受者并不是在读完整个语篇时才开始阐释语篇，而是在读到第一个单词时就开始了，所建立的心理表征在语篇处理的过程中逐步被修改。

二、词汇衔接

重述和搭配都是词汇衔接手段。重述可分为 3 种形式：重复、同义/反义、下义/局部。

词汇重复指的是某个词（通常是关键词）在同一个语篇中重复出现，它是词汇衔接中最直接的方式，重复的词汇可能是形式完全一致，例如：在"Polen fordern mehr Rechte in Deutschland"一文中 polnischstämmige Bürger、Nachbarschaftsvertrag 和 Minderheitenstatus 都分别出现了 3 次，而 Außenministerium 一词出现了 4 次；在 Regierung soll Privatkassen beim Sparen helfen 一文中 PKV 出现了 4 次，而 gesetzliche Kassen 出现了 5 次。重复的词汇也可能是基本一致，只有单数和复数的区别，例如：Fast jeder zweite Radler fährt ohne Licht 一文中的 Fahrräder 与 Fahrrad，Zahlen 和 Zahl。重复的词汇甚至可能是同源不同形，例如："Kater nach Kopenhagen" 一文中的 Zusagen zur Minderung von Klimagasemissionen – Zusagen zur Senkung der Klimagase – die zugesagten Finanzhilfen；"Polen fordern mehr Rechte in Deutschland" 一文中的 fordern（2）– Forderungen 以及 Förderung（3）– fördern；"SPD kündigt Kurswechsel in Afghanistan an" 一文中的 Afghanistan（3）– afghanisch、kritisieren – die Kritik、flüchten – die Flucht、ablehnen – die Ablehnung、vorwerfen – Vorwürfe、zurücktreten – der Rücktritt。语篇中使用哪些词汇是由其所描述的内容决定的，因此多次重复的词汇能够反映出语篇内容的重点，语篇接受者可以根据这些词汇来获取语篇的主旨。

同义和反义同样是一种衔接手段，其表现形式是同义词和反义词的使用，例如"SPD kündigt Kurswechsel in Afghanistan an"一文使用的同义词有：Truppenaufstockung – zusätzliche Kampftruppen – mehr Truppen – mehr Soldaten；die Troika – die drei Führungskräfte；die Regierung – die Bundesregierung；mit 2：1 Stimmen – mit Zweidrittelmehrheit；vorwerfen – kritisieren；flüchten – sich stehlen；Luftschlag – Bombardement；vornehmlich – in erster Linie；Bundeswehrkontingent – Truppenkontingent。反义词有：die Regierungspartei – die Opposition。"Regierung soll Privatkassen beim Sparen helfen" 一文使用的同义词有：Krankenhäuser – Kliniken；Arzneihersteller – Arzneifirmen；die gesetz-lichen Krankenkassen – die gesetzliche Krankenversicherung；private Versicherer – Privatversicherte；Leistungen – Service；finanzieren – subventionieren – unterstützen。反义词有：Privatversicherte – Kassenpatienten；ärztliche Untersuchungen – Laboruntersuchungen。"Kater nach Kopenhagen"一文中的同义或近义词有：die Weltkonferenz von Kopenhagen – diese gigantischen Veranstaltung – die Mammutveranstaltung – UN-Klimakonferenz – die Konferenz – Kopenhagen 等。反义词有：bremsen – vorangehen。通过以上例子我们可以发现，"同义"是语篇生产者为了避免重复，通过多样性和变异性来增加色彩

143

和欣赏价值而使用的一种衔接手段。而"反义"则常常能够体现出一种对比关系，有时是为了表达出强调的效果，如"Wer Kopenhagen jetzt nur schlechtredet, beteiligt sich am Geschäft derer, die bremsen statt voranzugehen."。"反义"这种衔接方式较少出现在新闻语篇中，而在文学作品中，尤其是在诗歌、散文中，作家经常运用这种衔接方式，反义词的同时出现，相互对照，使作品具有较为强烈的感情色彩，或爱或憎，或喜或忧，通过反义词的同现，把这种强烈的情感表达得淋漓尽致。相比较而言，新闻语篇不追求过分强烈的情感色彩，平实、简洁、准确是新闻的重要特征，因此新闻语篇运用"反义"这种衔接方式要比文学作品少很多。

上下义关系是由一个上义词和一个或几个下义词共同体现的。下义词与上义词之间属于"A是B的一种"的关系，例如："Regierung soll Privatkassen beim Sparen helfen"一文中的Versicherte：Privatversicherte，Kassenpatienten；"Polen fordern mehr Rechte in Deutschland"一文中的Bevölkerungsgruppe：die Deutschen，Polnischsprachige；"Fast jeder zweite Radler fährt ohne Licht"一文中的Verkehrsteilnehmer：Autofahrer，Fahrradfahrer；"SPD kündigt Kurswechsel in Afghanistan an"一文中的Führungskräfte：der Parteivorsitzende，der Fraktionschef，die Generalsekretärin。当两个或两个以上的下义词在语篇中出现时，它们之间便形成"共同下义"的关系，例如："Fast jeder zweite Radler fährt ohne Licht"一文中的Lichtanlage – Helm – reflektierende Kleidung – Reflektoren；"SPD kündigt Kurswechsel in Afghanistan an"一文中的Verteidigungsminister – Generalinspekteur。局部词与整体词之间属于"A是B的一部分"的关系，例如："Polen fordern mehr Rechte in Deutschland"一文中的Bundesländer：Brandenburg，Nordrhein-Westfalen。当两个或两个以上局部词在语篇中出现时，它们之间就会形成"共同局部关系"，可惜在所选的新闻报道中没有发现相应的例子，而且"共同下义关系"出现的频率也低于"上下义关系"，这在一定程度上说明在德语新闻报道中"局部词"和"下义词"较少单独出现，而是常常和"整体词"和"上义词"一起出现，其原因是"整体词"和"上义词"具有概括和总结的作用，语篇接受者在这些词的提示下能够更快更好地把握语篇的主要内容。

狭义的搭配关系指的是动词和名词的组合关系，如Zigaretten rauchen，但是当经常搭配的两个词出现在一个小句中时，其衔接意义并不大，只有当它们出现在不同小句时才具有衔接作用，例如：

Der Staat solle die gesetzlichen Kassen nicht weiter mit Steuergeld unterstützen. Privatversicherte seien benachteiligt, weil sie zahlen müssten aber nicht profitierten. （Regierung soll Privatkassen beim Sparen helfen）

在该例中经常在一起搭配使用的 Steuergeld 和 zahlen 单独出现在前后两句中，这样语篇接受者可以通过它们之间的语义联系建立起它们所在的两个句子之间的语义联系。

广义的搭配关系指的是经常发生的词汇项的联想[1]，或者说是有一些事物和概念倾向于在同一语境中出现，表达这些事物和概念的词汇就具有搭配关系，例如：车子—车夫，工人—工钱，定期存户—存款—利息—贴现—活现。[2] 通过这些例子我们不难发现，这些倾向于在同一语境中出现的事物和概念其实同属于一个"框架"，因此"框架理论"能够很好地从认知的角度阐释广义搭配关系的衔接作用。由于广义的搭配关系所涉及的词汇范围很广，而且与语篇接受者的知识文化结构密切相关，不同的语篇接受者所识别出的搭配关系也不同，因此这种搭配关系的划分结果不是非常统一。由于这一原因，本书只列举了所选的新闻报道中这种搭配关系的典型例子，例如："Kater nach Kopenhagen"一文中的 Empörung – Widerstand；"Regierung soll Privatkassen beim Sparen helfen"一文中的 Krankenversicherung – Ärzte – Krankenhäuser – Arzneihersteller；"Polen fordern mehr Rechte in Deutschland"一文中的 Förderung – 63 Millionen Zloty – eine kleine Summe 和 Studie – Zahl；"SPD kündigt Kurswechsel in Afghanistan an"一文中的 fragen – kontern 和 Umfrage – Prozent。

词汇衔接是在连贯语篇生成过程中产生的副产品或伴生物，常常是语篇生产者在生成语篇时无意留下的接结，例如在"Polen fordern mehr Rechte in Deutschland"一文中 polnischstämmige Bürger 出现了 3 次，这一词语的重复出现并不是语篇生产者有意使用的手段，而是内容表达的需要，也就是说，

---

[1] 魏在江：《英汉语篇连贯认知对比研究》，复旦大学出版社 2007 年版，第 20 页。
[2] 参见胡壮麟：《语篇的衔接与连贯》，上海外语教育出版社 1994 年版，第 128 页。

polnischstämmige Bürger 在该语篇所叙述的事实中扮演着重要角色。再如，当我们描写轿车时可能会提到发动机、方向盘、车灯等，这时，我们并非有意使用"上下义"这一衔接手段，而是必须这样，这是由其所描述的事物本身所决定的。上文刚刚提到的"搭配"一般也不是有意使用的衔接手段，是由语篇内容或更准确地说，是语篇所描述的事实所决定的。而且体现"上下义"关系和广义"搭配"关系的词汇所表达的概念都属于同一"框架"。这正体现了语篇连贯是由所描述的事实之间的联系决定的，而不是由衔接手段决定的，因为衔接手段本身都是由事实之间的联系决定的。

有时语篇生产者也会有意使用一些词汇衔接手段，例如"重复"指的是用同一个词项来连续表达同一个事物或概念，而"同义"指的是用不同的词项来指同一个事物或概念。而何时使用"重复"衔接，何时使用"同义"衔接取决于交际目的。当我们需要精确表达时，我们一般会使用"重复"衔接，因为原词重复会使意义脉络清晰，从而不会出现模糊和混淆现象。而当我们需要取得特殊的表达效果时，可以使用"同义"衔接，因为用不同的词汇表达同一事物或概念可以取得多样性和变异性的效果，从而为语篇增加色彩和欣赏价值。语篇生产者有时也有意使用"重复"这一衔接手段来达到强调的目的。由此可见，衔接手段的使用不仅是由语篇所描述的事实关系决定的，而且还取决于语篇生产者的交际目的和所追求的表达效果。

此外，"指称"中的"代词指称"与"词汇衔接"中的"重复"和"同义"这3种衔接手段的衔接作用本质是相同的，即通过同指同一事物或概念建立起句子成分之间的联系。① 那为什么有时使用"代词指称"，有时只能使用"词汇衔接"呢？原来，"代词指称"和"词汇衔接"的使用具有一定的规律性。当同一个项目连续出现时，就可用代词来指称它，而不需重复使用同一名词来指称它，例如：

„Sie können aber Leben retten, gerade in der düsteren Winterzeit ", sagte

---

① 代词指称不仅仅包括人称代词指代名词这一种形式，还包括地点副词（如 dort）、时间副词（如 damals）指代地点和时间状语以及代副词指代等形式。"重复"和"同义"也不仅仅包括名词的重复和同义名词，还包括动词、形容词、副词等的重复和同义现象。本文为了阐述方便只以最典型的代词指称名词以及名词的重复和同义现象为例。

Ramsauer. Er verweist auf eine unveröffentliche, aktuelle Studie des ADAC, die mit Stichproben in elf Städten neue Zahlen zur Radverkehrssicherheit liefert. (Fast jeder zweite Radler fährt ohne Licht)

当同一个项目连续出现时，如上例中同一人 Ramsauer 连续出现，如果重复使用同一名词，如 Ramsauer, 表达就显得重复累赘。如果当该项目第二次出现时用代词指称它，表达就变得简练，而且不会产生歧义，因为项目连续出现，名词和代词之间一般不会有干扰项，代词所指很容易确定。但是当某一项目被其他项目阻断后再次出现时为了避免歧义要用词汇衔接，例如：

…„ Dass so viele Radfahrer ohne Licht fahren, ist nicht lässig, sondern fahrlässig. Im Straßenverkehr gilt: Licht an – auch auf dem Rad!" sagte Ramsauer im Gespräch mit dieser Zeitung.

Besonders Senioren sowie Kinder und Jugendliche in der Altersgruppe von 6 bis 14 Jahren, die ihr Rad für den Schulweg benutzten, seien gefährdet. Gute Lampen und Reflektoren für die Fahrräder würden nicht viel Geld kosten.

„ Sie können aber Leben retten, gerade in der düsteren Winterzeit", sagte Ramsauer. (Fast jeder zweite Radler fährt ohne Licht)

在该例中 Ramsauer 并不是连续出现，而是中间被其他的项目如 Senioren、Kinder 以及 Jugendliche 阻断了，因此当 Ramsauer 第二次出现时就不能用代词指称，否则就会产生歧义，语篇接受者很难判断其所指。在这种情况下就要使用词汇衔接，该例使用的是完全相同的名词，即"重复"的衔接手段。当然，也可以使用意义相同的不同名词来指称，例如：

Es war der Morgen danach. Spät in der Nacht hatte US-Präsident Barack Obama noch einen „ unerwarteten Durchbruch" bei der Weltklimakonferenz von Kopenhagen verkündet. Eine Gruppe von etwa 30 Staatenlenkern aus aller Welt hatte in mühsamer Kleinarbeit einen Kompromiss erarbeitet. Für einen Moment schien es, als gäbe es doch ein achtbares Ergebnis dieser gigantischen Veranstaltung, zu der rund 45 000 Menschen angereist waren. Doch der Optimismus währte nicht lange. Offen sprach Bundeskanzlerin Angela Merkel gegen Mitternacht von „ gemischten Gefühlen" und ließ durchblicken, dass sie dem „ Copenhagen Accord", wie die Abschlusserklärung offiziell heißt, nur zugestimmt habe, um die Konferenz vor dem völligen Scheitern zu bewahren. Auch Obama wertete den Drei-Seiten-Text als unzureichend. Zu diesem Zeitpunkt wussten beide aber noch nicht, dass die Mammutveranstaltung noch weiter ins Unverbindliche abrutschen würde. （Kater nach Kopenhagen）

在该例中，die Weltklimakonferenz von Kopenhagen 连续出现了4次，但并不是连续出现，而是中间被其他的项目阻断，也就是说，在两次出现之间插入了有关其他项目的叙述，例如：第一次和第二次之间插入了 eine Gruppe von etwa 30 Staatenlenkern aus aller Welt，第二次和第三次之间插入了 Bundeskanzlerin Angela Merkel，第三次和第四次之间插入了 Obama。在这种情况下就不能使用代词指称，而应该用词汇衔接，该例使用的是"同义"衔接，而不是原词的简单重复，为的是达到表达多样性的效果。

三、替代和省略

替代和省略似乎相似，两者都是在前面出现的项目或结构重现时，而被替代或省略。从意义的角度讲，省略总是有预设，表示这个项目或结构是前面已经出现过的，在此处的出现是一种重复现象。从结构形式的角度讲，它总是留下一个空位，由听话者来填补。省略与替代从这个角度讲是相同的。所以省略也被称为"零替代"。

在本书所调查的新闻报道中只有两处用到了"省略"，都出现在"Polen fordern mehr Rechte in Deutschland"一文中：

（1）Warschau hat nach Angaben des polnischen Bildungsministeriums allein im Jahr 2008 63 Millionen Zloty（etwa 15 Millionen Euro）für den Unterricht in Deutsch als Muttersprache, vor allem in Oberschlesien, aufgewendet und eine kleine Summe für weitere Fördermaßnahmen.

（2）Manche unter ihnen geben bisher nichts für diese Zwecke, Brandenburg gibt eine halbe, Nordrhein-Westfalen gut eine Million Euro.

在例（1）中，eine kleine Summe für weitere Fördermaßnahmen 是一个省略句，省略了动词 aufgewendet haben，因为前一句与本句结构完全相同，如果再重复动词 aufgewendet haben，表达就会显得累赘而不够简洁。在例（2）中，Brandenburg gibt eine halbe Million Euro 与 Nordrhein-Westfalen gibt gut eine Million Euro 结构完全相同，而且动词 gibt 和名词 Million Euro 重复出现，为了避免重复必须省略其中一个 gibt 和 Million Euro。根据德语语法规则，gibt 靠近句首，所以保留在前一句中，Million Euro 位于句尾，所以保留在后一句中，这样会给人一种两句合为一句的印象。通过"省略"，两句结合得更加紧密，语言表达变得更加凝练，但同时也要求语篇接受者付出更多的认知努力来从上下文中找到被省略的成分，从而"填补空位"。

所选的新闻报道中有两处用到了"替代"这一衔接手段，一处出现在"SPD kündigt Kurswechsel in Afghanistan an"一文中：

…Das Ergebnis：Die SPD lehnt eine Aufstockung der deutschen Truppen am Hindukusch mit 2∶1 Stimmen ab.

So lässt es sich in Interviews der drei Führungskräfte nachlesen….

这里的 so 替代的是前面整句话。另一处出现在"Polen fordern mehr Rechte in Deutschland"一文中：

In Deutschland gibt es „1, 5 bis 2 Millionen Polnischsprachige, die eine der größten Bevölkerungsgruppen mit Migrationshintergrund bilden". So heißt es in der Studie „Zwischen zwei Welten", …

这里的 so 替代的同样是前面的整句话。在所选的新闻报道中没有发现有替代动词或替代名词的情况，只有两处类似替代名词的用法，即"Polen fordern mehr Rechte in Deutschland"一文中的 eine der größten Bevölkerungsgruppen 和"Fast jeder zweite Radler fährt ohne Licht"一文中的 einer der unfallträchtigsten Monate。虽然 eine 替代的是 eine Bevölkerungsgruppe，einer 替代的是 ein Monat，但这种替代是在小句内部，不具有语篇衔接的作用。

新闻语篇表意的准确是非常重要的。运用"省略"或"替代"这两种衔接方式时，对被省略成分或被替代成分的理解和确认依赖于明晰的上下文，只有这样才能"顺藤摸瓜"找到被省略或替代的对象。因此，"省略"和"替代"在新闻语篇中使用较少，而多用于文学作品中，特别是对话的话轮中，既不影响语义的表达和理解，又呈现出简约、富于变化的风格。

四、连接

连接是一种运用连接成分体现语篇不同成分之间逻辑关系的手段，韩礼德和哈森将连接成分所体现的逻辑关系分为4大类：递进、转折、因果和时间。连接成分既包括连词，也包括具有连接意义的由副词或介词短语体现的状语。而实际上常见的逻辑关系还有：并列、选择、对比、目的、条件和方式。语篇不同成分之间，或者更具体地讲，句子之间的这种逻辑关系是一种表层关系，其存在的基础是其所描述的事实之间的关系：并列、因果、时间和逻辑—概念关系，或者说，事实之间的关系是连接成分所体现的逻辑关系的本质，而连接成分所体现的逻辑关系是其所描述的事实之间关系的语言表达形式。逻辑关系中的递进、并列、选择和对比关系的本质是所描述事实之间的并列关系，转折、因果、目的、条件和方式关系的本质都是事实之间的因果关系，而时间关系的本质就是事实之间的时间关系。

在以上所调查的新闻报道中，体现各种逻辑关系的连接成分如下表所示：

递进	转折	因果	时间	并列	选择	对比	目的	条件	方式
auch außerdem dann	doch aber zwar … aber jedoch allerdings	weil daher deshalb damit	kaum wenn dann letztlich später gleichzeitig danach zuvor darauf	und	oder nicht/kein … sondern	dagegen während	um … zu damit dafür		

需要说明的是，有些代副词，如 dagegen（相反）、dafür（为此）、damit（因此）和 danach（之后），不仅具有指示指称的作用，还具有体现逻辑关系的作用，其中的 damit 作为代副词时表示因果关系，作为从属连词时表示目的关系。而且，一般情况下这些代副词只有单独使用时才会起到体现句子之间逻辑关系的作用，当它们与动词搭配使用时不具有这样的作用，例如：

…eine Expertengruppe sei bereits damit beschäftigt, Truppen- und Ausrüstungsplanungen auf Basis einer Anforderung von 2500 weiteren Soldaten voranzutreiben. (SPD kündigt Kurswechsel in Afghanistan an)

在该例中介词 mit 没有任何意义，只是作为与反身动词 sich beschäftigen（从事……事情）固定搭配的介词出现，引出这一行为的受事者，因为这一动词后不能直接加宾语，因此，代副词 damit 在此并不能表达出因果关系，而是充当动词的形式宾语，引出后面的以动词不定式形式出现的真正宾语。

此外，在所选例文中没有一处体现出"条件"和"方式"这两种逻辑关系，因此上表中没有列出相对应的连接成分。其实，最常见的体现"条件"和"方式"关系的连接成分分别是从属连词 wenn 和 indem。

因为连接成分所体现的逻辑关系是语篇所描述的事实之间关系的语言表达形式，所以我们可以根据连接成分确定逻辑关系，再根据逻辑关系确定语篇所描述事实之间的联系，从而建立起命题之间的语义联系，即语篇微观连贯。也就是说，"连接"这一衔接手段是我们构建语篇微观连贯的重要依据。因此，为了提高语篇理解的速度我们应该熟练掌握常用的一些连接成分。

除了体现逻辑关系的连接成分之外，本书还对所选新闻报道中通过连接成分体现的逻辑关系出现的次数进行了统计，如下表所示：

递进	转折	因果	时间	并列	选择	对比	目的	条件	方式
15	13	5	9	2	3	4	6	0	0

通过以上统计我们可以发现，在所选例文中使用次数最多的是递进关系，其次是转折关系，然后是时间关系，因果关系位于第五位。由此可见，这一统计结果基本上验证了韩礼德和哈森的看法，即连接成分所体现的逻辑关系的主要类型是：递进、转折、因果和时间。

五、各种衔接手段在语篇微观连贯构建中的作用

虽然本书没有对新闻报道中衔接手段所占的百分比做详细的统计，但通过列表，我们可以看出哪种衔接手段使用频率高，哪种使用频率低。我们也不难发现，常用的衔接手段是指称、连接和词汇衔接。韩礼德和哈森比较分析了 7 种不同形式的语篇后指出，词汇衔接占 42%，而指代、连词、省略、替代分别为32%、12%、10%和4%。① 可见，本书的调查结果与韩礼德和哈森的统计结果基本一致。

构建语篇微观连贯的关键是建立整个命题之间的语义联系，而整个命题之间语义联系的本质是其所描述的事实之间存在联系。衔接手段是语篇生产者在生成连贯语篇时有意或无意留下的接结，因此可以作为标记指引语篇接受者找到命题之间的联系，从而构建语篇微观连贯。由此可见，衔接手段在语篇连贯构建中的作用就是体现命题之间联系的标记，但是，以上我们介绍的几种衔接手段所体现的命题联系是不同的，大致可以分为三类：

（1）一个命题中的某个成分与另一命题中的某个成分之间的联系；

（2）一个（整）命题与另一个命题中的某个成分之间的联系；

（3）两个（整）命题之间的联系。

下面的图示可以形象地说明这3种命题联系：

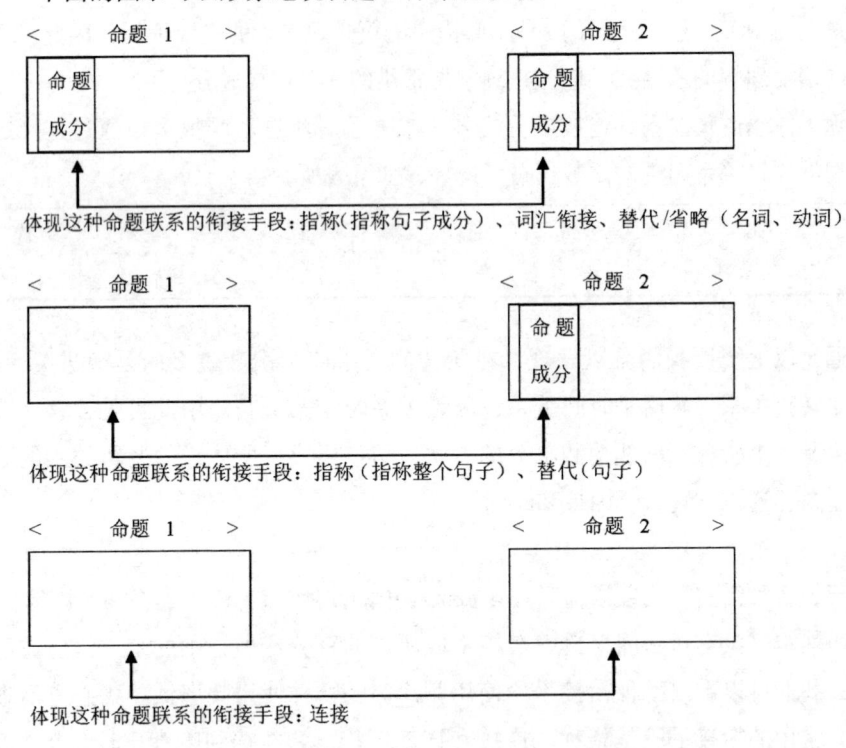

体现这种命题联系的衔接手段：指称(指称句子成分)、词汇衔接、替代/省略（名词、动词）

体现这种命题联系的衔接手段：指称（指称整个句子）、替代(句子)

体现这种命题联系的衔接手段：连接

---

① 参见史煜：《语篇连贯中的词汇衔接探索》，《山东外语教学》2004年第4期，第57页。

如图所示，指称句子成分的指称手段、词汇衔接以及名词和动词的替代或省略所标记的是命题成分之间的联系，例如：

（1）（P1）„Sie können aber Leben retten, gerade in der düsteren Winterzeit", sagte Ramsauer. （P2）Er verweist auf eine unveröffentliche, aktuelle Studie des ADAC…（Fast jeder zweite Radler fährt ohne Licht）（指称中的代词指称）

（2）（P1）Entsprechend harsch fiel die Kritik aus dem Regierungslager aus. （P2）Der außenpolitische Sprecher der Unionsfraktion, Philipp Mißfelder （CDU）, warf Gabriel vor: „Sie haben uns da reingeführt und flüchten jetzt offenbar aus der Verantwortung."（SPD kündigt Kurswechsel in Afghanistan an）（词汇衔接中的同义衔接）

（3）- （P1）Hat jemand ein Taschenmesser?
- （P2）Ja, ich habe eins.（名词替代）

（4）（P1）Warschau hat nach Angaben des polnischen Bildungsministeriums allein im Jahr 2008 63 Millionen Zloty（etwa 15 Millionen Euro）für den Unterricht in Deutsch als Muttersprache, vor allem in Oberschlesien, aufgewendet und （P2）eine kleine Summe für weitere Fördermaßnahmen.（Polen fordern mehr Rechte in Deutschland）（动词省略）

例（1）中第二句的主语 er 是代词指称手段，它指代的是第一句的主语 Ramsauer，这就表明第一句所表达命题的一个主项与第二句所表达命题的一个主项是一致的，因此，这一指称句子成分的代词指称手段只能体现出两个命题中某个成分之间的联系，而不能体现这两个整命题之间的联系。例（2）中第一句的主语 die Kritik 和第二句的谓语动词 vorwerfen 都表示"批评"的意思，因此，它们具有同义衔接的作用，但是，这一衔接手段只能体现出第一句所表达命题的一个主项与第二句所表达命题的谓词是一致的，而不能体现这两个整命题之间的联系。例（3）中第二句的代词 eins 替代的是第一句的名词 ein Taschenmesser，因此这是替代这一衔接手段中的名词替代，这种替代形式只是表明第一句命题的一个主项和第二句命题的一个主项是一致的。例（4）中第一句的谓语动词和第二句的谓语动词是一样的，因此第二句的谓语动词被省略，这一

153

动词省略衔接手段也只能表明第一句命题和第二句命题的谓词是一致的，而不能体现两个整命题之间的联系。

指称整个句子的指称手段①以及替代整个句子的替代手段标记的是某一个整命题与另一命题中某个成分之间的联系，例如：

(5)（P1）Die Kosten der privaten Versicherer seien in den vergangenen zehn Jahren zwischen sechs und sieben Prozent pro Jahr gestiegen, sagte der Direktor des PKV-Verbandes, Volker Leienbach, der „Berliner Zeitung". (P2) Dieser Trend müsse gebrochen werden.（Regierung soll Privatkassen beim Sparen helfen）（指称整个句子的指称手段）

(6)（P1）In Deutschland gibt es „1,5 bis 2 Millionen Polnischsprachige, die eine der größten Bevölkerungsgruppen mit Migrationshintergrund bilden". (P2) So heißt es in der Studie „Zwischen zwei Welten", … (Polen fordern mehr Rechte in Deutschland)（替代整个句子的替代手段）

例（5）中第二句的主语 dieser Trend 指称前面的整句话，因此这一指称整个句子的指称手段只能表明第二句命题的主项和第一句的整个命题是一致的。同样，例（6）中第二句的替代手段 so 替代的是前面整句话，因此它标记的是第二句命题的主项和第一句的整个命题之间的关系，而不是这两个整命题之间的关系。

与上面列举的两类衔接手段不同，连接这一衔接手段标记的是两个（整）命题之间的联系，例如：

(7) Der Staat solle die gesetzlichen Kassen nicht weiter mit Steuergeld unterstützen. (P1) Privatversicherte seien benachteiligt, (P2) weil sie zahlen müssten aber nicht profitierten.（Regierung soll Privatkassen beim Sparen helfen）

在该例中，连接成分 weil（因为）表明主句所表达命题和从句所表达命题之间存在因果关系，因此，语篇接受者可以根据这一衔接手段直接建立起两个整命题之间的语义联系。

---

① 由于在本节中已经系统总结了几种常见的指称整个句子的指称手段，所以在这里只举一个例子作代表。

<<< 第三章 德语新闻报道语篇微观连贯的认知研究

  需要指出的是,"连接"只是标明两个整命题之间的语义联系,使两个命题之间的联系更加明确,因此,两个命题之间的语义联系不是由"连接"这一衔接手段所决定的,而是由它们所描述的事实之间的关系决定的。所以语篇接受者确定两命题之间的语义联系的根本依据是两个命题所描述事实之间的关系,而连接成分只是起到提示和参考的作用。也就是说,虽然两个命题之间有体现因果关系的连词 weil 连接,但是,语篇接受者并不会因此而确定两命题之间的关系是因果关系,而是在 weil 的提示下根据自己的各种知识和经验考察两个命题所描述的事实之间是否存在因果关系,如果确实存在这种关系,他便会认为这两个命题的语义是连贯的,如果他认为两个事实之间不存在因果关系,而两个命题却用 weil 连接,他就会感觉这样的表达太牵强,语义是不连贯的。如果没有连接手段作标记,命题之间的语义联系仍然不变,只是语篇接受者没有了标记作指引需要付出更多的认知努力才能识别出这一语义联系。在上例中,如果省掉 weil 就会变成:"Privatversicherte seien benachteiligt, sie müssten zahlen aber nicht profitieren."(私人投保者吃亏了,他们必须付钱而不能获利。)这样,两命题之间的因果关系没有变,只是语篇接受者没有了连词 weil 的提示,需要完全依据自己有关"保险"的框架知识和经验来建立起两个事实之间的因果关系。

  由于构建语篇微观连贯要建立整个命题之间的语义联系,因此标记整个命题之间联系的衔接手段,即连接,对于语篇微观连贯的标记作用最关键,而其他衔接手段的标记作用也是不可忽略的,只有把握了两个命题中某一成分之间的联系,才能确定该命题成分的所指,从而理解整个命题,为建立两个整命题之间的联系奠定基础。也可以说,确定两个命题中某一成分之间或某一命题与另一命题中某一成分之间的联系是根据衔接手段构建语篇微观连贯的第一步,确定命题成分所指后理解整个命题是第二步,建立两个整命题之间的语义联系是最后一步。我们可以通过下面的例子对这一过程进行详细说明:①

  (P1) Einige der über 100 polnischen Organisationen in Deutschland fordern

---

① 为了便于阐释,本书将整个命题之间的语义联系等同于句子之间的语义联系,因为一个句子通常表达一个复合命题。

155

außerdem die Anerkennung einer polnischen Minderheit. （P2）Eine solche hatte es bis zum Weltkrieg gegeben. Mit einem NS-Dekret waren jedoch 1940 ihre Verbände verboten und ihr Eigentum, darunter Immobilien, beschlagnahmt worden. （Polen fordern mehr Rechte in Deutschland）（在德国的100多个波兰组织中的一些组织要求承认波兰少数民族地位。世界大战之前就存在这样的少数民族地位。但是，1940年根据一个纳粹法令他们的协会被禁止，财产，其中包括地产，被没收。）

命题 P1 中的 einer polnischen Minderheit（波兰少数民族地位）和命题 P2 中的 eine solche（这样的一个）之间的联系是命题成分之间的联系，我们之所以能够建立起二者之间的联系是因为有"比较指称"这一衔接手段作标记。在我们建立起二者之间的联系之后，我们才能确定 eine solche 指的是 eine polnische Minderheit，才能进一步去理解命题 P2 的内容："世界大战之前就存在这样的少数民族地位"。如果只是分别理解了命题 P1 和命题 P2，而没有找到它们之间的语义联系，那我们就会认为前两句语义不连贯。因此，要想构建语篇微观连贯我们必须建立起命题 P1 和命题 P2 两个整命题之间的语义联系。然而两命题间没有"连接"手段标记其语义联系，因此，我们只能通过重构两个命题所描述事实来建立二者之间的关系。根据我们建立事物之间联系的认知规律，即我们通常将事物之间的关系分为并列、因果、时间和逻辑—概念四类，我们可以将两个事实之间的关系确定为因果关系，即"在德国的100多个波兰组织中的一些组织要求承认波兰少数民族地位，因为世界大战之前就存在这样的少数民族地位"。这样我们才算是建立起了两个命题之间的语义联系。

第二节 无连接成分标记的德语新闻
　　　　报道语篇微观连贯

新闻报道的交际目的是让读者快速而准确地获取信息，而"衔接"恰恰能够满足这一要求。上一节中对各种衔接手段的分析表明，"衔接"标明了命题成分、命题与命题成分或命题与命题之间的联系，因此，是语篇接受者建立命题之间语义联系的重要参考，是语篇接受者构建语篇微观连贯的认知向导。在它的帮助下，语篇接受者可以提高构建语篇微观连贯的效率，从而提高获取信息的效率。因此，在新闻报道中衔接手段的使用频率很高。尤其是"词汇衔接"的运用大大扩大了"衔接"的范围，因为词汇的选择是由语篇的主题决定的，所以语篇所使用的词汇之间必然会存在这样或那样的关系，要么是同义词，要么是上下义词等。这样一来，所选例文中绝大多数句子都使用了衔接手段，即在构建新闻报道的微观连贯过程中基本上都有"衔接"机制的参与。因此，研究无衔接机制作用的新闻报道微观连贯意义不大。

此外，构建语篇微观连贯的关键步骤就是建立两个（整）命题之间的语义联系，因此，"连接"在语篇微观连贯构建中的作用比其他衔接手段更加重要。有无"连接"作标记会影响到语篇微观连贯构建的效率，由于上一节已经详细研究了有"连接"作用的微观连贯，本节主要研究无"连接"作用的微观连贯。

由于并列、因果、时间和逻辑—概念关系是我们感官认识世界时所使用的模式，是使我们可以将不同的行为、事实或事件理解为以一定方式相互联系的基本阐释模式，控制并组织我们日常的（大多是无意识的）认知世界的过程，因此，即使语篇单元之间没有"连接"成分标记，我们仍然可以依靠这些来自我们日常认知经验的阐释模式来确定语篇所描述事实之间的关系，从而构建语篇微观连贯。在上一节中，我们统计了所选新闻报道中有连接成分体现的各种逻辑关系的使用频率，其中递进关系和转折关系出现得最多，分别是15次和13次，然后是时间关系（9次）、因果关系（5次）和并列关系（2次）。但事实上，所选例文使用的因果、时间和并列关系并不比递进和转折关系少，只不过它们没有通过连接成分标记出来。这在一定程度上也说明了并列、因果和时间关系是我们认识事实之间联系的基本模式，即使没有连接成分作标记，我们仍然能够识别出它们来。而递进、选择和对比关系的本质虽是事实之间的并列关系，转折、目的、条件和方式关系的本质是事实之间的因果关系，但是体现这些关系的连接成分本身的意义又给这两种基本关系增添了额外的意义或感情色彩，因此语篇生产者只有通过相应的连接成分才能体现这些关系，而语篇接受者也只有根据这些连接成分才能判断出这些关系，体现这些关系的连接成分一般不能省掉。此外，德语新闻报道很少会使用逻辑—概念关系，因为此类关系大多出现在同义重复句中,虽具有强调的作用,但常常也会给人一种冗余累赘的感觉,这是与新闻报道的语体风格不相符的。

在新闻报道中新闻事实不是按照时间顺序进行叙述的,而是按照其重要性进行编排的,也就是说,新闻报道注重新闻事实的重要性,并不强调其发生时间的先后,因此,不同于记叙文或小说,在新闻报道中时间关系的使用率很低[1],要远远低于并列和因果关系。[2] 并列关系是将不同的物体、事件、事实感知为相互联系的基础,只要是关于同一主题的命题之间的关系都是并列关系,这是命题之间的一种基本关系,因此在新闻报道中较常出现。新闻报道作者在交代了重要新闻事实之后常常要提供其原因,或对其进行进一步解释,从而帮助读者接受这一重要信息,因此因果关系也常常出现在新闻报道中。虽然并列和因果关系常出现在新闻报道中,但大多无连接成分标记,而时间关系虽然没有并列关系和因果关系的使用率高,但其大多通过连接成分标记出来,在上面的统计结果中有连接成分体现的时间关系比并列关系和因果关系出现的次数都要多证明了这一点,这是为什么呢?其原因就在于,语篇生产者认为语篇接受者即使没有连接成分的提示仍然能够判断出并列和因果关系,因为并列关系如前文所述是一种基本关系,最容易被识别出,而事实之间的因果关系比较固定,逻辑性强,即具有因果关系的两事实中的哪个是原因,哪个是结果,是相对固定的,即使没有连接成分标记,语篇接受者也能判断出两事实之间的关系。事实之间的时间关系没有因果关系那么固定,即事实发生的先后顺序并不是固定的,尤其是非日常活动,语篇接受者根据自己的日常经验很难判断出其时间关系,因此,时间关系常常需要连接成分标记,从而帮助语篇接受者判断哪个事实发生在前,哪个事实发生在后。由此可见,无连接成分标记的并列关系和因果关系在新闻报道中的出现频率较高,而无连接成分标记的时间关系很少出现在新闻报道中。

---

[1] 有时新闻报道想特别强调新闻事实的时间性时也会大量使用时间关系,但这种情况并不多。此外,在软新闻中,作者为了取得娱乐消遣的效果常常会按照时间顺序叙述新闻事件。

[2] 参见托伊恩·A.梵·迪克著、曾庆香译:《作为话语的新闻》,华夏出版社2003年版,第66页。

一、无连接成分标记的并列关系

由于并列关系是一种最容易识别出的关系,因此在德语新闻报道中这种关系很少通过连接成分标记。而且当我们看到无连接成分标记的两句话时,常常习惯于将它们之间的关系首先粗略地确定为并列关系,因为只要是关于同一主题的语句都可以看作是并列关系。当然,如果我们想更准确地把握语句之间的联系,经过详细分析之后,可能会发现它们之间还存在更为具体的关系:因果关系或时间关系。无标记的并列关系经常出现在新闻报道的第一段,即导语部分,尤其是事实性导语,因为事实性导语侧重于对消息中最主要的新闻事实或其中的某个侧面进行阐述,它除了直接讲述主要新闻事实以外,几乎没有或者很少有过渡性的文字出现。① 例如:

(1) Arbeitsminister Walter Riester will mit seinem Kollegen im Finanzressort, Hans Eichel (beide SPD), über eine Steuerbefreiung von Beiträgen zur Altersvorsorge reden. Die von den Gewerkschaften geforderte langsamere Anhebung der Altersgrenzen lehnt Riester ab. (Handelsblatt, 17. Mai 1999)

由于新闻报道作者只是通过事实性导语将重要的新闻事实提炼出来,客观地呈现给读者,从而使读者基本了解新闻的主要内容,因此,作者在介绍新闻事实时没有特别强调它们之间具体的关系,只是简单地列举,所以例(1)中的事实之间的关系是并列关系。

需要指出的是,所选例文的导语都不是典型的事实性导语,大多是事实性导语和引语式导语相结合的导语,例如:

(2) Die polnische Regierung will polnischstämmige Bürger unterstützen, die in Deutschland mehr Rechte und eine verstärkte Förderung ihrer Kultur und Sprache fordern. Außenminister Radoslaw Sikorski sprach das Thema am Freitag bei einem Treffen mit seinem deutschen Kollegen Guido Westerwelle an. Sikorski habe angeregt, die Themen des deutsch-polnischen Nachbarschaftsvertrags von 1991 rechtzeitig vor seinem 20jährigen Bestehen „auf den Prüfstand zu stellen", damit er fristgemäß verlängert

---

① 参见陈志斌:《新闻德语教程》,华东师范大学出版社 2003 年版,第 177 页。

werden könne. （Polen fordern mehr Rechte in Deutschland）

（3）Bundesverkehrsminister Peter Ramsauer（CSU）startet eine Offensive für mehr Sicherheit von Radfahrern in der dunklen Jahreszeit. Geplant ist eine verstärkte Aufklärungsarbeit unter anderem an Schulen. „Dass so viele Radfahrer ohne Licht fahren, ist nicht lässig, sondern fahrlässig. Im Straßenverkehr gilt: Licht an – auch auf dem Rad!" sagte Ramsauer im Gespräch mit dieser Zeitung. （Fast jeder zweite Radler fährt ohne Licht）

例（2）是"Polen fordern mehr Rechte in Deutschland"一文的导语部分，这一部分简要陈述了这则新闻的3个重要事实："波兰政府支持波兰裔公民在德国要求更多的权利和对本族文化和语言更大的促进"；"波兰外长在与德国外长会晤时谈到此话题"；"波兰外长建议审核1991年德波睦邻条约中达成的条款"。这3个事实都是与"在德波兰人要求更多权利"这一新闻主题相关的事实，作者并没有特别强调3个事实的具体关系，只是简单地告知读者3个事实作为内容提要，因此它们之间的关系是并列关系，而且描述这3个事实的语句没有任何连接成分作标记。此外，作者在陈述第三个事实时使用了直接引语和间接引语以增强报道的客观性，使之更具说服力。例（3）也是事实性导语和引语式导语相结合的导语，所陈述的3个事实之间同样是并列关系，而且没有连接成分作标记。需要指出的是，笔者在进行语料分析时发现一个现象，"世界报"中许多新闻报道的导语都是事实性导语和引语式导语相结合的形式，因此，这种形式的导语可以看作是"世界报"的一个风格特点。

二、无连接成分标记的因果关系

如前文所述，无连接成分标记的事实之间的关系可以粗略地被看作是并列关系，因为它们毕竟都是关于同一主题的。但是，如果语篇接受者想详细了解语篇内容，把握语篇生产者的写作意图，就需要明确事实之间的具体关系，如因果关系或时间关系，当然也可能是并列关系，如导语中事实之间的关系。本部分主要分析无标记的因果关系，例如：

（1）Die Kosten der privaten Versicherer seien in den vergangenen zehn Jahren zwischen sechs und sieben Prozent pro Jahr gestiegen, sagte der Direktor des PKV-

<<< 第三章 德语新闻报道语篇微观连贯的认知研究

Verbandes, Volker Leienbach, der „Berliner Zeitung". Dieser Trend müsse gebrochen werden. „Wir können unsere Versicherten nicht immer wieder aufs Neue mit heftigen Beitragserhöhungen belasten." (Regierung soll Privatkassen beim Sparen helfen)

例（1）所描述的3个事实"在过去十年里私人投保者的费用每年增加了6%"，"必须阻止这一趋势"，"我们不能一再使我们的投保者承受保险费剧烈增长的负担了"都是引自私人医疗保险协会（PKV-Verband）主席福尔克尔·莱恩巴赫（Volker Leienbach）所说的话。这3个事实之间的关系没有通过任何连接成分标记出来，我们可以粗略地将其视作是并列关系，因为这3个事实都是关于"投保者所承担的费用"。但是，经过详细分析，我们根据来自日常认知经验的阐释模式可以识别出，其实这3个事实之间还存在因果关系："在过去十年里私人投保者的费用每年增加了6%"是"必须阻止这一趋势"的起因，而"我们不能一再使我们的投保者承受保险费剧烈增长的负担了"是对"必须阻止这一趋势"的解释说明。因为读者很容易识别出这一关系，所以作者没有通过连接成分将其标记出来。

通过以上分析我们可以发现，当新闻报道作者认为读者根据自己的认知经验很容易识别出某一因果关系时，出于语言表达经济性的考虑而不使用任何连接成分来标记这一关系。相反，如果作者认为读者较难判断出某一因果关系或想强调某一因果关系时，则通过连接成分标记出这一关系，例如：

(2) Der Staat solle die gesetzlichen Kassen nicht weiter mit Steuergeld unterstützen. Privatversicherte seien benachteiligt, weil sie zahlen müssten aber nicht profitierten. (Regierung soll Privatkassen beim Sparen helfen)

(3) Weil sich die SPD an dieser Strategiedebatte offenbar nicht ausreichend beteiligt fühlt, will sie ihre Anstrengungen nun vornehmlich dem Untersuchungsausschuss des Bundestages widmen, der sich mit dem von der Bundes-wehr angeordneten Luftschlag auf von den Taliban entführte Tanklaster vom 4. September befasst. (SPD kündigt Kurswechsel in Afghanistan an)

以上两例中，由于有连词 weil 作标记，读者只需付出较小的认知努力便可识别出其中的因果关系，这也正是作者的目的所在。其实，例（2）中的"私人投保者吃亏了"与"他们必须付钱而不获利"之间的因果关系即使没有连词标

161

记也较容易识别出，因此，作者通过连词标记的目的是想突出强调该因果关系。而与例（2）不同，例（3）中的"社民党（SPD）感觉并不是足够多地参与了这一策略讨论"与"他们想把精力主要放在联邦议会负责调查9月4日联邦国防军下令空袭被塔利班劫持的贮油车事件的委员会上"之间的因果关系并不是很明确，需要读者根据上下文知识以及相关的背景知识才能判断出来，因此，作者通过连词标记该因果关系的目的是为读者提供认知向导，帮助其建立起两事实之间的因果关系。

三、无连接成分标记的时间关系

如上文所述，无连接成分标记的时间关系在新闻报道中出现的频率很低，因为如果没有连接成分作标记读者常常很难判断出事实发生的先后顺序。当然，如果作者认为读者根据自己的日常经验能够判断出事实发生的先后顺序，便不使用连接成分作标记，例如：

①Es war der Morgen danach. ②Spät in der Nacht hatte US-Präsident Barack Obama noch einen „unerwarteten Durchbruch" bei der Weltklimakonferenz von Kopenhagen verkündet. ③Eine Gruppe von etwa 30 Staatenlenkern aus aller Welt hatte in mühsamer Kleinarbeit einen Kompromiss erarbeitet. ④Für einen Moment schien es, als gäbe es doch ein achtbares Ergebnis dieser gigantischen Veranstaltung, ⑤zu der rund 45000 Menschen angereist waren. ⑥Doch der Optimismus währte nicht lange. ⑦Offen sprach Bundeskanzlerin Angela Merkel gegen Mitternacht von „gemischten Gefühlen" und ließ durchblicken, dass sie dem „Copenhagen Accord", wie die Abschlusserklärung offiziell heißt, nur zugestimmt habe, um die Konferenz vor dem völligen Scheitern zu bewahren. ⑧Auch Obama wertete den Drei-Seiten-Text als unzureichend. ⑨Zu diesem Zeitpunkt wussten beide aber noch nicht, dass die Mammutveranstaltung noch weiter ins Unverbindliche abrutschen würde. (Kater nach Kopenhagen)

在该例中，除了第①句通过danach（之后）这一连接成分标记时间关系之外，其他句子所描述的事实之间的先后顺序都没有通过连接成分来体现。作者没有通过任何标记来体现第②句和第③句所描述事实之间的时间关系，但是读

162

者仍然可以判断出第③句的事实发生在第②句事实之前，因为第②句中的"出乎意料的突破"指的就是第③句中的"妥协方案"，按照一般的逻辑或事实发展的一般规律，只有先制订出"妥协方案"才能宣布这一方案，因此第③句事实发生在第②句事实之前。尽管作者先叙述后发生的事实，后叙述先发生的事实，而且没有通过任何标记来表明两者的先后顺序，但是读者仍然能够判断出两者之间的时间关系，这是读者根据日常经验形成的认知规律在起作用。

除了根据日常经验来判断无连接成分标记的时间关系之外，读者还可以根据动词时态来确定。例如，该例中的第④句是主句，动词时态为过去时，而第⑤句是从句，动词时态为过去完成时，这样根据时态我们就可以断定第⑤句中的事实发生在第④句事实之前。

此外，语义预设也可以体现时间关系。① 例如第⑥句"Doch der Optimismus währte nicht lange."（然而，乐观派好景不长）的语义预设或者说附带意义便是"接下来发生了不好的事情"，它表明了之前叙述的是先发生的好事，接下来叙述的是后发生的坏事，即第⑦句的"德国总理默克尔发表对'哥本哈根协议'的比较悲观的看法"发生在第②③④⑤句的"美国总统奥巴马宣布哥本哈根大会取得的出乎意料的突破"等事实之后。因此，读者根据语义预设也可以判断出事实发生的先后顺序。

除了以上3种识别时间关系的方法之外，读者还可以根据标明事实发生时间的说明语来确定事实发生的先后顺序。例如，第②句中"美国总统奥巴马宣布哥本哈根大会取得的出乎意料的突破"的时间说明语是 spät in der Nacht（深夜），而第⑦句的"德国总理默克尔发表对'哥本哈根协议'的比较悲观的看法"的时间说明语是 gegen Mitternacht（将近午夜），读者根据有关时间的知识判断出"将近午夜"比"深夜"还要晚，从而确定第⑦句事实发生在第②句事实之后。此外，第⑨句中的时间说明语 zu diesem Zeitpunkt（此时）标明第⑨句的事实与第⑦⑧句事实同时发生。

总之，新闻报道作者除了用连接成分标记时间关系之外，还会通过动词时态、语义预设和时间说明语来体现事实发生的先后顺序。当作者认为事实发生

---

① 除了时间关系语义预设还可以体现出其他的关系类型，相关内容见本章第四节。

的先后顺序较为固定,读者根据自己的日常经验就能判断出来时,便不使用任何时间关系标记。

第三节 框架知识在德语新闻报道语篇微观连贯构建中的作用

在上一章中,我们已经分析了框架知识在语篇微观连贯构建中的作用,其主要表现在5个方面:①语篇信息空缺的填补;②代词所指的确定;③对无直接着落定冠词的解释;④动名词短语中逻辑关系的确定;⑤预期作用。框架知识在德语新闻报道语篇微观连贯构建中的作用同样也表现在这5个方面,下面我们通过分析具体的例子来对此进行详细的说明。

一、语篇信息空缺的填补

(1) PKV wolle auch weiter höhere Honorare als gesetzliche Kassen zahlen. Privatversicherte bekämen beim Arzt einen besseren Service als Kassenpatienten. (Regierung soll Privatkassen beim Sparen helfen)

(2) Die Zahl der 2009 im Straßenverkehr getöteten Radfahrer steht noch nicht abschließend fest; der Dezember ist einer der unfallträchtigsten Monate. Im vergangenen Jahr verunglückten 456 Radfahrer tödlich, in diesem Jahr waren es bisher rund 440. (Fast jeder zweite Radler fährt ohne Licht)

在例(1)中,"私人医疗保险公司愿意继续支付比法定医疗保险公司更高的酬金"与"私人投保者比法定医疗保险公司的病人可以得到更好的医生服务"之间似乎没有什么直接联系,读者可能认为这两个事实之间的关系是并列关系,但是如果我们通过"酬金"这一词激活"有偿服务"这一知识框架,就会联想到"酬金越高服务越好",这样,我们就会发现前后两个事实之间的关系其实是因果关系。由于作者认为读者已经具有这样的框架知识,因此在写作时没有明确地表达出来。而读者只有适时地激活相关框架知识来填补这一空缺的信息,才能建立起语篇所描述事实之间的联系,从而构建起语篇微观连贯,真正理解作者的表达意图。

同样，在例（2）中"2009年骑自行车死于交通事故的人数还没有最终确定"与"十二月是事故发生率最高的月份之一"之间似乎没有什么直接联系，读者甚至会有"前言不搭后语"的感觉，觉得后一句的出现有些突然。但是，如果我们在读了前一句后激活关于"数据统计"这一知识框架，就会想到"数据统计是非常严谨的""一年的数据统计应该包括12个月"等信息，再考虑到这一新闻报道的发稿日期是2009年12月21日，就会领会到作者写"12月是事故发生率最高的月份之一"的目的是想说明"2009年骑自行车死于交通事故的人数还没有最终确定"的原因。由于"12月是事故发生率最高的月份之一"，这一月的相关数据对于2009年全年的统计结果有很大的影响，而数据统计是十分严谨的事情，因此2009年全年的数据统计不能忽略12月，而且由于12月还没结束，所以"2009年骑自行车死于交通事故的人数还没有最终确定"。此例同样证明了框架知识可以填补语篇中的信息空缺，从而帮助读者构建语篇微观连贯。

二、代词所指的确定

代词是一种衔接手段，即"指称"中的"代词指称"，因此它可以作为认知向导帮助语篇接受者建立起命题成分之间的联系，从而进一步建立命题之间的语义联系，构建语篇微观连贯。在此过程中确定代词所指是建立命题成分之间联系的关键。然而代词所指的确定有时不是那么简单，例如：

（3）Sikorski habe angeregt, die Themen des deutsch-polnischen Nachbarschaftsvertrags von 1991 rechtzeitig vor seinem 20jährigen Bestehen „auf den Prüfstand zu stellen ", damit er fristgemäß verlängert werden könne. (Polen fordern mehr Rechte in Deutschland)

在该例中，单纯从语法的角度来判断，er指代的是阳性单数名词，因此其所指既可能是Sikorski（波兰外长），也可能是der deutsch-polnische Nachbarschaftsvertrag（德波睦邻条约），这样看来只依靠语法知识很难确定其所指。如果我们通过verlängern（延长）一词激活有关"延期"的框架知识，就会得知被"延期"的常常是"合同""协议"等事物，而不是人，因此，我们可以断定er

指的是"德波睦邻条约",而不是"波兰外长"。

三、对无直接着落定冠词的解释

带定冠词的名词常常指上文已经提及的事物,然而有些带定冠词的名词所指的事物并未在前文出现过,因此,我们把这种名词前的定冠词称作是"无直接着落定冠词"。例如:

(4) Die neue Troika an der Spitze der Sozialdemokraten hat sich an diesem Wochenende mit Afghanistan befasst. Das Ergebnis: Die SPD lehnt eine Aufstockung der deutschen Truppen am Hindukusch mit 2:1 Stimmen ab. (SPD kündigt Kurswechsel in Afghanistan an)

在该例中,Ergebnis(结果)前面带有定冠词,这就意味着该名词所指事物已在前文出现过了,但事实上前文并未明确表达出其所指。然而读者并没有觉得 Ergebnis 前的定冠词出现得突然,其原因就是 sich mit etwas befassen(研究某事)这一表达激活了"研究某事"这一知识框架,使读者获得与"研究某事"相关的一些信息,如"研究过程""研究方法""研究结果",因此,"结果"一词虽没有在语篇中明确表达出来,但已经通过 sich mit etwas befassen 被激活,在读者头脑中出现过了,也就是说,该定冠词的"着落点"不在前文,而在读者的头脑中,这也就是我们为什么把这种定冠词称作"无直接着落",即"间接着落"的原因。

四、动名词短语中逻辑关系的确定

信息高度浓缩是新闻报道的重要特征之一,这一特征在句法层面的表现之一就是动名词短语所占比重大。而动名词短语相对应动词的逻辑主语和逻辑宾语的判定又是构建语篇微观连贯、正确理解语篇内容的关键所在。例如:

(5) Sein Ministerium beschäftigte allerdings einen Bericht der „Leipziger Volkszeitung", eine Expertengruppe sei bereits damit beschäftigt, Truppen- und Ausrüstungsplanungen auf Basis einer Anforderung von 2500 weiteren Soldaten voranzutreiben. (SPD kündigt Kurswechsel in Afghanistan an)

在该例中,要想正确理解语篇内容首先要判断出动名词短语 eine Anforderung von 2500 weiteren Soldaten 中二格修饰语 2500 weiteren Soldaten（其他 2500 名士兵）到底是动词 anfordern（要求）的逻辑主语还是逻辑宾语。通过 Ausrüstungsplanungen（扩军计划）这一词所激活的"增加士兵数量"这一框架知识，我们可以断定 2500 weiteren Soldaten 是动词 anfordern 的逻辑宾语，因此该动名词短语的意思是"要求增加 2500 名士兵"，而不是"其他 2500 名士兵提出的要求"。由此可见，框架知识是判断动名词短语中逻辑关系的重要依据。

五、预期作用

除了以上作用之外，框架知识在新闻报道的语篇理解过程中所发挥的预期作用也尤为重要，这与新闻报道标题的作用是分不开的。新闻报道的标题通常具有揭示主题和概括主要内容的作用，因此，其中常常包含了一些有关语篇内容的关键词，而读者可以通过这些关键词激活相应的知识框架，从而预测新闻报道的具体内容。例如，读者读了"Fast jeder zweite Radler fährt ohne Licht. Verkehrsminister Ramsauer kündigt Kampagne für mehr Sicherheit an – Neue ADAC-Studie"这一标题后就会激活如"夜间骑车""骑车安全"以及"研究报告"等知识框架，从而进一步激活如"夜间骑车要开灯""夜间骑车的一些安全措施""相关研究报告应该提供一些数据"等具体的相关知识，并预测此篇新闻报道将围绕这些问题展开叙述。当预期同语篇所叙述的内容一致时，框架知识将促进对语篇内容的迅速理解。相反，当框架的预期同实际的描述不一致时，框架将阻碍对语篇内容的理解，这时我们就会集中精力为新内容寻找合适的框架。而在阅读新闻报道时框架知识所发挥的预期作用常常是准确的，因为新闻报道作者给出标题的目的就是为读者正确理解语篇内容提供方向指引，减轻他们获取信息需要付出的认知负担，从而使他们快速而准确地理解语篇内容。

以上列举的几种情况是我们日常阅读中经常会遇到的，而且只要具备了一定的知识储备和掌握了一定的阅读技巧大多数读者都能够解决这些问题，只不过我们一般不会意识到在这一过程中框架知识所发挥的重要作用。由框架提供的信息不一定能清晰地出现在意识中，但它们的可利用性是明显的，也就是说，我们总是在不知不觉中使用"框架"这一认知结构，这也恰恰说明了"框架"是我们的一种基本认知方式。

第四节　预设在德语新闻报道语篇微观连贯构建中的作用

在第二章我们已经分析了循环加工理论中梵·迪克对"预设"概念的理解，他所说的"预设"可以分为3种：第一种是前文提供的信息；第二种是语义预设，即与语言符号本身有关的语义知识；第三种是语用预设，即相关的世界知识或百科知识。由于第一种预设就存在于语篇中，读者只要掌握了基本的阅读技巧便可获得，而且已有很多理论全面系统地研究了这种信息对于语篇理解的重要性，因此本书就不再详细阐述这种预设。语用预设和语义预设是构建语篇微观连贯、正确理解语篇内容的重要知识前提，但是这两种前提不是那么容易满足，因为它们分别是"完全隐性信息"和"半隐性信息"，语篇接受者需要付出一定的认知努力才能获得，而且只有获得预设之后才能填补语篇中的信息空缺从而建立命题之间的语义联系。这便是预设在语篇微观连贯构建中的作用。本节将重点阐释预设的这一作用在德语新闻报道中是如何得以实现的。

一、语用预设的作用

语用预设是没有通过语言表达出来的，却是语篇理解前提的知识储备以及日常经验。之所以将这种预设称作是语用预设，是因为这种预设并不是一个语言表达本身所具有的，而是通过一个语言表达的使用而产生的。当交际双方交流时，总是以对方具备一定的日常知识或专业知识为前提，交际双方一般认为他们拥有共同的经验、知识和价值观等。也就是说，他们会使用预设，而只有当交际一方不能理解时，才会用语言明确表达出预设的内容。

在上一节中，我们详细阐释了"框架知识"在德语新闻报道语篇微观连贯构建中的作用。因为"框架"是一种基本认知方式，而"框架知识"是一种更加常规化、更具普遍性的日常知识，因此"框架知识"的运用常常是无意识的过程。与"框架知识"不同，"语用预设"是语篇理解所需的世界知识或百科知识，所包含的知识内容非常丰富，不仅包括日常知识，还包括个人经验知识以及特殊的教育和专业知识。恰恰是这些日常知识之外的"特殊知识"或者说"具有一定专业性的知识"构成了正确理解新闻报道这一类文章至关重要的"背景知识",而正是因为这种知识具有"特殊性""专业性""新鲜性"或者说"实事性",所以其运用过程常常是有意识的,或者说目的性比较明显。因此,本书将主要阐释语用预设中的"背景知识"在德语新闻报道语篇微观连贯构建中的作用。

语言的经济性使得语言形式往往传递了比其本身要多得多的信息。一般来说,人们在语言实际运用中不可能把所要说的信息一字不漏地全部用语言表达出来,常常要在整体信息中做出一定的选择。语篇生产者常常省略自己认为语篇接受者已经掌握的信息,这便是预设产生的原因。而语用预设的产生同时也导致语篇中信息空缺的产生。语篇接受者在阅读时只有通过自己已掌握的知识来填补这一空缺才能建立起命题之间的语义联系。新闻报道这类文章尤其注重语言表达的经济性,因此,作者会尽可能省掉大多数读者已掌握的有关新闻事件的背景信息,而读者必须填补上这一信息才能构建起语篇微观连贯,例如:

(1) Die Bundesregierung will dagegen an ihrer Linie festhalten und diese Strategie auf der Afghanistankonferenz Ende Januar in London gemeinsam mit den internationalen Bündnispartnern diskutieren. (SPD kündigt Kurswechsel in Afghanistan an)

(2) Dafür seien umfassende Überlegungen auzustellen. Es gehe um Abzugsperspektiven ohne Kopplung an Enddaten, eine Einbindung der Nachbarstaaten Afghanistans und eine Übergabe von Gebieten an die afghanischen Sicherheitskräfte in regionaler Abstufung, sagte Guttenberg. Außerdem dürften Gespräche mit gemäßigten Taliban nicht mehr ausgeschlossen werden. ,, Nicht jeder Aufständische bedroht gleich die westliche Gemeinschaft ", sagte Guttenberg. Er sei dafür, zu jenen Volksgruppen und Stämmen offene Kommunikationskanäle zu halten, die nicht generell die Bekämpfung der westlichen Kultur zum Ziel haben. (SPD kündigt Kurswechsel in Afghanistan an)

在例(1)中,读者只有具备了有关"北约组织"以及该组织派军阿富汗的背景信息,才会知道这里的 internationale Bündnispartner(国际同盟伙伴)指的是谁,也才能理解为什么德国政府要与这些伙伴讨论关于阿富汗的策略。该新闻报道作者认为大多数读者已经具备了这样的背景知识，因此并没有在文中提供相关信息。而读者只有填补了这一信息空缺，才会觉得这句话的语义是连贯的，否则就会不知所云。

在例（2）中，作者认为经常读报、看新闻的大多数读者都应该知道"塔利班"是什么，因此在该新闻报道中并没有提供有关的背景信息。而不具备此背景知识的读者很可能会觉得"与塔利班温和派对话"与前文一直叙述的"派军阿富汗"，以及与后一句德国国防部长所说的"并不是每个暴动者都威胁着西方联盟"之间并没有什么联系，这种感觉是由语篇中的信息空缺引起的，而信息空缺又是由于关于塔利班的背景知识这一语用预设而产生的。只有通过"塔利班"这一预设触发语激活"塔利班是阿富汗的恐怖主义组织，1996年塔利班军队占领了阿富汗首都喀布尔并建立伊斯兰政府。而北约组织派军阿富汗就是要镇压塔利班恐怖主义组织。2001年9·11事件后，美国率北约联军发动阿富汗战争，推翻了塔利班政权，给'基地'等恐怖主义组织以沉重打击"。这一关于塔利班的背景知识，读者才能填补信息空缺，发现三者之间的联系即"与塔利班温和派对话"是和平解决阿富汗问题的一种方式，北约组织通过这种方式可以降低派往阿富汗的驻军数量；而"并不是每个暴动者都威胁着西方联盟"是"与塔利班温和派对话"的原因，从而构建起语篇连贯。

以上分析的作为语用预设被省掉的背景信息是作者认为大多数读者都已具备的背景知识，而那些对于大多数读者来说陌生的背景信息作者一般都会明确地在语篇中表达出来，从而帮助读者理解相关内容。新闻报道中有关新闻事件背景的内容是新闻报道重要的组成部分，这一部分便是新闻报道超结构中的"背景"范畴。当然，有时作者提供背景信息并不只是为了帮助读者理解相关内容，而是有其他的目的，如暗示自己的观点，有关这方面的内容将在第四章中详细阐述。

二、语义预设的作用

语义预设与某个单词或表达的语义有关，关系到一种没有直接谈及的而附带表达出的意义。而这种没有直接表达出的意义同样使语篇产生信息空缺，语篇接受者只有根据自己的语义知识获得这一意义才能填补信息空缺，从而建立语句之间的连贯关系。因此，语义预设在语篇连贯构建中的作用同样是填补信息空缺，只不过这一作用具有不同的表现形式。林科所说的"隐藏的替代"只是其中的一种。语义预设在德语新闻报道语篇连贯构建中的作用常常表现为"隐藏的连接"，也就是说，语义预设就像"连接"手段一样能够标明语句之间的逻辑语义关系。例如：

(1) Die Rache für die Sonderverhandlungen im kleinen Kreis kam prompt. Den Anfang machte der Vertreter des winzigen Inselstaats Tuvalu, Ian Fry. „ Das wäre das Ende von Tuvalu ", stellte er sich dem Text entgegen, aus dem maßgeblich auf Betreiben der Chinesen sämtliche international verbindlichen Emissionsgrenzen für Treibhausgase herausgenommen worden waren. Und Fry blieb mit seinem Widerstand nicht allein. Mit seiner Mitwirkung bei der Kungelei im kleinen Kreis unterstütze er einen „ Staatsstreich gegen die Vereinten Nationen ", musste sich der immer verzweifelter wirkende Konferenzpräsident, Dänemarks Premier Lars Lokke Rasmussen, von der Delegation Venezuelas anhören. (Kater nach Kopenhagen)

(2) Jetzt hat erstmals Sikorski das Thema angesprochen. „ Entscheidend ist, dass der Vertrag erfüllt wird ", heißt es dazu in seinem Ministerium. Offenbar will man vor dem Wahlkampfjahr 2010 verhindern, dass allein die Kaczynski-Zwillinge dieses Thema besetzen. (Polen fordern mehr Rechte in Deutschland)

(3) Die privaten Krankenversicherungen (PKV) fordern gesetzliche Änderungen, um ihre Kosten begrenzen zu können. Konkret geht es um die Möglichkeit, mit Ärzten, Krankenhäusern oder Arzneiherstellern über Menge, Preise und Qualität von Leistungen verhandeln zu können. (Regierung soll Privatkassen beim Sparen helfen)

在例(1)中，nicht allein（不是单独的）这一表达的语义预设，即附带意义是"还有其他类似的"，所以这一语义预设一般会提示我们后面叙述的人或事物与之前叙述的属于同类，因此，当我们通过这一语义预设填补了语篇中的信息空缺之后，就会判断出之前和之后叙述的事实之间的关系是并列关系。从这个角度讲，nicht allein 的语义预设其实标明了之前和之后两句的逻辑语义关系是并列关系，在该例中"土瓦鲁（Tuvalu）国家的代表福利（Fry）的反抗"与"委内瑞拉代表团反抗"两事实之间存在并列关系。由此可见，nicht allein 的语

171

义预设起到了连接手段（如连词）的作用，而由于语义预设不是被直接表达出来的，所以这种连接作用是隐藏的。正是语义预设的这种隐藏的连接作用帮助读者建立起语句之间的逻辑语义关系，从而构建起语篇连贯。

在例（2）中，offenbar（显而易见的）的语义预设是"解释说明已经发生事实的真相"，因此它标明前后两事实之间的关系是因果关系，即后者是对前者原因的解释。而例（3）中 konkret（具体的）的语义预设是"之前叙述是笼统的、抽象的或概括性的"，因此它标明后一事实是对前一事实的进一步阐释说明。

以上列举的3个语言表达经常出现在德语新闻报道中，对于有经验的读者来说，这3个语言表达已经成为一种信号，看到 nicht allein 就知道后面要叙述同类的事实，看到 offenbar 就知道后面要阐释原因，看到 konkret 就知道后面要进行具体说明。读者正是通过这些表达的语义预设确定了前后事实之间的关系，从而建立起两个命题之间的语义联系，构建语篇的微观连贯。

第五节　宏观结构在德语新闻报道语篇微观连贯构建中的作用

在第二章中我们已经分析了宏观结构在语篇微观连贯构建中的作用就在于：语篇接受者在阅读语篇时如果知道了语篇的宏观结构，即语篇主题，也就知道了语篇中各个句子所表达的命题之间的相关点，从而建立起命题之间的语义联系，即语篇的微观连贯。而文章开头的概述、文中主题的明确表达和标题都可以帮助语篇接受者获得命题序列的主题。通过主题建立起的命题之间的语义联系是并列关系。如果再详细分析，它们之间还可能存在更加具体的关系，如：因果关系或时间关系。

新闻报道的语篇主题词和主题句通常就位于标题和导语中，而更低层面，如每一段落的主题词或主题句通常位于段首。读者掌握了这些新闻报道语体知识，就能快速而准确地把握新闻报道语篇主题或段落主题，并以此为相关点建立其中命题之间的语义联系。例如：

（1）Entsprechend harsch fiel die Kritik aus dem Regierungslager aus. Der außenpolitische Sprecher der Unionsfraktion, Philipp Mißfelder (CDU), warf Gabriel vor:„ Sie haben uns da reingeführt und flüchten jetzt offenbar aus der Verantwortung. " FDP-Fraktionschefin Birgit Homburger sagte:„ Die SPD will sich davonstehlen ". Auch Verteidigungsminister Karl-Theodor zu Guttenberg (CSU) hält das SPD-Nein zu mehr Truppen für falsch. Die Ablehnung jeder Aufstockung des Bundeswehrkontingents heiße „ Festlegung vor Strategie ". (SPD kündigt Kurs-wechsel in Afghanistan an)

例（1）的主题句就是第一句"Entsprechend harsch fiel die Kritik aus dem Regierungslager aus."（来自政府阵营的批评也是一样的强硬），接下来的叙述都是围绕这一主题展开的，无论是基民盟（CDU）议会党团外交政策发言人的谴责，还是自民党（FDP）议会党团主席以及国防部长的言论都是"来自政府阵营的批评"，因此，在这一主题的指引下读者可以很快找到接下来的这几个命题的相关点，从而将它们联系在一起。当然，命题之间语义联系的确定不仅依赖于主题，其他知识也共同发挥着作用，如框架知识、背景知识、语义知识等。相关内容已在前文阐述，在此不再赘述。

其实，如果上一段文字中没有主题句，我们仍然可以根据三个政治人物的身份以及他们的言论内容找到这一段文字中几个命题的联系，只不过要付出较多的认知努力。而在下面的一段文字中，如果我们没有主题作指引，就很难建立其中几个命题之间的联系，这时主题的作用就凸显出来了。例如：

（2）Am Ende blieb das Durcheinander. Die schmutzigen Teller, die leeren Flaschen und Plastikbecher zwischen Laptops und Kopfhörern. Die Delegierten, die sich quer über die grauen Plastikstühle im Bella Center gelegt hatten, wo sie mit halb offenen Mündern in komatösen Schlaf versunken waren. (Kater nach Kopenhagen)

在例（2）中，位于段首的第一句话"最后仍然是一片混乱"是该段的主题句。有了这一主题作指引，我们就很容易建立起后面几个命题之间的联系："脏盘子""笔记本电脑和耳机之间的空瓶子和空塑料杯"以及"横躺在灰色塑料椅上半张着嘴沉睡的代表们"都描述了当时场面的混乱，三者之间存在并列关系。但是如果我们将此句去掉，这三个命题之间的联系就很难确定了：有可

173

能是想突出代表们的工作辛苦,他们废寝忘食,在办公地点进餐,之后又累得睡着了;也有可能想暗示这些代表们对工作不感兴趣,他们只是吃吃喝喝,甚至都睡着了。由此可见,统领几个命题的主题不确定,命题之间的联系就很难确定,这就表明,主题对语篇微观连贯的构建具有重要的指导作用。

第六节 超结构在德语新闻报道语篇微观连贯构建中的作用

在第二章中我们分析了超结构在语篇微观连贯构建中的作用,并总结出其作用过程可分为两种情况:在不知道命题序列宏观命题的情况下,其作用过程为:微观连贯→宏观命题→超结构→微观连贯。在知道命题序列宏观命题的情况下,其作用过程为:宏观命题→超结构→微观连贯。下面我们分析研究这两个作用过程在德语新闻报道中是如何得以实现的。

梵·迪克在系统研究新闻话语的基础上总结出了新闻报道的超结构,该结构主要包括以下几种范畴:标题和导语(概述)、语境中的主要事件和背景(情节)、后果、口头反应、评论。这些范畴概括出了新闻报道各组成部分的语义交际功能。如果我们知道新闻报道的某一部分属于哪一个范畴,也就知道了该部分的语义交际功能,这也正是该部分命题序列的语义交际功能。而命题序列共有的语义交际功能也是将这些命题联系起来的相关点。例如:

Vor allem die Sprachförderung in Deutschland wurde in Polen immer wieder als ungenügend und vertragswidrig kritisiert im Vergleich zur Förderung der deutschen Minderheit in Polen. Warschau hat nach Angaben des polnischen Bildungsministeriums allein im Jahr 2008 63 Millionen Zloty(etwa 15 Millionen Euro)für den Unterricht in Deutsch als Muttersprache, vor allem in Oberschlesien, aufgewendet und eine kleine Summe für weitere Fördermaßnahmen. (Polen fordern mehr Rechte in Deutschland)

此段共有两个命题,第一个命题是"与波兰相比德国在语言促进方面所做的工作是不够的,因此被波兰批评为违反条约",而第二个命题主要讲的是"波兰为了促进德语母语课仅仅在2008年一年就投入了6300万兹罗提"。由此可见，第二个命题是对第一个命题的进一步解释说明（微观连贯：命题之间的语义联系），是附属信息，可以删掉，因此，此段的宏观命题便是"与波兰相比德国在语言促进方面所做的工作是不够的，因此被波兰批评为违反条约"（宏观命题）。根据此段的宏观命题读者就可以推断出这一段介绍的是此篇新闻报道主要事件"波兰要求德国审核德波睦邻条约"的背景信息，从而确定此段的功能范畴为"背景"（超结构范畴），这也是此段中两个命题共同承担的语义交际功能，因此，我们可以说，这两个命题表达的都是新闻报道主要事件的背景信息，从而建立起这两个命题在语义交际功能方面的联系（微观连贯：命题之间的语义交际功能联系）。有经验的读者会识别出第一句便是该段的主题句，因此可以直接确定该段的宏观命题是"与波兰相比德国在语言促进方面所做的工作是不够的，因此被波兰批评为违反条约"，而不必先建立起命题之间的语义联系（微观连贯），再通过宏观规则获得此段的宏观命题。

第七节　本章小结

　　本章主要根据第二章中构建的理论框架从认知的角度探讨了德语新闻报道的语篇微观连贯构建。由于新闻报道的交际目的是让读者快速而准确地了解事实真相，因此新闻报道类语篇的语言表达直接、明确，衔接手段的使用频率很高。在本章中，我们具体分析了韩礼德和哈森所划分的几种衔接手段在德语新闻报道中的使用情况，从而揭示了这些衔接手段在德语语篇以及新闻报道类语篇中的使用特点，并从认知语用的角度对此进行了阐释。在以上分析的基础上，我们还发现，不同的衔接手段在语篇微观连贯构建中的作用是不同的，有的衔接手段标记的是命题成分之间的联系，有的标记的是命题成分与整个命题之间的联系，还有的标记的是两个整命题之间的联系，而这3类衔接手段在语篇微观连贯构建中的作用是递增的。"连接"便是可以标记两个整命题之间联系的衔接手段，因此是读者构建语篇微观连贯的重要依据。但是，在德语新闻报道中并列关系、因果关系和时间关系有时并不通过连接成分标记，对此类现象出现的原因及规律本章从认知的角度进行了分析和总结。

除了分析衔接手段在德语新闻报道语篇微观连贯构建中的作用外，本章还分别阐释了框架知识、预设、宏观结构和超结构的作用。第二章中列举的框架知识在一般语篇微观连贯构建中的 5 种作用同样适用于德语新闻报道类语篇，本章以具体的德语新闻报道为例对这 5 种作用进行一一解析。如果说在德语新闻报道语篇微观连贯构建中框架知识所发挥的作用与在一般语篇中所发挥的作用没有很大的区别，那么，预设在德语新闻报道语篇微观连贯构建中的作用就具有一定的特色：首先，新闻报道中的语用预设主要表现为背景知识；其次，德语新闻报道中有些常用的语言表达的语义预设具有标记命题语义联系的作用。此外，本章最后还具体分析了德语新闻报道的宏观结构和超结构在语篇微观连贯构建中的指导作用。

第四章

德语新闻报道语篇宏观连贯的认知研究

上一章我们详细研究了德语新闻报道语篇微观连贯构建的过程。概括地讲，语篇微观连贯构建的过程就是建立语篇微观结构层面语义联系的过程，即建立命题之间语义联系的过程。然而只理解了语篇微观层面的语义联系并不意味着真正理解了整个语篇，必须还要在这3个层次上构建语篇的宏观连贯，即宏观结构、超结构和语篇意图。下面我们对德语新闻报道这3个层次的宏观连贯构建过程做深入系统的分析研究。

第一节 德语新闻报道语篇宏观连贯构建的
第一层次——宏观结构

语篇的宏观结构是从微观结构转换而来的，也就是说，宏观结构的构建过程就是从更低级的命题总结概括出更高级的命题，即宏观命题的过程。整个宏观结构组织具有等级的特征，即每一序列的宏观命题都可以归属于更高一层次的宏观命题，而最高层次的宏观命题就是该语篇的主题。从更低级命题向更高级命题的转换所遵循的规则就是宏观规则。宏观规则包括：删除规则、选择规则、概括规则和组构规则。后来梵·迪克又将前两个规则合并为"删除规则"。这些规则是语义转换规则，再现了我们概括理解的认知过程。运用宏观规则的过程从本质上说就是删减信息的过程：通过"删除规则"删除掉语言使用者认为对于接下来的命题阐释（例如作为预设）不再重要的命题，例如一些细节信息；通过"概括规则"用含有上层概念的命题取代含有下层概念的命题，即将

177

一系列的命题用笼统的语言进行概括；通过"组构规则"用描述整体事实的命题取代描述这一事实的一般前提、组成部分、结果、特征等具体情况的一系列命题。

根据循环加工理论我们在阅读完一系列命题之后总是习惯于将这些命题总结概括成一个宏观命题，然后再继续处理新的命题，这样做的主要原因是减轻处理信息时的记忆负担，因为我们工作记忆的容量有限，储存过多的细节信息会影响到后面信息的处理。由此可见，构建宏观结构是语篇阅读理解中的一个必然过程。读者虽然可以从新闻报道的标题和导语以及段落的主题句中获知语篇主题或段落主题，但是一般不会简单接受，而是将其作为自己构建宏观结构的参考。自己首先通过宏观规则获得宏观命题，然后再将这一命题与标题、导语或段落主题句进行对比，来验证它们是否正确。更何况有些段落没有主题句，这就需要读者完全通过运用宏观规则获取宏观命题。总而言之，新闻报道的标题、导语和段落主题句虽然为读者提供了语篇主题或段落主题，但并不意味着读者就不需要自己构建宏观结构了。只要他阅读一些细节信息，他就会将其转换成宏观命题，也就是说，他会问自己这一部分主要在讲什么，这是阅读理解的信息处理规律所决定的，否则就说明他根本没有读懂相关内容。当然，有些读者由于没有足够时间阅读全部信息，所以只想通过标题、导语以及段落主题句获取主要信息。在这种情况下，他是不需要自己构建宏观结构的，只要直接接受语篇所提供的信息就可以了。

通过以上对新闻报道宏观结构构建过程的阐释，我们不难发现，完成这一过程既需要运用宏观规则，也需要参考语篇提供的主题信息，而且这两种方法经常穿插使用。由于这一过程是一个复杂的心理过程，为了能够将其解释清楚，本书将其中的宏观规则的运用过程和语篇提供的主题信息的影响过程分解开来，进行分别阐述。

一、运用宏观规则构建宏观结构

宏观结构是一个相对性的概念，指的是相对较低层面的结构而言的更整体性的结构。一个语篇的微观结构在另一语篇中就可能是宏观结构，此外，一个语篇的宏观结构具有不同的层面，因此，较高（较整体性的）层面的命题相对

<<< 第四章 德语新闻报道语篇宏观连贯的认知研究

较低层面来说就是宏观结构。整个语篇的最普遍、最整体性的宏观结构就是这个语篇的宏观结构，语篇的组成部分都有自己的宏观结构。于是，不同层面的宏观结构便形成了一个层级结构，如图所示①：

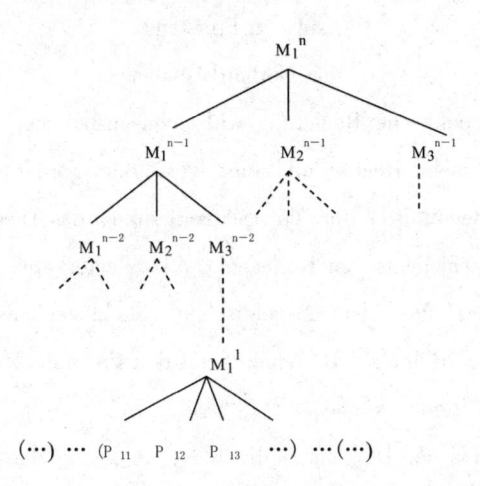

$$M_1^n$$

$$M_1^{n-1} \quad M_2^{n-1} \quad M_3^{n-1}$$

$$M_1^{n-2} \quad M_2^{n-2} \quad M_3^{n-2}$$

$$M_1^1$$

$$(\cdots) \cdots (P_{11} \quad P_{12} \quad P_{13} \cdots) \cdots (\cdots)$$

（说明：M 代表 Makrostruktur（宏观结构），P 代表 Proposition（命题））

通过上图我们不仅可以获知语篇宏观结构静态的构造特征，而且还可以了解语篇宏观结构动态的构建过程：最低级的宏观结构是从语篇微观结构即一系列命题中转换而来的，而这一级宏观结构（一般表现为宏观命题）又是形成更高一级宏观结构的微观结构，整个语篇的宏观结构主题就是这样从语篇中的最低级命题一级一级地抽象出来的。我们一般把语篇自然段的主题看作是最低一级的宏观结构，而其中的命题是最低一级的命题，因为自然段一般被视为能够表达出相对完整内容、具有一定主题的最小单位，而且我们一般也习惯于读完一段后概括其段落大意。此外，虽然命题并不等同于句子，一个句子中可能含有几个命题，但是为了便于阐释，我们把从最低一级命题到最低一级宏观结构的转换过程简化为由自然段中的句子总结概括出自然段主题的过程。

下面我们以"Polen fordern mehr Rechte in Deutschland"（在德波兰人要求更多权利）这一篇新闻报道为例分析如何运用宏观规则构建语篇的宏观结构。

---

① van Dijk, T. A. Textwissenschaft: eine interdisziplinäre Einführung. (Deutsche Übersetzung von Christoph Sauer, niederl. Original 1978). Tübingen: Max Niemeyer Verlag, 1980b: 43.

179

Polen fordern mehr Rechte in Deutschland

Warschau möchte Status als Minderheit – Nachbarschaftsvertrag soll auf den Prüfstand

Von Gerhard Gnauck

WARSCHAU – Die polnische Regierung will polnischstämmige Bürger unterstützen, die in Deutschland mehr Rechte und eine verstärkte Förderung ihrer Kultur und Sprache fordern. Außenminister Radoslaw Sikorski sprach das Thema am Freitag bei einem Treffen mit seinem deutschen Kollegen Guido Westerwelle an. Sikorski habe angeregt, die Themen des deutsch-polnischen Nachbarschaftsvertrags von 1991 rechtzeitig vor seinem 20jährigen Bestehen „ auf den Prüfstand zu stellen ", damit er fristgemäß verlängert werden könne.

Von Seiten polnischer Diplomaten hieß es, es könne darum gehen, wie beim deutsch-französischen Elysée-Vertrag einen Anhang anzufügen. Man habe sich geeinigt, dass die jeweiligen Regierungsbeauftragten für die deutsch-polnischen Beziehungen, Cornelia Pieper (FDP) und Wladyslaw Bartoszewski, sich des Themas annehmen werden. Ein Gutachten des polnischen Außenministeriums kommt sogar zu dem Schluss, dass der von den Nazis abgeschaffte Minderheitenstatus von Deutsch-Polen weiter Bestand habe.

Im Nachbarschaftsvertrag von 1991 heißt es, die deutsche Minderheit in Polen und polnischstämmige oder sich zur polnischen Kultur bekennende Bürger Deutschlands sollten in ihrem jeweiligen Land „ Möglichkeiten für den Unterricht ihrer Muttersprache oder in ihrer Muttersprache in öffentlichen Bildungseinrichtungen " erhalten. Darum wollten beide Staaten sich laut Vertrag bemühen. Im polnischen Parlament wurde die Lage der Polen in Deutschland in den letzten Jahren immer wieder thematisiert, vom Außenministerium jedoch auf kleiner Flamme gehalten. Jetzt hat erstmals Sikorski das Thema angesprochen. „ Entscheidend ist, dass der Vertrag erfüllt wird ", heißt es dazu in seinem Ministerium. Offenbar will man vor dem Wahlkampfjahr 2010 verhindern, dass allein die Kaczynski-Zwillinge dieses Thema besetzen.

Vor allem die Sprachförderung in Deutschland wurde in Polen immer wieder als ungenügend und vertragswidrig kritisiert im Vergleich zur Förderung der deutschen Minderheit in Polen. Warschau hat nach Angaben des polnischen Bildungsministeriums allein im Jahr 2008 63 Millionen Zloty (etwa 15 Millionen Euro) für den Unterricht in Deutsch als Muttersprache, vor allem in Oberschlesien, aufgewendet und eine kleine Summe für weitere Fördermaßnahmen.

In Deutschland verfügt der Kulturstaatsminister für kulturelle Förderung der Polen über einen Etat von 300 000 Euro. Der Sprachunterricht ist Sache der Bundesländer. Manche unter ihnen geben bisher nichts für diese Zwecke, Brandenburg gibt eine halbe, Nordrhein-Westfalen gut eine Million Euro. „ Wir haben in Nordrhein-Westfalen inzwischen in 70 Schulen bis zum Niveau der 10 Klasse Polnischunterricht für Muttersprachler im Lehrplan ", sagt Jolanta Roza Kozlowska, Polens Generalkonsulin in Köln. „ Die Zahl der teilnehmenden Schüler ist auf 2800 gestiegen. " Eine weit größere Zahl nutze den Sprachunterricht in Sonntagsschulen der Polnisch Katholischen Mission. Als ausländischer Arm der katholischen Kirche Polens organisiert diese auch in vielen Städten Gottesdienste und Seelsorge.

Einige der über 100 polnischen Organisationen in Deutschland fordern außerdem die Anerkennung einer polnischen Minderheit. Eine solche hatte es bis zum Weltkrieg gegeben. Mit einem NS-Dekret waren jedoch 1940 ihre Verbände verboten und ihr Eigentum, darunter Immobilien, beschlagnahmt worden. Jetzt haben Wissenschaftler der Universität Posen (Poznan) für das Außenministerium in Warschau ein Gutachten erstellt. Es kommt zu dem Schluss, dass das Verbot von 1940 auch damaligem Recht widersprach und daher ungültig sei. Damit bestehe auch ein Minderheitenstatus unverändert fort, folgerte am Wochenende die Zeitung „ Rzeczpospoli-ta ".

Auch das Außenministerium sympathisiert mit der Auffassung, dass ein Teil der polnischstämmigen Bürger in Deutschland sich auf diesen Status berufen könne. Doch will man offenen Streit mit Berlin darüber vermeiden. Die deutschen Behörden dagegen stehen auf dem Standpunkt, anders als Sorben oder Dänen seien die Polen frühestens im 19 Jahrhundert an ihre heutigen Wohnorte gekommen. „ Ein Minderheitenstatus würde den Forderungen anderer Tür und Tor öffnen ", heißt es.

Die Zahlen für die jeweilige Bevölkerungsgruppe in beiden Ländern variieren stark. Die Zahl der Deutschen in Polen wird auf höchstens 300 000 geschätzt. In Deutschland gibt es „ 1,5 bis 2 Millionen Polnischsprachige, die eine der größten Bevölkerungsgruppen mit Migrationshintergrund bilden ". So heißt es in der Studie „ Zwischen zwei Welten ", die soeben vom Institut für Auslandsbeziehungen in Stuttgart veröffentlicht wurde. Darin wird empfohlen, die „ Ausbildung von Jugendlichem mit polnischem Migrationshintergrund " stärker zu fördern.

(Die Welt, 21.12.2009, S.5)

这一篇新闻报道共由8个自然段组成，我们概括出这8段的主题即可获得最低一级的宏观结构。第一段中有3句话，第一句讲的是"波兰政府愿意支持来自波兰的民众要求在德国享有更多的权利以及加大对自己文化和语言的促进"，第二句讲的是"波兰外长周五与德国外长会晤时谈到此话题"，第三句讲的是"波兰外长建议，在1991年的德波睦邻条约签署20周年之前及时审核其中的条款，为的是可以延长它的期限"。由此可见，这3句话其实主要讲了两件事情，一件是"来自波兰的民众要求在德国享有更多的权利以及加大对自己文化和语言的促进"，而第二句和第三句共同讲述了"波兰外长向德国外长建议审核德波睦邻条约条款"这一件事，其中第二句的大部分信息通过"组构规则"已被删除，因为"向德国外长建议"隐含着"与德国外长会晤"这一先决条件。因此这一段的宏观命题便是"来自波兰的民众要求在德国享有更多的权利以及加大对自己文化和语言的促进，波兰外长向德国外长建议审核德波睦邻条约条款"。在构建此宏观命题的过程中，我们不仅运用了"组构规则"，还通过"删除规则"将第三句中的"睦邻条约签署的时间以及审核该条约的时机与目的"作为细节信息删掉。通过对第一段宏观命题形成过程的阐释不难发现，其实我们并未对这一段原有信息做很多加工就获得了宏观命题，这是因为这一段是新闻报道的导语，其本身就是对全文主要内容的概括。

第二段中也有3句话，前两句表达的主要内容是"审核修改德波睦邻条约的具体措施是补充一个附件"，而第一句中这一信息的来源"von Seiten polnischer Diplomaten hieß es"以及第二句提供的有关"谁负责这件事情"的信息都是附属细节信息，可被删除。同样通过"删除原则"删掉一些细节信息之后第三句表达的主要内容是"波兰外交部认为，德籍波兰人应该继续拥有少数民族地位"，于是第二段的宏观命题便是"审核修改德波睦邻条约的具体措施是补充一个附件。波兰外交部认为，德籍波兰人应该继续拥有少数民族地位"。

第三段中的第一句很长，但主要是介绍了德波睦邻条约所涉及的内容，第二句所表达的内容"根据条约两国将为实施这一条约付出努力"是附属于第一句的细节信息，因此应该被删除，于是我们通过运用"概括规则"将前两句的内容概括为"德波睦邻条约涉及语言课方面的规定"。通过"删除规则"删掉一些细节信息后我们得出后4句的主要内容是"波兰外长首次谈到相关话题，认为关键的问题是要遵守条约"。因此，本段的宏观命题是"德波睦邻条约涉及语言课方面的规定，波兰外长首次谈到此话题，认为关键的问题是要遵守条约"。

第四段中共两句话，第二句是对第一句的补充说明，因此第二句中的信息可以被删除，我们从第一句中概括出本段的宏观命题是"与波兰相比德国在语言促进方面所做的工作是不够的，因此被波兰批评为违反条约"。

第五段首先讲到"语言课是各联邦州负责的事务"，后又以勃兰登堡州（Brandenburg）和北莱茵－威斯特法伦州（Nordrhein-Westfalen）为例说明联邦州为此所投入的资金情况，之后又引用波兰驻科隆总领事的话来详细说明北莱茵－威斯特法伦州对促进波兰语课所采取的具体措施，最后一句是作者提供的关于"波兰天主教会所做工作"的背景信息（因为波兰驻科隆总领事的谈话中曾提到波兰天主教会的周日学校也组织波兰语课）。由此可见，举例说明是本段的主要特征，因此构建本段宏观命题的过程其实就是从特殊到一般的过程。也就是说，我们可以通过"概括规则"用上义词来取代下义词，用笼统的语言来概括出宏观命题"德国联邦州为促进在德波兰人文化所投入的资金和所做的工作情况"。

第六段的第一句所表达的事件是"在德的100多个波兰组织中的一些组织要求承认在德波兰人的少数民族地位"。第二、三句介绍了这一"少数民族地位"的历史，第四、五、六句解释了现在要求恢复这一少数民族地位的原因，而且第二、三句的内容是服务于第四、五、六句内容的，因此本段的宏观命题是"一些在德波兰组织要求承认在德波兰人的少数民族地位以及提出这一要求的原因"。

第七段分别介绍了波兰和德国官方对此要求的看法:"波兰外交部也赞成这一要求"(第一句内容概括);"德国相关部门却持反对意见"(第二、三句内容概括),因此,本段的宏观命题是"波兰外交部也赞成这一要求,而德国相关部门却持反对意见"。

最后一段首先介绍了一个刚刚发表的研究报告,涉及在德波兰人以及在波德国人数量的统计结果:"在波德国人数量远远低于在德波兰人数量,波兰人是德国最大的移民群体之一"(前4句内容概括),然后介绍了本研究的建议:"加大对波兰青年移民教育支持的力度"(最后一句内容概括),因此,本段的宏观命题是"一项研究表明,在波德国人数量远远低于在德波兰人数量,波兰人是德国最大的移民群体之一,因此要加大对波兰青年移民教育支持的力度"。

通过归纳每一段的宏观命题,我们得到了最低一级的宏观结构,即第一层次的宏观结构(M1):

①来自波兰的民众要求在德国享有更多权利以及加大对自己文化和语言的促进,波兰外长向德国外长建议审核德波睦邻条约条款。

②审核修改德波睦邻条约的具体措施是补充一个附件。波兰外交部认为,德籍波兰人应该继续拥有少数民族地位。

③德波睦邻条约涉及语言课方面的规定,波兰外长首次谈到此话题,认为关键的问题是要遵守条约。

④与波兰相比德国在语言促进方面所做的工作是不够的,因此过去一再被波兰批评为违反条约。

⑤德国联邦州为促进在德波兰人文化所投入的资金和所做的工作情况。

⑥一些在德波兰组织要求承认在德波兰人的少数民族地位以及提出这一要求的原因。

⑦波兰外交部也赞成这一要求,而德国相关部门却持反对意见。

⑧一项研究表明,在波德国人数量远远低于在德波兰人数量,波兰人是德国最大的移民群体之一,因此要加大对波兰青年移民教育支持的力度。

最低一级的宏观结构还包含了许多细节信息,如果我们想更加宏观地把握这篇新闻报道的主要内容，就要删掉这些信息。每一段可以被删除的信息如下：①"加大对自己文化和语言的促进"属于"更多权利"的一部分，因此这一具体信息可以被删除，"向德国外长建议"也应作为细节信息被删除；②"审核修改德波睦邻条约的具体措施是补充一个附件"提供的是"审核条约具体措施"的细节信息，因此被删除；③"波兰外长首次谈到此话题，认为关键的问题是要遵守条约"是第一段中"波兰外长建议审核德波睦邻条约条款"的细节信息，应该被删除；④"因此过去一再被波兰批评为违反条约"是"德国在语言促进方面做得不够"这一主要事件引发的结果，这一补充说明可以被删除；⑤删掉"所做的工作"，因为更主要的是讲"资金投入"；⑥因为第二段已经提到"波兰外交部认为，德籍波兰人应该继续拥有少数民族地位"，因此"一些在德波兰组织要求承认在德波兰人的少数民族地位"就是对前一信息的补充说明，应该被删掉，而"提出这一要求的原因"是前文没有提到的，应该保留；⑦"波兰外交部也赞成这一要求"是重复信息，应该删掉；⑧"波兰人是德国最大的移民群体之一"是强调"在德波兰人数量之多"，因此附属于"在波德国人数量远远低于在德波兰人数量"，这一附属信息应该被删掉。通过对第一层次宏观结构做进一步的删减我们得到了第二层次的宏观结构（M2）：

①来自波兰的民众要求在德国享有更多权利，波兰外长建议审核德波睦邻条约条款。

②波兰外交部认为，德籍波兰人应该继续拥有少数民族地位。

③德波睦邻条约涉及语言课方面的规定。

④德国在语言促进方面做得不够。

⑤德国联邦州为促进在德波兰人文化所投入的资金情况。

⑥要求承认在德波兰人少数民族地位的原因

⑦德国相关部门反对这一要求。

⑧一项研究表明在波德国人数量远远低于在德波兰人数量，并建议加大对波兰青年移民教育支持的力度。

在这个层次上的信息删减已经跨越了段落的界限，在前面段落中出现过的信息在后面段落中再次出现时就可作为重复信息被删掉，这样我们就提炼出全文的重要信息。但是，通过分析这些信息我们仍然可以发现有一些信息是附属于其他信息的，也就是对其他信息的补充说明，如果想获知整篇新闻报道的主要事件，我们还需继续删减这些附属信息：⑤是④的例证，因此附属于④；而③与④是①中"波兰外长建议审核德波睦邻条约条款"的原因，因此附属于①；作者想通过⑧中的"一项研究建议加大对波兰青年移民教育支持的力度"来暗示应该"审核德波睦邻协议条款"，因此⑧也附属于①。由此可见，③④⑤和⑧都附属于①，是对①的详细说明，应该被删除。此外，⑥是②的原因，⑦是②所引发的德方反应，因此⑥和⑦应该作为②的附属信息被删除。这样我们得到了第三层次的宏观结构（M3）：

①来自波兰的民众要求在德国享有更多权利，波兰外长建议审核德波睦邻条约条款。

②波兰外交部认为，德籍波兰人应该继续拥有少数民族地位。

获得了这篇新闻报道的主题结构框架之后，我们可以发现其更深层次的联系，即"波兰要求审核德波睦邻条约条款"的目的是"拥有少数民族地位"，而"拥有少数民族地位"的目的是"享有更多权利"。基于这一深层次联系并通过进一步删减一些细节信息，我们便可获得这篇新闻报道的最高层次宏观结构，即主题（M4）：

波兰人要求在德国享有更多权利，拥有少数民族地位，因此建议审核德波睦邻条约条款。

而这篇新闻报道的主标题是：波兰人要求在德国享有更多权利。副标题是：波兰想拥有少数民族地位——睦邻条约应该被审核。

通过对比可以发现，我们构建的宏观结构与新闻报道标题的内容是一致的，而作者正是通过标题来揭示语篇主题的，因此，应该说我们通过"宏观规则"构建语篇宏观结构、获得语篇主题的过程是合理的。

虽然通过"宏观规则"构建"宏观结构"的过程是以人类阅读理解的心理过程以及一些认知规律为依据的，而且所获得的宏观结构常常与语篇生产者想要表达的主题思想一致，但是我们不能认为通过这种方法构建的宏观结构是绝对客观的。梵·迪克本人也承认宏观结构具有主观性："这样研究主题时似乎认为宏观语义结构和规则是文本意义的特征。不过，这样抽象的研究方法有其局限性。根据经验，意义是语言使用者在阐释的过程中赋予文本的，具有认知的特征。宏观结构亦是如此。人们给文本添上主题或从文本中归纳出主题,这些过程都是理解的组成部分。这使得这些过程得以建构它们自己的宏观结构。毕竟,同一文本在不同的语言使用者看来,他们认为重要的信息是各不相同的。"①

构建宏观结构的过程就是删减信息的过程。通过上面对这一过程的详细分析我们可以发现,通过宏观规则被删减的信息主要有两种:(1)细节信息,这些信息不直接影响对其余新闻文本的理解,也就是说,被删除的命题不是后面命题的预设;(2)附属信息,这些信息涉及更大新闻事件的发生原因、引发的后果或反应或是这一事件的组成部分,因此这些信息可以归属到更大新闻事件的宏观命题中。

此外,对例文宏观结构构建过程的分析同样表明,运用宏观规则删减信息的过程是以相关框架知识和背景知识为基础的。只有具有相关的框架知识和背景知识,我们才能判断出哪些信息表达的是主要事件,哪些信息是这一事件的细节信息和附属信息,才能运用删除规则将其删掉;只有具有相关的框架知识和背景知识,我们才能知道一些下义概念的上义概念是什么,才能运用概括规则将这些具体信息转换为更宏观的命题;只有具有相关的框架知识和背景知识,我们才能知道,一些行为或活动所归属的整体性事实是什么,才能运用组构规则用表达整体性事实的命题取代描述这些分行为或分活动的命题。

二、新闻报道主题结构特征对宏观结构构建的指导作用

通过分析"在德波兰人要求更多权利"一文宏观结构的构建过程我们可以发现,第二层次宏观结构(M2)中的③④⑤⑥⑦⑧是对①②的详细说明,而新闻报道的主题又是从①②中提炼出来的,而且第三、四、五、六、七、八段是该篇新闻报道的正文部分,第一、二段是导语部分,由此我们可以概括出这一篇新闻报道的主题结构特征:正文是对导语的详细说明,而导语又是对标题的进一步解释,或者说新闻标题揭示了新闻的主题,新闻的导语进一步解释新闻

---

① 托伊恩·A. 梵·迪克著、曾庆香译:《作为话语的新闻》,华夏出版社2003年版,第36页。

主题，而新闻的正文详细说明新闻导语。其实这一特征是新闻报道类语篇共有的特征。由于从标题到导语再到正文，新闻报道的主题得到了越来越详细的阐释说明，因此梵·迪克将这一规律称作"详述规则"。他认为，新闻的这种结构特点是"注重相关性并根据读者可能的阅读习惯而采纳的新闻写作策略"。[1] 此外，新闻报道的这种主题结构还有一个特点，那就是把最重要的信息放在最前面，如主题，而后面的信息通常是一些详述内容，不是重要信息，也就是说，新闻报道中信息的重要性是递减的，因此新闻界把这种结构称作"顶向下"或"倒金字塔"结构。

由于我们已经知道新闻报道的标题揭示了语篇主题，因此我们从标题中就可获得语篇主题，即语篇最高层次的宏观结构。但是，我们读新闻一般不只为了获取新闻主题，否则，一句话新闻就能满足要求，而不必读长篇报道了。通常我们还想详细了解新闻事件的来龙去脉，所以要读正文，看正文是如何"详述"主题的，这样才可以深刻理解主题。由于我们读正文之前就已经知道了主题，因此必然会受其影响。在其影响下，我们读正文时通常会首先确定主题的哪个要点在正文的哪个部分得到兑现，也就是确定哪几段共同说明了主题的哪一要点，这其实是在构建语篇的次高级宏观结构。例如，在"在德波兰人要求更多权利"一文中，我们通过新闻标题获得新闻主题要点："更多权利""少数民族地位"和"睦邻条约"。由于前两段是对这些要点的概括性阐释，因此是这篇新闻报道的导语部分，而后面六段是正文部分。在快速浏览这六段之后，不需完全理解其内容，甚至只需根据其中的一些关键词我们便可确定，第三、四、五、八段的内容涉及"睦邻条约"，第六、七段是关于"少数民族地位"的。

在构建了次高级宏观结构之后，我们知道了哪些段落共同表达语篇主题的哪个要点，这基本上还是停留在主题的层面上，我们仍然没有掌握主题的具体方面，于是需要进一步了解每一段阐释的是主题的哪一个具体方面，如原因、结果、详细过程、反应等，即每一段的宏观命题，也就是构建最低一级的宏观结构。由于新闻报道只是提供了整个语篇的宏观命题，并未提供每段的宏

---

[1] 托伊恩·A. 梵·迪克著、曾庆香译：《作为话语的新闻》，华夏出版社2003年版，第46页。

观命题，因此我们没有捷径可走，只能运用宏观规则一步一步地获取段落宏观命题。例如，在"在德波兰人要求更多权利"一文中，如果我们只知道第三、四、五、八段的内容涉及"睦邻条约"，那么这只意味着我们知道了主题的这一要点，仍然没有了解正文阐述了主题的哪些具体方面。因此，我们就要进一步分析这四段分别描述了"睦邻条约"的哪些具体方面，即总结概括出每段的宏观命题，这时我们只能借助于宏观规则，通过删减一些信息后得到它们的宏观命题："德波睦邻条约涉及语言课方面的规定""德国在语言促进方面做得不够""德国联邦州为促进在德波兰人文化所投入的资金情况"以及"一项研究表明在波德国人数量远远低于在德波兰人数量，并建议加大对波兰青年移民教育支持的力度"。

总而言之，如果读者具备了一定的有关新闻报道的语体知识，如"详述规则"和"倒金字塔结构"，就能掌握新闻报道的主题结构特征，即标题揭示主题、导语进一步解释主题、正文详细阐述主题，并且在阅读过程中受到它的影响。具体来说，其阅读过程不再是简单地从微观结构到宏观结构直到语篇主题的单向过程，而是双向过程，即先从宏观到微观方向，然后再从微观到宏观方向，如在上例中，先是从最高级宏观结构即语篇主题到次高级宏观结构，然后从微观结构到最低级宏观结构，如下图所示：

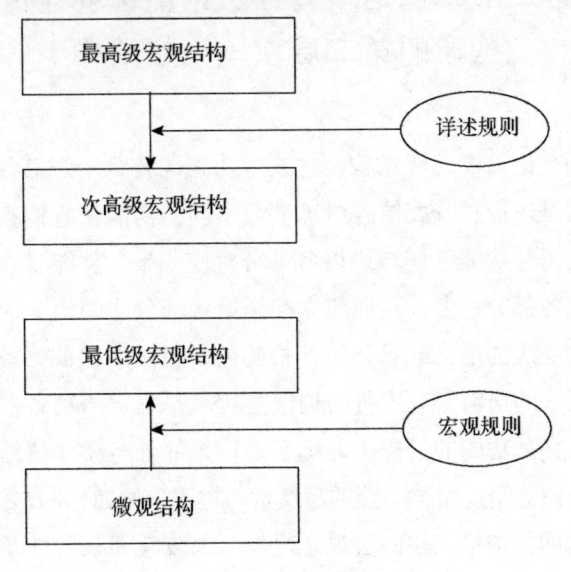

而读者如果不具备"详述规则"和"倒金字塔结构"知识、不了解新闻报道的主题结构特点，那么他的阅读过程一般是简单地从微观结构到宏观结构直到语篇主题的单向过程，如下图所示：

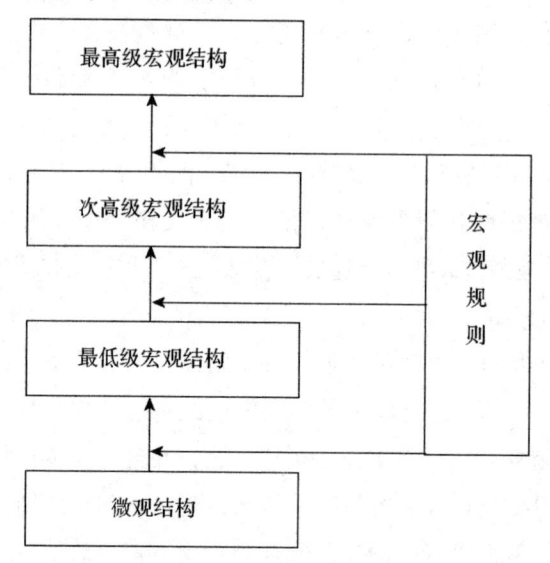

```
┌─────────────────┐
│   最高级宏观结构    │
└────────▲────────┘
         │
┌─────────────────┐  ┐
│   次高级宏观结构    │  │
└────────▲────────┘  │ 宏
         │           │ 观
┌─────────────────┐  │ 规
│   最低级宏观结构    │  │ 则
└────────▲────────┘  │
         │           ┘
┌─────────────────┐
│     微观结构       │
└─────────────────┘
```

第二节　德语新闻报道语篇宏观连贯构建的第二层次——超结构

语篇超结构是语篇的总体结构，它通过功能范畴赋予语篇各个组成部分语义交际功能，而且还通过分配给各语篇部分不同的功能使它们有机地联系在一起。只要我们将语篇功能范畴与语篇各部分对应起来，就能将功能范畴之间的联系映射到语篇各部分之上，从而建立起语篇各部分之间语义交际功能方面的联系，这是更深层次的语义联系，因此构建的是更深层次的语篇宏观连贯。也就是说，更深层次的语篇宏观连贯的构建过程就是确定语篇各部分在整个语篇中所承担的语义交际功能的过程，即确定语篇各部分与哪一超结构范畴相对应的过程，也就是构建当前所读语篇的超结构的过程。例如，"在德波兰人要求更多权利"这篇新闻报道第三段的宏观命题是"德波睦邻条约涉及语言课方面的规定，波兰外长首次谈到此话题，认为关键的问题是要遵守条约"，第四段的宏观命题是"与波兰相比德国在语言促进方面所做的工作是不够的，因此过去一再被波兰批评为违反条约"。知道了这两段的宏观命题就意味着把握了这两段的语义联系，可以说在较为宏观的层面上构建了语篇连贯。但是如果我们根据这两段的宏观命题分析出它们所承担的语义交际功能，如第三段承担的语义交际功能是"主要事件"，而第四段的功能范畴是说明"主要事件"的"背景"，这就意味着我们对这两段之间的语义联系有了更深刻的理解，因此，构建语篇超结构就是构建更深层次的语篇宏观连贯。

有人可能会觉得前面的阐述有些自相矛盾，因为每一类语篇的超结构都是相对固定的，而且读者在读一篇文章之前通常已知道其语篇类型，因此可以确定其超结构，为什么还要构建超结构呢？因为某一类语篇的超结构只是给出了其中的功能范畴以及这些范畴在语篇中出现的一般顺序，但是这些范畴在具体的文章中所对应的范围大小是不确定的，也就是说，一个语义交际功能可能会有几个语篇段落共同行使。此外，一般情况下超结构功能范畴在语篇中出现的顺序相对固定，但有时也会有所变动。因此，我们就不能机械地按照常规的超结构确定功能范畴在语篇中的准确位置，而是需要一个"验证"的过程：先阅读语篇内容，并为该部分内容概括出宏观命题，然后再抽象出其在语篇中所行使的语义交际功能，确定其在超结构中的功能范畴，这一过程其实就是确定当前所读语篇的超结构的过程。

总而言之，在构建超结构的过程中，如果读者具备所读语篇类型的超结构知识，就可以预测超结构范畴在语篇中相对应的部分，但是真实情况还需根据该部分的宏观命题来确定，因为只有概括出该部分的主要内容才能判断其语义交际功能，因此超结构的构建过程是超结构知识和宏观语义结构综合作用的过程。下面本书将分别阐释新闻报道的超结构知识和宏观结构在超结构构建中的作用。

一、新闻报道超结构知识在超结构构建中的预期作用

美国耶鲁大学人工智能研究中心的"快速理解和记忆"（FRUMP）研究小组的研究表明，大约50%的"新闻故事"是程式化的，而纯新闻语体的程式化程度几乎达到了100%，因此用新闻语体来分析超结构最能说明问题。①

梵·迪克在新闻话语分析领域取得了巨大的成就，其新闻话语理论主要包括新闻文本的结构分析、新闻话语生产的分析、新闻话语理解的分析等几个相对独立而又密切关联的部分。他在对新闻报道的宏观形式结构系统研究的基础上概括出了新闻图式结构②：

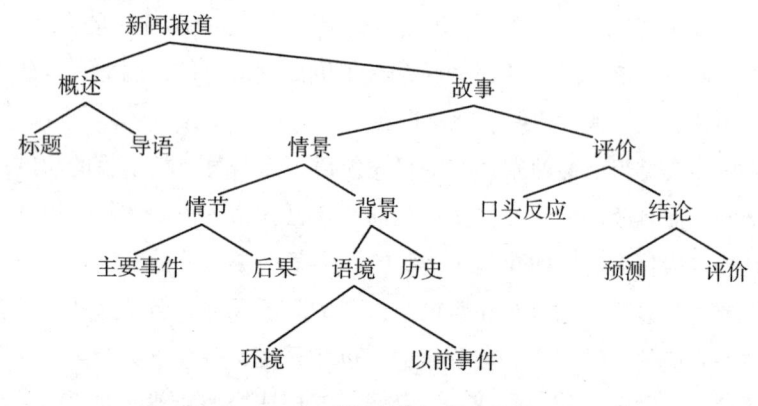

```
                      新闻报道
                    /         \
                概述            故事
               /    \          /    \
            标题    导语    情景      评价
                          /    \    /    \
                        情节  背景 口头反应 结论
                       /   \   / \        /    \
                     主要  后果 语境 历史  预测   评价
                     事件       / \
                              环境 以前事件
```

假设性新闻图式结构

梵·迪克还对新闻图式结构范畴进行了阐释说明。第一，概述：每条报纸新闻都有标题，很多还有导语。标题和导语一起概括了新闻文本的内容，表达了它的宏观语义结构。第二，情景：一般情况下，新闻事件背景在新闻话语的后面部分交代，即安排在报道完主要新闻事件之后。主要事件这一范畴中提供的信息也可能包括在语境这一部分中。新闻语境经常用"在……的时候""与……同时"或其他表示同时的类似词语来暗示。从语义上看，语境必须准确报道事件的真实情形，是其他一些具体的事件报道。语境通常是前新闻报道的主要事件。它不同于背景，背景具有更全面、更结构化和更侧重历史的特点。事实上，新闻事件的背景可以包括现实事件的历史缘由及其语境。在现实报道中有时很难区分背景和语境。前事件类型就是如此。前事件类型可被看作是包括在语境中的实际情形的一部分，它也具有历史性。从语义上看，历史事件指的

---

① 参见熊学亮：《认知语用学概论》，上海外语教育出版社1999年版，第126~127页。
② 托伊恩·A.梵·迪克著、曾庆香译：《作为话语的新闻》，华夏出版社2003年版，第57页。

是过去几年,而不是几天或几星期前发生的事件,那么前事件、语境和历史的不同之处就可用不同的动词、动词时态或时间副词来体现。后果是新闻话语中经常出现的图式范畴。社会、政治事件所造成的后果的严重性相当部分地决定了它们的新闻价值。口头反应是后果范畴的一种特殊表现形式。第三,评价:口头反应是后果范畴的一种特殊表现形式。大多数重大新闻事件报道之后通常会邀请重要的参与人或显要的政治人物发表评论。作者想通过这种方式表现出评论的客观性,但事实上,选择什么人做评论者和引用他们的哪些话就不一定是客观的。虽然重要的口头反应可在报道的前面部分引用,但是一般情况下都在靠近报道的结束部分。结论是以记者和报纸本身的评论、观点和评价为主要内容的图式范畴。这虽然违背了新闻事实不能与观点混淆的新闻职业道德,但还是经常出现在新闻中,有时以间接的形式。结论范畴有两个主要的次范畴:预测和评价。①

上面提到的超结构范畴只是在理论上存在,许多新闻文本只有其中的几种范畴。严格地说,在篇幅最短小而形式完整的新闻报道中只有标题和主要事件是必不可少的组成部分,而背景、口头反应和评论等图式范畴则可有可无。有的范畴可能重复出现几次。

菲尔克拉夫(Fairclough)认为以上超结构反映了绝大多数新闻语篇的篇章结构,因此将此结构称为"整体框架"(generic structure)。该超结构中的4个范畴,即标题、导语、情景和评价出现的顺序是固定的,如导语不可能在标题之前等,但构成"情景"范畴的各部分的顺序可以调整。超结构中的每一成分通常能在宏观语义结构中找到与之相对应的部分,如图式主题结构中新闻标题就能与宏观语义结构中的全文主题相对应。②

新闻话语的这种常规程式经过长时间的流行,已在读者心中形成了一个"期待模型"。"期待模型"是读者通过重复的阅读和理解新闻话语而形成的。它一形成,读者便能预测在话语的哪一部分获取主要信息或最新信息,在哪一部分获取细节、评论等。例如,在读"在德波兰人要求更多权利"这篇新闻报

---

① 参见托伊恩·A. 梵·迪克著,曾庆香译:《作为话语的新闻》,华夏出版社2003年版,第54~57页。
② Fairclough, Norman. Media Discourse. London: Edward Arnold, 1995, p. 85.

道时，有经验的读者可能会根据自己的新闻报道超结构知识预测各图式范畴在语篇中的位置。最容易识别的是"标题"和"导语"，因为"标题"一般位于最前面，用大号粗体印刷，"导语"一般是新闻报道的第一段。而"导语"之后一般是"情景"，因此第二至第七段是"情景"，最后一段是"评价"。但是由于"情景"又包括几个次范畴，我们需要进一步确定哪一段与哪一个次范畴相对应。由于读者想要不细读文章而快速获得有关信息，因此只能借助新闻范畴的典型表达标记来对此做出判断，如根据动词时态有以下几种可能：第三段中动词多为现在时，所以很可能是"主要事件"；第四段动词为过去时或现在完成时，所以很可能是"背景"；而第五段大部分是直接引语和间接引语，所以很可能是"口头反应"；第六段既有过去时态的动词，又有副词 jetzt（现在），因此很可能既包含"主要事件"又包含"背景"；第七段有直接引语，所以可能是"口头反应"。以上便是读者的预测，这一预测的优点是读者不必细读，甚至不需通读全文便可以抓住要点。在当今信息时代，我们需要更加频繁地与社会、与他人交换信息以维持正常的生活。这样的生活方式要求我们在交换信息、取舍信息的过程中尽量减少时间和思考成本，以求信息效益的最大化。显然，新闻话语的这种结构程式充分满足了这种信息效益的最大化，是作者和读者对新闻话语进行有效认知处理的重要条件。

当然，这种获取信息的方式缺点也显而易见：这种预测虽然是有一定根据的，但是它毕竟只是猜测，具有不准确性。因此，超结构知识的这种预期作用对于那些想快速获取信息或只是粗略阅读的读者来说无疑是非常实用的，但是对于想准确理解新闻报道内容的读者来说它只能起到辅助的作用，要想构建所读语篇的超结构还需通过分析每段的宏观命题获知每段的语义交际功能，从而验证之前的预测是否准确，这便是宏观结构在超结构构建中的验证作用。

二、宏观结构在超结构构建中的验证作用

由于超结构的一个功能范畴可能对应着几个段落，而且每个段落所对应的次范畴也是不固定的，此外这些范畴在语篇中出现的顺序有时也会变动，因此，我们不能机械地按照常规的超结构确定功能范畴在语篇中的准确位置，而是需要一个"验证"的过程：先阅读语篇内容，并为每段概括出宏观命题，然后再抽象出其在语篇中所行使的语义交际功能,确定其在超结构中的功能范畴。

为了说明此验证过程我们仍以"在德波兰人要求更多权利"这篇新闻报道为例,通过与上文中读者对语篇超结构预测的对比,我们就可以清楚地看出通过"验证"获得的结果与预测结果的差别,从而认识到这一验证过程的重要性。

在上文中读者根据新闻超结构知识对"标题"的判断是正确的,这是因为"标题"是位置最固定、由于其印刷特点最容易识别出的功能范畴。而对"导语"的预测不够准确,虽然"导语"的位置也较为固定,这主要是因为"导语"虽然通常位于整个语篇的前部,但是其对应的段落有时是第一段,有时还包括第二段,而这篇新闻报道的导语就包括前两段,因为不只第一段,第二段也是对主题的概括性解释,因此要准确判断导语的位置还是要阅读相关内容。第三段的宏观命题是"德波睦邻条约涉及语言课方面的规定,波兰外长首次谈到此话题,认为关键的问题是要遵守条约",根据这一宏观命题我们可以分析出第三段的功能范畴是"主要事件"。第四段的宏观命题是"与波兰相比德国在语言促进方面所做的工作是不够的,因此过去一再被波兰批评为违反条约",所以其功能范畴应该是"背景"。①第五段的宏观命题是"德国联邦州为促进在德波兰人文化所投入的资金和所做的工作情况",因此该段是对前一段的进一步说明,而该段中引用的波兰驻科隆总领事的话只是对北莱茵－威斯特法伦这一联邦州所做工作的具体说明,没有评论的性质,因此这一段仍然是"背景",而不是"口头反应"。由此可见,上一节中的预测是错误的,因为并不是所有引语都是"口头反应",这要根据引语的内容而定。第六段的宏观命题是"一些在德波兰组织要求承认在德波兰人的少数民族地位以及提出这一要求的原因",其中"提出这一要求的原因"主要指的是"提出这一要求的历史和现在的原因",也可以理解为"提出这一要求的背景",因此这一段既包括"主要事件",也包括其"背景"。第七段的宏观命题是"波兰外交部也赞成这一要求,而德国相关部门却持反对意见",由此可见,该段的功能范畴是"后果",其中引自德国相关部门的话可以视为"口头反应"。最后一段的宏观命题是"一项研究表明,在波

---

① 由于"背景"的次范畴:"以前事件"与"历史"较难区分,而且一般情况下不需要分得太细就能达到阅读目的,所以在此就不再进一步确定是"背景"中的"以前事件"还是"历史"。

德国人数量远远低于在德波兰人数量,波兰人是德国最大的移民群体之一,因此要加大对波兰青年移民教育支持的力度",从这一段的内容来看这一段与前面的段落联系不大,似乎有些多余,但事实上,作者是想通过这项研究的结论"加大对波兰青年移民教育支持的力度"来间接地表达出自己的观点,因此这一段可以视为"评价"。

以上通过"宏观命题"验证预测的过程表明,根据超结构知识对当前所读语篇的超结构进行预测的结果准确率比较高,对"在德波兰人要求更多权利"一文超结构范畴的预测中只判断错了两个范畴。但是,我们也可以看出,在构建当前所读语篇超结构的过程中起决定性作用的还是每段的宏观命题。超结构知识和宏观结构综合作用下的当前语篇超结构的构建过程可以用下图清楚地描述出来:

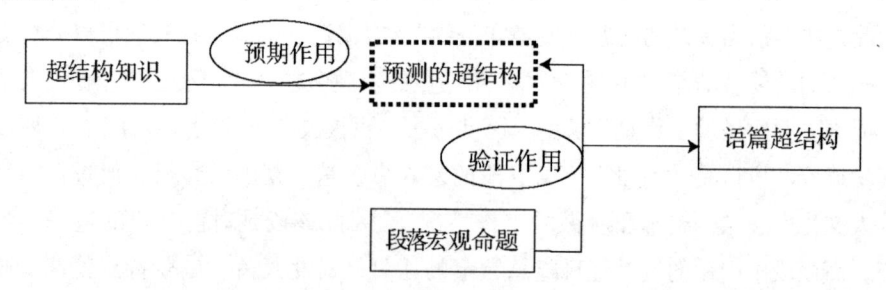

三、交叉进行的宏观结构与超结构构建过程

以上我们分别分析了宏观结构和超结构的构建过程,其实在实际阅读中这两个过程是交叉进行的,并不是构建完宏观结构再构建超结构。一般情况下,读者先识别出标题(S)[①],才能确定语篇主题(M),然后根据主题再确定导语(S),因为导语是对主题的进一步解释。整个语篇除了导语之外剩下部分就是情景和评价,区分它们还需要细读具体内容,而且不论是情景还是评价都是对语篇主题的详细阐述,因此可以先不分。这时我们可以根据关键词或通过快速浏览确定除导语之外的这部分又可分为几大部分,而这几大部分分别阐述了主题

[①] 由于宏观结构和超结构的构建过程交叉进行,因此在阐述此过程时宏观结构的组成部分和超结构的功能范畴交叉出现,为了区分它们我们用M标记宏观结构的组成部分,用S标记超结构的功能范畴。

<<< 第四章　德语新闻报道语篇宏观连贯的认知研究

的一个要点，或者说分主题，也是整个新闻事件的分事件，这样我们又得到了语篇的次高级宏观结构（M），之后我们只能运用宏观规则从微观结构中得到每段的宏观命题，即最低级宏观结构（M），再根据每段的宏观命题分析出每段的功能范畴，这时我们不但能够判断出情景的次范畴（S），如主要事件、后果、背景等，还能判断出评价这一范畴，从而构建出语篇的超结构。整个过程如下图所示①：

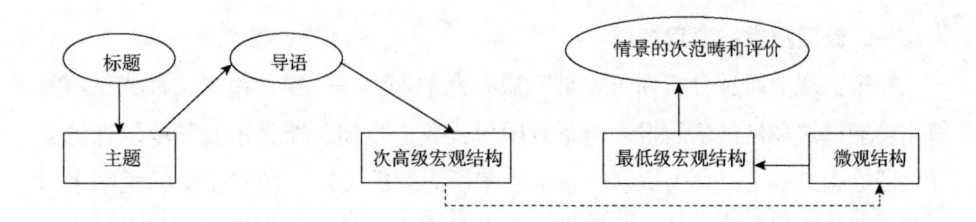

```
   标题 ──→ 导语                        情景的次范畴和评价
    │                                          ↑
    ↓                                          │
   主题         次高级宏观结构      最低级宏观结构 ← 微观结构
                      ┄┄┄┄┄┄┄┄┄┄→
```

（说明：上图中的实箭头表示所标识的两部分之间存在直接的关系，虚箭头只表示所标识的两部分发生的先后顺序，而二者之间并不存在直接的关系。）

　　需要说明的是，以上构建宏观结构和超结构的过程是一种简化的、理想化了的过程。之所以说是简化的过程，因为有些影响此过程的因素没有被考虑进去，如与新闻事件相关的背景知识、之前相关报道等。而且本过程没有体现出读者根据超结构知识预测导语以及情景的次范畴和评价的过程，主要因为预测过程并没有起到决定性的作用，而主题和最低级宏观结构即每段宏观命题才是根本依据。之所以说是理想化的过程，是因为此过程是根据本书所阐述的相关理论构建宏观结构和超结构的较为合理的过程，其实这一过程的构建也因人而异，如果读者根据其他理论掌握了其他的阅读方法，或者具有自己的阅读习惯，或者具有自己的阅读目的，那么他们构建宏观结构和超结构的过程可能不会与上面的过程完全一致。本书之所以构建出这样一个理想化的模型主要原因有两个：（1）使宏观结构和超结构之间的关系更加清楚明了了；（2）突出宏观语义结构和超结构这两种语篇宏观结构以及语篇宏观连贯在新闻报道阅读理解过程中

---

① 为了区分超结构和宏观结构，用椭圆形代表超结构范畴，用长方形代表宏观结构组成部分。

的作用。

第三节　德语新闻报道语篇宏观连贯构建的第三层次——语篇意图

一、新闻报道的语篇意图

在第二章中通过分析斯贝尔波和威尔森的明示——推理模式、布林克尔的篇章功能模式和吕格尔的报刊篇章意图模式我们得知，斯贝尔波和威尔森的交际意图概念是一个广义的概念，布林克尔所研究的交际意图只是交际意图中的一种，即体现篇章功能的交际意图，与布林克尔的篇章功能模式相似，吕格尔研究的重点是社会规约所决定的意图，是人们约定俗成的意图，是划分篇章类型的标准。

然而，布林克尔和吕格尔所研究的可以用来给语篇分类的语篇意图既然是社会规约所决定的，因此是不同接受群体都能识别的意图，是最容易识别出的语篇意图。我们要想全面、彻底地理解某一语篇只知道其基本意图是不够的，还必须了解其更深层次的意图，或者说语篇生产者的"真正的意图"或"隐蔽的意图"。只有领会了语篇生产者的这一意图，才能更深刻地理解语篇主题，才能在宏观层面上对整个语篇有更透彻的理解，把握住整个语篇的主旨，这也是语篇理解的最高境界，因此领会这一意图是构建最高层次语篇宏观连贯的关键。

根据吕格尔的报刊篇章意图模式，新闻报道应该是强调信息类语篇，因此，该类语篇的基本意图应该是"传递有关事实的信息"。事实上，如果语篇接受者只知道这一意图并不代表他真正地领会了语篇生产者生产这一报道的真正意图，也不能证明他真正地理解了这一报道。语篇的"更深层次的意图"和"隐蔽的意图"才是把握语篇主旨和构建语篇宏观连贯的关键所在。那么新闻报道的更深层次意图又是什么呢？

关于新闻信息的一些研究表明，新闻报道不只告知新闻事件，它的陈述均有倾向性，新闻背后还有要表达的信息，这便是新闻报道的"潜信息"。事实上，一篇优秀的新闻报道应该含有丰富的潜信息，不只要反映动态，更要善于抓问题，要善于在问题报道中显示出倾向性。如果仅仅停留在反映动态上，就等于把揭示的力度和表现的厚度及群众的关注度舍弃了，把自己的功能削弱了。新闻报道在反映问题时，时刻不能忘记新闻的引导作用，因此，要把反映问题和找出解决问题的办法结合起来，体现出倾向性。[1] 新闻报道的倾向性能够反映出作者的写作意图，因此要想领会一篇新闻报道的真正意图，必须首先识解其中的含有作者倾向性的潜信息。

古代学者王夫之在《周易外传·易系辞下传》中指出，凡文章均有"言""象""意""道"几层意思。按照系统的观点，新闻作品是一个多层次的传输系统，新闻信息在新闻作品的传输系统中也有"言""象""意""道"4个基本层次。喻国明对新闻作品的"言""象""意""道"几个概念发表过自己的见解："言"指新闻语言；"象"指新闻事实；"意"指传播主体对新闻事实的看法或倾向性；"道"指新闻作品所揭示的客观规律和所反映的传播主体的世界观。[2]

一篇新闻作品的信息量是否大，就看它在"言""象""意""道"4个层次上是否层层丰满。有的新闻作品信息量较小，就因为它仅仅是"告之以事"，未能"晓之以理""动之以情"；用层次分析法来解释，它仅仅停留在"言""象"两个层次上，而在"意""道"两个层次上出现了信息闲置的现象。当然，对新闻作品进行信息分析，既有客观标准，也有主观因素；分析者的接受需要、文化程度、心理状态、思想观念、审美情趣不一定相同，因而对新闻作品分析的结论也会不尽相同。

上文所说的"意""道"两个层次上的信息其实就是潜在的信息。所谓潜在信息，是指蕴含于新闻事实之中，对受众起情感作用、表现某种事理或倾向性的信息。潜在信息，简称潜信息。美国学者赫伯特·甘斯（Herbert J. Gans）在《确立新闻的决定因素》（*Deciding What's News*）的著作中专门论述过"新闻背后的信息"，他写道："新闻报道不只要公断现实的事件，还要有价值标准。

---

[1] 参见廖永亮：《消息写作创新》，新华出版社2004年版，第251页。
[2] 参见李元授、白丁：《新闻语言学》，新华出版社2001年版，第362页。

它的陈述均有倾向性。这样，就使人们有可能从新闻背后看出一幅它所要显示的国家的社会面貌的图画。""我发现新闻背后还有要表达的信息。"①"新闻背后"的这种潜信息是蕴含于新闻事实的选择、叙述和编排之中的某种事理、情感或倾向性。我们分析新闻作品信息量，不仅要重视叙事部分"告之以事"的信息，还要重视在此基础上"晓之以理""动之以情"的潜信息。

那么如何识解新闻报道的语篇意图呢？根据斯贝尔波和威尔森以及布林克尔的观点，语言表述对语篇意图具有明示作用，即根据一些语言手段可以推导出语篇意图。布林克尔曾指出，语篇接受者是否能够判断出隐蔽的意图要依赖于语篇中是否具有相关的指示手段，与类似语篇的比较能否提供相应的支持，以及语篇接受者是否掌握关于生产者或所描述事实的额外信息。"与类似语篇的比较"以及"掌握关于生产者或所描述事实的额外信息"对于多数读者来说是过高的要求，由于时间限制，不是每个读者都有时间去阅读类似的文章，由于文化水平以及兴趣爱好的不同，不是每个读者都能掌握关于生产者或所描述事实的额外信息。因此，根据语篇中的指示手段来判断语篇意图是最直接、最行之有效的方法。

二、德语新闻报道语篇意图的指示手段

既然根据语篇中的指示手段我们可以识解出新闻报道的语篇意图，那么现在的关键问题是标记语篇意图的指示手段有哪些，如果我们找出其中的规律，就会大大提高识解语篇意图的效率。由于不同的作者、不同的新闻媒体表达语篇意图的方式和习惯也不尽相同，因此本书只介绍几种最常见的语篇意图指示手段。

（一）新闻报道的"评价"范畴

根据梵·迪克的新闻报道超结构，新闻报道的"评价"范畴包括"口头反应"和"结论"两个次范畴，而"结论"又是由"预测"和"评价"组成的。"口头反应"是邀请重要的参与人或显要的政治人物发表的评论；"预测"阐述新闻事件可能产生的政治后果或其他方面的后果，甚至预测将来可能发生的事

---

① 转引自李元授、白丁：《新闻语言学》，新华出版社2001年版，第364页。

情;"评价"是对所报道的新闻事件的价值或意义做出评价。总之,"口头反应"是作者借别人之口发表自己的看法,"评价"直接或间接地表明作者的观点,而"预测"中也常常隐藏着作者的观点,因此,"评价"① 是新闻报道超结构中最能体现作者写作意图的范畴,也是读者识解语篇意图最有力的依据。接下来我们通过几个具体的例子来说明根据"评价"范畴识解语篇意图的过程。

"口头反应"是重要的参与人或显要的政治人物发表的评论。作者想通过这种方式表现出评论的客观性,但事实上,选择什么人做评论者和引用他们的哪些话都不一定是客观的,在一定程度上能够暗示出作者的观点。例如:

(1) Kritisch äußerte sich Leienbach über die Pläne der schwarz-gelben Koalition, die gesetzliche Krankenversicherung über Pauschalbeträge zu finanzieren, die für alle Versicherten gleich sind:„ Eine subventionierte Kopfpauschale wäre eine ernste Konkurrenz für uns. " Der Staat solle die gesetzlichen Kassen nicht weiter mit Steuergeld unterstützen. Privatversicherte seien benachteiligt, weil sie zahlen müssten aber nicht profitierten. (Regierung soll Privatkassen beim Sparen helfen)

这一段位于"Regierung soll Privatkassen beim Sparen helfen"这篇新闻报道结尾处,其中大部分是引自德国私人医疗保险协会主席所说的话,他批评联合执政党通过所有投保者缴纳的总税款资助法定医疗保险公司的计划,认为"国家不应该继续用税款资助法定医疗保险公司。否则私人投保者就会吃亏,因为他们必须纳税,却不能从中获利"。其实这一段的内容与之前的大部分内容"该协会主席要求私人医疗保险公司也可以与医生、医院或者药品生产商进行服务数量、价格和质量方面的协商"联系并不大,作者之所以选取这段,是因为它包含了该新闻事件重要参与人对国家相关政策的评论,而且这一评论以非常有力的证据——国家用税款资助法定医疗保险公司揭露了国家"偏爱"法定医疗保险公司的事实,从而同时对这一段之前的内容也做了评论:国家不允许私人医疗保险公司与医生、医院或者药品生产商进行服务数量、价格和质量方面的协商,而法定医疗保险公司却可以,这是不公平的。作者有意在新闻报道的最后一段安排这样尖锐的"口头反应",就是想借德国私人医疗保险协会主席之口

---

① 这里的"评价"指的是包括"口头反应"和"结论"两个次范畴的总范畴。

表达出自己的倾向性，表达出自己写作这篇新闻报道的真正意图。而读者只有识解了这一意图，才能真正地把握语篇的主旨，对语篇主题有更深刻的认识，才能构建起最高层次的语篇宏观连贯。

（2）…Auch Umweltminister Norbert Röttgen war enttäuscht. „ Viel weniger als gedacht", meinte der CDU-Politiker lakonisch. Umweltschützer und Verbände waren weniger zurückhaltend: Sie sprachen schlicht von einem Scheitern der Konfe-renz.

Das wollte die Bundeskanzlerin so dann doch nicht stehen lassen. Kopenhagen sei „ ein erster Schritt hin zu einer neuen Weltklimaordnung, nicht mehr, aber auch nicht weniger", sagte sie tags darauf der „ Bild am Sonntag". „ Wer Kopenhagen jetzt nur schlechtredet, beteiligt sich am Geschäft derer, die bremsen statt voranzuge-hen. "（Kater nach Kopenhagen）

该例节选的是位于"Kater nach Kopenhagen"这篇新闻报道结尾处的两个重要政治人物——德国环境部长和德国总理及一些组织对"哥本哈根世界气候大会"的口头评论。德国环境部长"很失望"，认为"这次会议取得的成果比想象的少得多"；一些环境保护者和协会批评得更直接，认为"大会彻底失败了"；而德国总理则认为"哥本哈根大会是迈向世界气候新秩序的第一步，不多也不少"，"谁现在说哥本哈根大会的坏话，谁就是那些想止步不前的人的同伙"。总之，前两种看法认为这次会议取得的成果很少，而默克尔认为成果虽少，但迈出了重要的一步，应该充满希望，而不是盲目的批评。作者引用这两种看法并不是随意的，而是有目的的，他是想借别人之口表明自己的观点。首先，他同样认为哥本哈根大会取得的成果实在是太少了，这一观点其实还可以通过语篇中其他的指示手段看出来，如一些词汇和背景知识的运用；其次，他也赞成默克尔的观点，认为成果虽少，但还是有进步的，因此不应该灰心丧气，这也体现出这篇新闻报道的引导作用，它不仅反映出问题，而且还找出了解决问题的办法。因此，这篇新闻报道的语篇意图便是：这次世界气候大会虽没有取得很大的成果，但我们不应该绝望，而是要朝着目标继续努力。

以上两例表明："口头反应"中常常隐藏着作者的语篇意图。除此之外，"评价"（次范畴）也是重要的语篇意图指示手段。但是，所选的几篇例文都不含有直接的评价，这也反映出大多数新闻报道的共同特点，因为直接的评价毕竟违背了新闻事实不能与观点混淆的新闻职业道德。然而间接的评价在新闻报道中却屡见不鲜，例如：

（3）Die Zahlen für die jeweilige Bevölkerungsgruppe in beiden Ländern variieren stark. Die Zahl der Deutschen in Polen wird auf höchstens 300 000 geschätzt. In Deutschland gibt es „1, 5 bis 2 Millionen Polnischsprachige, die eine der größten Bevölkerungsgruppen mit Migrationshintergrund bilden". So heißt es in der Studie „Zwischen zwei Welten", die soeben vom Institut für Auslandsbeziehungen in Stuttgart veröffentlicht wurde. Darin wird empfohlen, die „Ausbildung von Jugendlichem mit polnischem Migrationshintergrund" stärker zu fördern. （Polen fordern mehr Rechte in Deutschland）

此例是"Polen fordern mehr Rechte in Deutschland"一文的最后一段，这一段与之前的段落联系并不大。之前主要内容是：波兰要求审核睦邻条约，要求享有少数民族地位。而这最后一段突然引用了一项由外国关系研究所刚刚公布的研究结果："在波德国人数量远远低于在德波兰人数量，波兰人是德国最大的移民群体之一，因此要加大对波兰青年移民教育支持的力度"。因此，这最后一段似乎是后加的额外信息，无足轻重，但事实上却是画龙点睛之笔。它隐藏着作者对此新闻事件的观点，即应该加大对波兰青年移民教育支持的力度，为此应该核实德波睦邻条约条款的实施情况，从而加大对在德波兰人文化和语言方面的支持力度，所以是作者对此新闻事件的间接评价。作者的这一观点便是此新闻报道写作的真正意图。

在上一例中，由于研究结果中所包含的建议本身已经带有评论的性质了，所以该间接评价还是比较容易识别出来的。但有的间接评价隐蔽性很强，看上去只是有关事实的客观报道，不含有任何的倾向性，例如：

（4）Die Mehrheit der Bundesbürger sieht das ähnlich. In einer Emnid-Umfrage für „Bild am Sonntag" sagten 76 Prozent der repräsentativ Befragten, in der Informationspolitik Guttenbergs nach dem Fall Kundus könnten sie keinen Grund für einen Rücktritt des Ministers erkennen. Nur 17 Prozent sehen das anders. Selbst 70 Prozent der Linkspartei- und SPD-Wähler sind dagegen, dass Guttenberg zurücktritt. 53 Prozent der Deutschen trauen ihm sogar das Potenzial zu, eines Tages Bundeskanzler zu werden.

在该例中，作者看似只是客观地反映了"大多数德国公民"的看法——德国国防部长不应该下台，并且援引一项问卷调查的数据作为证明，但事实上，他选取这样一个倾向于支持德国国防部长的问卷调查这一行为本身是带有主观性的，他是想让这一调查结果服务于自己的观点，因此，这一调查结果不仅反映出大多数德国公民的看法，也代表了作者的观点。作者对此新闻事件的评价就是这样被间接地表达出来了。

（二）新闻报道的"背景"范畴

新闻报道的"评价"范畴虽然常常是间接地表达出作者的倾向性，但是与其他指示手段相比已经是能够最直接、最集中地反映语篇意图的指示手段了。"背景"范畴就是一种更加隐蔽的语篇意图指示手段。

背景运用到新闻报道中，要起到一定的作用，否则，无胜于有。对于同一个主体事实，置于不同的背景前，则传达的意义会不同。廖永亮在《消息写作创新》一书中将背景的作用概括为：①烘云托月，突出主题；②说古论今，达事明理；③旁征博引，增添意趣；④信手拈来，表明观点。在说明背景的第四个作用时他援引了新华社高级编辑黎信研究西方的新闻写作后提出的观点："新闻背景被用来表达记者的观点，几乎成了西方记者共同遵守的写作准则。"[①]

那么新闻背景为什么能够表达出记者的观点呢？原因就在于，虽然背景所描述的事实是客观的，但是作者选择什么样的背景来说明新闻事实却是主观的，也就是说，客观的背景事实与客观的新闻事实放在一起产生的效果不一定是客观的，有可能表达出作者的观点。例如：

（1）…Mit Zweidrittelmehrheit hat sich die SPD, die den Afghanistaneinsatz vor acht Jahren als Regierungspartei zusammen mit den Grünen begründete, damit nach wenigen Wochen in der Opposition von der Tradition verabschiedet, dass neue Mandate über Parteigrenzen hinweg gemeinsam diskutiert und beschlossen werden. (SPD kündigt Kurswechsel in Afghanistan an)

此段的主要内容是："8 年前作为执政党和绿党一起创建阿富汗驻军的德国

[①] 廖永亮：《消息写作创新》，新华出版社 2004 年版，第 143~145 页。

社民党以三分之二多数的表决结果在成为反对党几周之后就告别了超越政党界限共同讨论和决定新的派军委托事项的传统"。在这一段中，作者提供给我们两个背景信息，一个是以定语从句的形式出现的"8年前作为执政党和绿党一起创建阿富汗驻军的德国社民党"，另一个是以时间状语的形式出现的"在成为反对党几周之后"。这两个事实虽然是客观存在的，但是作者偏偏把它们用作背景来说明"社民党不愿与其他政党一起商量有关往阿富汗增派驻军的事情"这一事实，其目的不言而喻，就是想讽刺社民党执政与不执政时完全不同的做事风格，讽刺它逃避责任。因此，作者通过运用这些背景信息表达出了自己的倾向性，即站在执政党一边，这与此篇新闻报道最后一段"间接评价"表现出来的作者观点——支持德国国防部长是一致的。

正如上例中的新闻背景一样，许多背景都是以定语的形式出现的，好像是作者信手拈来，不经意间提供给读者的，但事实上却有很强的目的性。例如：

(2) Es war der Morgen danach. Spät in der Nacht hatte US-Präsident Barack Obama noch einen „ unerwarteten Durchbruch " bei der Weltklimakonferenz von Kopenhagen verkündet. Eine Gruppe <u>von etwa 30 Staatenlenkern aus aller Welt</u> hatte in mühsamer Kleinarbeit einen Kompromiss erarbeitet. Für einen Moment schien es, als gäbe es doch ein achtbares Ergebnis dieser gigantischen Veranstaltung, <u>zu der rund 45000 Menschen angereist waren</u>. Doch der Optimismus währte nicht lange. Offen sprach Bundeskanzlerin Angela Merkel gegen Mitternacht von „ gemischten Gefühlen " und ließ durchblicken, dass sie dem „ Copenhagen Accord ", wie die Abschlusserklärung offiziell heißt, nur zugestimmt habe, um die Konferenz vor dem völligen Scheitern zu bewahren. Auch Obama wertete den <u>Drei-Seiten-Text</u> als unzureichend. Zu diesem Zeitpunkt wussten beide aber noch nicht, dass die Mammutveranstaltung noch weiter ins Unverbindliche abrutschen würde.（Kater nach Kopenhagen）

在该例中，"由来自全世界大约30个国家领导人组成的小组"中的背景信息"由来自全世界的大约30个国家领导人组成的"便是以介词短语作后置定语形式出现的，而"这个大约有45000人参加的巨大活动好像暂时有了一个令人重视的结果"的背景信息"大约有45000人参加的"是以定语从句的形式出现的。其实这两个由数字组成的背景信息可有可无，因为其他信息已经能够说明

205

问题了,如"巨大活动"已经能够说明参加此活动的人数很多,因此作者加上这一信息必然有其原因:第一,作者想通过确切数字所隐含的精确性来暗示其真实性,这也是新闻话语中充斥着各种数字的原因之一;第二,作者想通过数字来突出强调这次世界气候大会参加人数之多,而突出其规模之大是为了与其成果之小——"三页声明"(Drei-Seiten-Text)形成鲜明的对比,从而讽刺了此次世界气候大会取得的成果太小了。由此可见,以上的背景信息其实是服务于作者观点的表达的。

以上两例中的背景表达出来的是作者对整个新闻事件的态度和观点,因此,读者根据它们能够识解出整个语篇意图,而有时候作者只是想通过背景表达自己对新闻事件中某一细节的看法,而这一看法可能不会代表作者对整个事件的倾向性,不会反映出整个语篇意图,甚至与其不符。在这种情况下,我们需要分清主次,例如:

(3) …Im polnischen Parlament wurde die Lage der Polen in Deutschland in den letzten Jahren immer wieder thematisiert, vom Außenministerium jedoch auf kleiner Flamme gehalten. Jetzt hat erstmals Sikorski das Thema angesprochen. „Entscheidend ist, dass der Vertrag erfüllt wird", heißt es dazu in seinem Ministerium. Offenbar will man vor dem Wahlkampfjahr 2010 verhindern, dass allein die Kaczynski-Zwillinge dieses Thema besetzen. (Polen fordern mehr Rechte in Deutschland)

在此例中,作者用"近些年来在德波兰人的境况一再成为波兰议会谈论的话题,而波兰外交部对此却采取不冷不热的态度"作为背景来说明新闻事件——"现在波兰外交部长斯科尔斯基(Sikorski)第一次谈到此话题。波兰外交部认为,'关键是要履行协议'"。这样做为的是突出波兰外交部对"在德波兰人境况"这一问题的态度变化之大,暗示它这样做必有目的。而最后一句"显而易见,人们在2010大选年之前不想只让卡钦斯基(Kaczynski)双胞胎兄弟占有此话题"说明外交部长现在谈论此话题是为自己赢得选票,正好验证了背景的作用。总而言之,在该例中作者通过背景来揭露波兰外交部部长现在关注"在德波兰人境况"这一话题是出于私人原因,为了达到个人目的,并不是真正关心在德波兰人的境况,因此,作者通过背景信息表达了自己对波兰外交部长这一行为动机的不满,但是并没有否定其行为本身,即其对在德波兰人境况的关注。也就是说，作者是赞成改善在德波兰人状况的，这也是最后一段的间接评价所表达出的整个语篇意图。由此可见，此处背景所表现出来的作者对波兰外交部长的一点点不满，并不代表作者对其完全否定，并不会改变作者支持波兰所提出的要求的倾向性，从而也不会改变整个语篇的意图。读者在识解语篇意图时一定要分清主次，次要的态度要服从于主要的观点，这样才能把握住整个语篇的真正意图。

（三）词汇层面的指示手段

除了"评价"和"背景"这些"大"的语篇意图指示手段之外，还有一些不太引人注意的"小"信号同样能够体现出作者的倾向性，这便是词汇层面的指示手段。也就是说，作者有时只通过一个词便可表达出自己对某一新闻事件的态度，而这些词中有的是通过本身带有的感情色彩来表达作者的态度，有的是处于一定的语境中才能表达出作者的倾向性。例如：

（1）…Mit Zweidrittelmehrheit hat sich die SPD, die den Afghanistaneinsatz vor acht Jahren als Regierungspartei zusammen mit den Grünen begründete, damit nach wenigen Wochen in der Opposition von der Tradition verabschiedet, dass neue Mandate über Parteigrenzen hinweg gemeinsam diskutiert und beschlossen werden. (SPD kündigt Kurswechsel in Afghanistan an)

Tradition（传统）一词为褒义词，一般指的是好习惯，而作者此例中说"德国社民党告别了超越政党界限共同讨论和决定新的派军委托事项的传统"，其实就是在暗示读者"超越政党界限共同讨论和决定新的派军委托事项"是好事，是正确的，而德国社民党抛弃了这一传统是错误的。因此，Tradition（传统）一词虽小，却能体现出作者的态度，这与之前我们已经分析过的此段中背景信息所表现出来的作者态度是一致的。

上一例中的Tradition（传统）一词是褒义词褒用，而下一例中的几个褒义词在其语境中却是褒义词贬用。

（2）Es war der Morgen danach. Spät in der Nacht hatte US-Präsident Barack Obama noch einen „unerwarteten Durchbruch" bei der Weltklimakonferenz von Kopenhagen verkündet. Eine Gruppe von etwa 30 Staatenlenkern aus aller Welt hatte in mühsamer Kleinarbeit einen Kompromiss erarbeitet. Für einen Moment schien es, als gäbe es doch ein achtbares Ergebnis dieser gigantischen Veranstaltung, zu der rund 45000 Menschen angereist waren. Doch der Optimismus währte nicht lange. Offen sprach Bundeskanzlerin Angela Merkel gegen Mitternacht von „gemischten Gefühlen" und ließ durchblicken, dass sie dem „Copenhagen Accord", wie die Abschlusserklärung offiziell heißt, nur zugestimmt habe, um die Konferenz vor dem völligen Scheitern zu bewahren. Auch Obama wertete den Drei-Seiten-Text als unzureichend. Zu diesem Zeitpunkt wussten beide aber noch nicht, dass die Mammutveranstaltung noch weiter ins Unverbindliche abrutschen würde. (Kater nach Kopenhagen)

该例中的形容词 achtbar（令人重视的）和 gigantisch（巨大的）以及名词 Mammutveranstaltung（大型活动）一般都用作褒义词，但是在"此次大型活动取得了很小的成果"这一语境里却含有了讽刺的意味。而 unerwarteten Durchbruch（出乎意料的突破）是作者引用美国总统奥巴马的原话，因此用了引号，而作者偏偏引用他使用的这一褒义名词也是为了讽刺此次大会取得的成果根本不是突破性的，而是小得可怜。

以上是几种常见的语篇意图指示手段，读者可以根据它们推导出作者对新闻事件的观点，从而识解出作者写作的真正意图。但是这一意图毕竟是隐蔽的意图，对其推导的过程必然带有一定的主观性。要想降低其主观性，提高判断的准确率，读者应该掌握尽可能多的语篇意图指示手段。除此之外，新闻事件的背景知识、刊发该新闻报道的媒体的倾向性甚至是该新闻报道作者一贯的倾向性也是判断语篇意图的重要依据。然而，这些知识一般只有文化层次较高的读者才能掌握，而大多数普通读者平时一般不会注意这方面知识的积累，因此，他们判断语篇意图的主要依据还是以上我们列举的几种语篇内的指示手段。

第四节　本章小结

本章主要依据第二章的理论框架并结合德语新闻报道的特征解析了德语新闻报道语篇宏观连贯构建的三个层次：宏观结构、超结构和语篇意图。由于新闻报道类语篇的主题结构具有如下特征——标题揭示主题、导语进一步解释主题、正文详细阐述主题,因此,如果读者通过大量的阅读已经掌握了这一特征,便可以根据标题和导语获得语篇的主题,即语篇的最高级宏观结构以及语篇的次高级宏观结构,而最低级宏观结构只能通过宏观规则从命题序列中概括出来。由此可见,新闻报道的主题结构特征影响了语篇宏观结构构建的一般过程,使其不再是简单地从微观结构到宏观结构直到语篇主题的单向过程,而是双向过程,即先从宏观到微观方向,然后再从微观到宏观方向。正如新闻报道主题结构特征会影响宏观结构的构建过程,读者已具备的新闻报道的超结构知识也会参与超结构的构建过程,帮助读者预期超结构功能范畴在语篇中的位置,但是预期的结果需要通过总结语篇各部分的宏观命题,进而概括出各部分的语义交际功能来得以验证。通过分析宏观结构和超结构的构建过程我们还发现,这两个过程在实际阅读中其实是交叉进行的。新闻报道的任务不只是反映问题,还要找出解决问题的办法,即具有引导作用,因此,新闻报道应该具有一定的倾向性,而这一倾向性才是作者写作的真正意图。但是,作者的倾向性常常是隐蔽的,因为新闻报道应该满足的基本要求是客观地报道新闻事件,因此要想领会一篇新闻报道的真正意图,必须首先识解其中的含有作者倾向性的潜信息。本章最后总结了3种常用的德语新闻报道语篇意图的指示手段以帮助读者识解出新闻报道的语篇意图,真正理解语篇主旨,从而构建最高层次的语篇宏观连贯。

第五章

研究结论与展望

第一节 研究成果

本书旨在从认知的角度深入系统地探讨德语新闻报道的语篇连贯构建过程，从而揭示语篇连贯的本质。通过分析研究各种视角下的连贯理论，本书首先提出了自己对语篇连贯的理解，认为语篇连贯实际上是一个综合了多种因素的复杂的语言认知现象。语篇连贯的构建过程是语篇接受者以语义知识为前提，借助衔接手段以及语境和交际意图等语用知识建立语篇各部分语义联系的认知过程。在这一语篇连贯概念的指导下，本书首先构建了语篇连贯认知研究的理论框架，然后依据这一理论框架分别研究了德语新闻报道的语篇微观连贯和宏观连贯。本书综合运用了认知语言学、语用学、篇章语言学和新闻学的相关理论，是一项多学科结合的研究成果。具体来说，本书的研究成果主要体现在以下4个方面。

第一，本书选取了一个更加贴近实际的认知研究视角。为了真实地反映语篇连贯的构建过程，在构建语篇连贯认知研究的理论框架时我们首先为本书研究的基础"语篇"这一概念选取了一个动态的解释：语篇是人们在社会交往中进行的以语言为中心的符号活动，这个活动首先可以从始发和终结两端下分为生产和接受两种活动，因此，语篇是一种有结构、有意图的语篇生产者编码和语篇接受者解码的创造活动。这一动态的语篇观使得语篇连贯的构建过程也变成了动态的，并且将其放到一个真实的语篇处理过程之中，从而为全面系统地研究语篇连贯构建过程奠定了基础。根据动态的语篇观，语篇本身并不是连贯的，语篇生产者将语篇的相关性构筑进语篇的结构中去，而语篇接受者只有重新构建这一相关性才能获得语篇的连贯性，从而真正理解语篇。因此，语篇连贯的构建过程其实是语篇接受者处理语篇信息的认知心理过程。为了尽可能如实地解析这一认知心理过程，我们必须为其选择一个能够比较真实地再现语篇信息处理过程的认知理论依据（由于各方面条件的限制，应该说没有一种理论能够完全真实地再现这一过程），循环加工理论便是最佳选择，它不仅满足了上面的条件，而且重点研究了语篇连贯问题。总而言之，本书在动态语篇观和循环加工理论这两个大的理论背景下构建的语篇连贯认知研究的理论框架更加贴近实际，能够更加真实地再现语篇连贯的构建过程，从而能够更好地解决语篇接受者在构建语篇连贯过程中遇到的问题。

第二，本书在语篇微观连贯研究方面取得了一定的成果。

（1）本书根据循环加工理论分析了语篇微观连贯构建的心理过程，从而揭示了语篇微观连贯构建的关键是建立命题之间的语义联系，而命题之间语义联系的本质是其所表达的事实之间的相互联系。此外，本书在梵·迪克以及林科等人的相关理论基础之上总结出命题所描述的事实之间的4种关系：并列关系、时间关系、因果关系以及逻辑—概念关系。这一分类为从认知角度研究命题之间的语义联系奠定了基础，为语篇连贯的认知研究提供了很好的切入点。

（2）本书依据韩礼德和哈森的衔接理论分析了德语语篇中的衔接现象。韩礼德和哈森的衔接理论比较全面地阐释了英语中的衔接现象并对各种衔接手段进行了系统的分类，虽然他们研究的对象是英语，但是对于德语中衔接现象的系统研究同样具有启发作用，本书便是依据该理论对德语中衔接现象进行全面系统阐释的一次崭新尝试。除了分析德语语篇中各种衔接手段的语言表现形式和基本特征之外，本书还解析了"连接"这一衔接手段所体现的逻辑关系与4种事实之间关系的内在联系——后者是前者的本质，前者是后者的具体语言表达，从而揭示了"连接"这一衔接手段在语篇微观构建中的标记作用。

此外，本书还从认知语用的角度阐释了衔接现象的本质。衔接是语篇生产者在生成连贯语篇时有意或无意留下的接结，它虽然不是连贯的充分条件，但是它可以充当语篇接受者构建语篇连贯时的认知引导，减轻处理语篇的负担，减少误解的可能性。不同的衔接手段在语篇微观连贯构建中的认知引导作用大小是不同的，有的衔接手段标记的是命题成分之间的联系，有的标记的是命题成分与整个命题之间的联系，还有的标记的是两个整命题之间的联系。由于构建语篇微观连贯就是建立整个命题之间的语义联系，因此标记两个整命题之间联系的"连接"这一衔接手段的认知引导作用最大。

（3）通过分析语篇微观连贯构建的心理过程我们还可以发现，框架知识和预设信息这两种隐性信息在语篇微观连贯构建中发挥着重要的作用。虽然梵·迪克已经意识到它们在语篇微观连贯构建中的重要性，但是并未对此进行系统的论证。本书在其启发之下，尝试借鉴其他相关理论来对此进行详细的阐释。在框架理论的指导下本书总结出框架知识在语篇微观连贯构建中的5种作用：填补语篇信息空缺、确定代词所指、解释无直接着落定冠词、确定动名词短语中的逻辑关系和预期作用。应该说，这一研究是将框架理论运用于分析德语语篇连贯现象的一次崭新尝试。

预设本来是语用学的一个重要术语，但事实上只有从认知的角度才能解释预设产生的根本原因，同样预设信息在语篇微观连贯构建中的作用也只有从认知角度才能得到圆满的解释。本书通过从认知的角度定义预设，不仅揭示了预设的本质，而且还揭示了语用预设与语义预设的共同点和不同点：语用预设和语义预设的推导过程都是通过预设触发语激活一定知识和经验的认知过程，只不过所激活的知识性质不同。语用预设是预设触发语所激活的世界知识或者百科知识，这种知识关系到与预设触发语所描述的事实相关的一些事实情况，因此是一种语外知识。语义预设是与预设触发语的意义本身联系紧密的知识，即仅从预设触发语的语义就能推导出来的知识，因此是一种语内知识。应该说，从知识性质的角度区分语用预设与语义预设是一个崭新的视角。这种区分的优点就在于它的直观性与实用性，因为它可以很直观地指导两种预设的实际推导过程。语言的经济性使得语言形式往往传递了比其本身要多得多的信息，也就是说，有些信息是没有被明确表达出来的隐性信息。而图形—背景理论可以解释为什么有些信息是显性的，有些信息却是隐性的。以上便是对预设产生原因的认知阐释。根据这样的阐释，我们发现由于预设是一种被语篇生产者隐藏起来的信息，预设的产生意味着语篇中信息空缺的产生，语篇接受者只有推导出语篇中的预设才能填补信息空缺,从而建立起命题之间的语义联系,因此,填补语篇中的信息空缺便是预设信息在语篇微观连贯构建中的作用。此外,通过对预设的认知阐释我们还发现了框架知识与语用预设的共同点和不同点:两者都是语篇中没有明确表达出来的,但却是正确理解语篇的知识前提;所不同的是,框架知识是一种更加常规化、更具普遍性的知识,而"语用预设"是语篇理解所需的世界知识或百科知识,因此是包括"框架知识"在内的、涉及范围更广的知识。通过这一区分我们更深刻地了解了这两种隐性信息的内在联系,从而能够有意识地激活合适的知识来获取隐性信息,建立起命题之间的语义联系。

(4)本书还探讨了两种宏观结构,即宏观语义结构(宏观结构)和宏观形式结构(超结构)在语篇微观连贯构建中的作用。它们的作用原理基本相同,即都为与之相对应的命题序列提供了相关点,从而有助于语篇接受者建立起命题之间的联系。只不过这两种相关点的性质不同,宏观语义结构提供的是语义方面的相关点,即主题,而超结构的功能范畴提供的是语义交际功能方面的相关点,因此,根据命题序列共有的语义交际功能建立起来的命题之间的联系要比根据命题序列共有的主题建立起来的联系更加抽象,是一种更深层次的联系。

第三,在分析语篇宏观连贯的构建时,本书继承并发展了梵·迪克的宏观结构理论,认为构建了语篇的宏观结构只意味着构建了语篇宏观连贯的最低层次,而语篇超结构和语篇意图构建的是更深层次的语篇宏观连贯。此外,本书还分析了这3个层次的语篇宏观连贯是如何构建的:宏观结构主要通过运用宏观规则而获得,超结构的功能范畴则是根据宏观命题抽象概括出来的,而语篇意图要根据语篇内的指示手段来识解。

第四,本书在德语新闻报道语篇连贯研究方面也取得了不少研究成果。

(1)在探讨德语新闻报道语篇微观连贯的构建时,本书分析研究了德语新闻报道中衔接手段的使用特点,并结合新闻报道的语体特征从认知语用的角度阐释了这些特点存在的原因及其对于语篇微观连贯构建的影响。德语新闻报道常常通过"连接"这一衔接手段标记命题之间的语义联系,但是,并列关系、因果关系和时间关系有时却无连接成分标记。本书尝试从认知语用的角度阐释这一现象产生的原因:首先,这3种关系是我们阐释事实之间联系的基本模式,因此即使没有连接成分作标记，也比较容易识别出来；其次，新闻报道作者写作时已对读者的认知能力做了预测，认为他们可以根据自己的认知经验识别出这些关系；最后，新闻报道的语言表达特点是精炼，因此如果这些关系很容易识别出，就没有必要再进行标记了。在此基础之上，本书还特别分析了德语新闻报道中无标记的并列关系、因果关系和时间关系的各自特点。例如，无标记的并列关系经常出现在新闻报道的导语部分；无标记的因果关系逻辑性强，因此很容易识别出，但有时易识别的因果关系也通过连接成分标记，其目的是达到强调的效果。读者可以通过4种途径识别出无标记的时间关系：①根据日常经验；②根据动词时态；③根据有些表达的语义预设；④根据时间说明语。此外，本书还以具体的德语新闻报道语篇为例阐释了框架知识和预设信息在德语新闻报道语篇微观连贯构建中的作用。通过分析研究本书发现，在德语新闻报道语篇微观连贯构建中框架知识所发挥的作用与在一般语篇中所发挥的作用没有很大的区别，而预设在德语新闻报道语篇微观连贯构建中的作用却具有自己的特点：首先，新闻报道中的语用预设主要表现为背景知识；其次，德语新闻报道中有些常用的语言表达的语义预设具有标记命题语义联系的作用。

（2）在探讨德语新闻报道语篇宏观连贯的构建时我们发现，此过程与一般语篇宏观连贯的构建过程有所不同，其原因是新闻报道类语篇的语体特征影响了这一过程。首先，新闻报道的主题结构具有一定的特征：标题揭示主题、导语进一步解释主题、正文详细阐述主题。有经验的读者会运用这方面的知识来指导宏观结构的构建，这样一来，此过程不再是简单地从微观结构到宏观结构直到语篇主题的单向过程，而是双向过程，即先从宏观到微观方向，然后再从微观到宏观方向。其次，读者已具备的新闻报道的超结构知识也会参与超结构的构建过程，帮助读者预期超结构功能范畴在语篇中的位置，但是预期的结果需要通过总结语篇各部分的宏观命题，进而概括出各部分的语义交际功能来得以验证。通过分析宏观结构和超结构的构建过程我们还发现，这两个过程在实际阅读过程中其实是交叉进行的。最后，新闻报道作者自己的观点和倾向性的表达也具有一定的规律性。本书总结了3种常用的德语新闻报道语篇意图的指示手段：新闻报道的"评价"范畴；新闻报道的"背景"范畴；词汇层面的指示手段。这些指示手段可以帮助读者识解出新闻报道的语篇意图，真正理解语篇主旨。

第二节 对教学的启示

上一节我们总结概括了本书的主要研究成果,而这些研究成果对于外语阅读教学具有重要的指导意义。由于本书以动态的语篇观为出发点,并且选取了一个比较贴近实际的认知研究视角,能够比较真实地再现语篇连贯的构建过程,揭示语篇连贯的本质,从而可以在一定程度上解决语篇接受者在构建语篇连贯过程中遇到的实际问题,因此,本书的研究成果可以直接用于指导阅读教学。本书研究对阅读教学的启示归纳起来主要有以下3个方面。

(1) 学生通过本研究可以更深刻地了解语篇阅读理解过程:语篇阅读理解的本质是构建语篇连贯,而语篇连贯的构建要在两个层面上进行:微观层面和宏观层面。通过这一解释,学生就会明白,为什么有时每句话都读懂了,却不知道整篇文章在讲什么,为什么有时大概了解了文章的主要内容,但对有些句子仍然不知所云。原来在前一种情况中,虽然构建了语篇微观层面的连贯,却没有构建宏观连贯,而后一种情况则与前一种情况正相反。知道了问题所在,学生才可以对症下药。而且通过让学生知道语篇连贯是一种综合了多种因素的复杂现象,语篇连贯的构建过程是语篇接受者以语义知识为前提,借助衔接手段以及语境和交际意图等语用知识建立语篇各部分语义联系的认知过程,学生就可以有意识地运用语法、语义、语用和认知等多方面知识去解读语篇内容,从而改掉错误的阅读方法。例如,一味地去抠语法,通过简单相加单词的意义来获得句子意义或段落意义,或者只是停留在语句的字面意义上,而不知道考虑相关的语用和认知因素。以上便是本研究对于学生阅读理解过程的整体性的指导作用。除此之外,本书对语篇微观连贯和宏观连贯构建过程以及其中各种要素的具体研究成果也可以帮助学生解决在阅读过程中遇到的一些具体问题。

(2) 本研究成果可以多角度地指导学生在阅读过程中构建语篇的微观连贯。本书对德语中衔接手段进行了系统分类,并且揭示了它们在语篇微观连贯构建中的作用,从而有助于学生全面系统地掌握德语中的各种衔接手段,而且有意识地从语篇中识别出它们,借助它们建立起语句之间的联系。此外,本书还指出,命题相互联系的本质是其所表达的事实之间存在联系,并且总结了4种事实之间的关系。这样一来,即使没有衔接手段作指引,学生也可以根据自己的认知经验来确定事实之间的关系,而不会觉得没有衔接手段标记的句子之间就不存在任何关系,从而影响了语篇微观连贯的构建。

语篇中的信息空缺是学生阅读理解过程中的一个重要障碍,本书为克服这一障碍提供了很好的理论支持。本书不仅从认知的角度阐释填补语篇中信息空缺的两种信息来源——框架知识和预设信息在语篇微观连贯构建中的作用,而且还将它们的作用具体化,如将框架知识在语篇微观连贯构建中的作用的具体表现形式分为5种,这样的具体分类比较直观,便于学生掌握和运用。此外,本书还从认知的角度对预设进行了阐释:语用预设是通过预设触发语激活的世界知识或者百科知识,是一种语外知识;语义预设是仅从预设触发语的语义就能推导出来的知识,因此是一种语内知识。通过这样的阐释,我们还可以发现语用预设与框架知识的关系:框架知识是一种更加常规化、更具普遍性的知识,而"语用预设"是语篇理解所需的世界知识或百科知识,因此是包括"框架知识"在内的、涉及范围更广的知识。这一区分使得框架知识、语用预设、语义预设这3种隐性信息的区别一目了然,从而有助于学生有意识地激活合适的知识来获取隐性信息,建立起命题之间的语义联系。

很多学生在阅读时都有一个不好的习惯,那就是当他们读一段话时就只把视线和思路限制于这一段的具体语句上,而忽略了语篇或段落主题对于具体句子理解的指导作用。根据本研究,出现这一错误的原因是学生还没有意识到宏观结构在语篇微观连贯构建中的作用。如果学生知道,根据语篇或段落主题可以建立起命题之间的语义联系,根据超结构功能范畴可以建立起命题之间的语义交际功能联系,那么他们就会在无法建立语句之间联系时尝试求助于宏观结构和超结构了。

(3)本研究成果可以为学生提供可操作性较强的构建语篇宏观连贯的方法和步骤。

学生常犯的一个错误是只注重语篇细节内容的理解,而不善于总结概括整个语篇的主题思想,这样做的结果是领会不到语篇主旨,对整个语篇的理解不够深入透彻,只是理解了语篇的浅层信息,而没有领会语篇的深层寓意,更不会识解出语篇写作的真正意图。其实,老师常常给学生指出这一错误的阅读方法,而学生也试图去改变,但他们却常常认为,概括语篇的主题或写作意图是一件凭感觉、靠悟性才能做成的事情,似乎并没有具体的章法可循,这也是为什么学生的概括能力总是很难得到提高的重要原因之一。本书在语篇宏观连贯构建方面的研究成果便可以用于指导学生这方面阅读能力的提高,因为本书将语篇宏观连贯的构建过程分为具体3个层次,即宏观结构、超结构和语篇意图,并且详细地分析了宏观结构和超结构的构建过程以及语篇意图的识解方法,这样学生就不会觉得语篇的宏观理解和更深层次的理解是一件不可捉摸、可望而不可即的事情了,学生只要按部就班地构建好这3个层次的语篇连贯就可以逐步深入地理解语篇内容。

此外,从微观结构到宏观结构的转换从某种意义上来说减少了语篇解读的信息负担量。我们在处理语篇信息时,删除了大量的次要信息,仅将注意力放在重点信息的把握上,这大大地减轻了大脑处理信息的负担,从而加快了阅读速度,为更深层次的阅读储备了能量。因此,如果学生掌握了这一语篇信息处理规律,并将其运用于平时的阅读中,有意识地控制自己大脑处理信息的过程,久而久之便会提高阅读的效率。

以上几个方面的启示适用于各种类型的阅读教学。由于本书研究的重点是德语新闻报道语篇连贯问题,因此,本书的研究成果特别适合于指导报刊阅读教学,因为它详细分析了德语新闻报道语篇连贯构建的过程、其中的各种要素及其特点,为学生提高报刊阅读技巧和能力提供了理论依据和方法指导,可以有针对性地解决学生阅读报刊语篇,特别是新闻报道类语篇时遇到的问题。由于上一节已经详细地介绍了本书在德语新闻报道语篇连贯研究方面取得的研究成果,在此就不再赘述。

第三节 展望

本书作为从认知角度研究德语新闻报道语篇连贯问题的一次尝试,虽然取得了一定的成果,但是由于时间和篇幅的限制,还有许多不尽人意的地方,仍然有一些问题需要进一步深入研究。例如,本书只是分析了语篇连贯构建的一般认知过程,对其他参与其中的特殊认知因素,如隐喻和转喻,尚未涉及,希望能在以后的研究中进一步探讨。此外,由于本书的研究目的是揭示德语新闻报道语篇连贯构建过程的一般规律,或者说共同特征,因此并没有分析一些特殊情况,如由于报刊风格、记者写作风格以及新闻报道种类的不同,有些新闻报道语篇的宏观结构会表现出自己的个性,有些新闻报道中衔接手段的使用也会有自己的特点,等等,这也是笔者在未来研究中需要拓展和深化的方面。

附 录

附录 1 本书所调查的语料

Kater nach Kopenhagen

Minimalkompromiss erschreckt Klimaschützer – Merkel
verteidigt Ergebnisse dennoch als „ ersten Schritt "

KOPENHAGEN – Am Ende blieb das Durcheinander. Die schmutzigen Teller, die leeren Flaschen und Plastikbecher zwischen Laptops und Kopfhörern. Die Delegier-ten, die sich quer über die grauen Plastikstühle im Bella Center gelegt hatten, wo sie mit halb offenen Mündern in komatösen Schlaf versunken waren.

Es war der Morgen danach. Spät in der Nacht hatte US-Präsident Barack Obama noch einen „ unerwarteten Durchbruch " bei der Weltklimakonferenz von Kopenhagen verkündet. Eine Gruppe von etwa 30 Staatenlenkern aus aller Welt hatte in mühsamer Kleinarbeit einen Kompromiss erarbeitet. Für einen Moment schien es, als gäbe es doch ein achtbares Ergebnis dieser gigantischen Veranstaltung, zu der rund 45000 Menschen angereist waren. Doch der Optimismus währte nicht lange. Offen sprach Bundeskanzlerin Angela Merkel gegen Mitternacht von „ gemischten Gefühlen " und ließ durchblicken, dass sie dem „ Copenhagen Accord ", wie die Abschlusserklärung offiziell heißt, nur zugestimmt habe, um die Konferenz vor dem völligen Scheitern zu bewahren. Auch Obama wertete den Drei-Seiten-Text als unzureichend. Zu diesem Zeitpunkt wussten beide aber noch nicht, dass die Mammutveranstaltung noch weiter ins Unverbindliche abrutschen würde.

Doch genau dies geschah – kaum war die nächtliche Plenarsitzung der UN-Klimakonferenz eröffnet worden, entlud sich die Empörung über den von Obama, Merkel und den anderen mächtigen Staatenlenkern zuvor im Streit vor allem mit Chinas Premier Wen Jiabao verhandelten Minimalkompromiss. Zu diesem Zeitpunkt waren Merkel, Obama und Co. schon wieder abgereist. Die Rache für die Sonderverhandlungen im kleinen Kreis kam prompt. Den Anfang machte der Vertreter des winzigen Inselstaats Tuvalu, Ian Fry. „ Das wäre das Ende von Tuvalu ", stellte er sich dem Text entgegen, aus dem maßgeblich auf Betreiben der Chinesen sämtliche international verbindlichen Emissionsgrenzen für Treibhausgase herausgenommen worden waren. Und Fry blieb mit seinem Widerstand nicht allein. Mit seiner Mitwirkung bei der Kungelei im kleinen Kreis unterstütze er einen „ Staatsstreich gegen die Vereinten Nationen ", musste sich der immer verzweifelter wirkende Konferenzpräsident, Dänemarks Premier Lars Lokke Rasmussen, von der Delegation Venezuelas anhören. Dann deckten die Vertreter Costa Ricas auf, dass der Hinweis auf ein künftiges „ rechtlich bindendes " Abkommen unauffällig aus einer Beschlussvorlage verschwunden war.

Gerettet wurde die politische Erklärung letztlich nur durch einen Verfahrenstrick, wonach der Text vom Plenum nur „ zur Kenntnis genommen " wurde. Damit ist zwar die Rechtsgrundlage für die geplanten Soforthilfen für Entwicklungsländer gegeben – es fehlt aber die politische Rückendeckung der Staa-tengemeinschaft.

Ein verbindliches und umfassendes politisches Dokument hatte Merkel gewollt, einen Grundstock für das geplante Weltklimaabkommen mit verbindlichen Zusagen zur Minderung von Klimagasemissionen, Hilfen von reichen an arme Länder und festen Regeln zur Überprüfung der Ankündigungen.

Nun scheint nur das von Merkel immer wieder angemahnte Zwei-Grad-Ziel wirklich von der gesamten Welt akzeptiert. Auf der Habenseite standen auch noch die zugesagten Finanzhilfen von zunächst 30 Milliarden, später 100 Milliarden Dollar an Entwicklungsländer. Große Löcher klafften dagegen bei Zusagen zur Senkung der Klimagase, was Merkel auch bitter vermerkte. Auch Umweltminister Norbert Röttgen war enttäuscht. „ Viel weniger als gedacht ", meinte der CDU-Politiker lakonisch. Umweltschützer und Verbände waren weniger zurückhaltend: Sie sprachen schlicht von einem Scheitern der Konferenz.

Das wollte die Bundeskanzlerin so dann doch nicht stehen lassen. Kopenhagen sei „ ein erster Schritt hin zu einer neuen Weltklimaordnung, nicht mehr, aber auch nicht weniger ", sagte sie tags darauf der „ Bild am Sonntag ". „ Wer Kopenhagen jetzt nur schlechtredet, beteiligt sich am Geschäft derer, die bremsen statt voranzugehen. " DW

(Die Welt, 21. 12. 2009, S. 2)

Fast jeder zweite Radler fährt ohne Licht
Verkehrsminister Ramsauer kündigt Kampagne für mehr
Sicherheit an – Neue ADAC-Studie
Von Martin Lutz

BERLIN – Bundesverkehrsminister Peter Ramsauer (CSU) startet eine Offensive für mehr Sicherheit von Radfahrern in der dunklen Jahreszeit. Geplant ist eine verstärkte Aufklärungsarbeit unter anderem an Schulen. „ Dass so viele Radfahrer ohne Licht fahren, ist nicht lässig, sondern fahrlässig. Im Straßenverkehr gilt: Licht an – auch auf dem Rad! " sagte Ramsauer im Gespräch mit dieser Zeitung.

Besonders Senioren sowie Kinder und Jugendliche in der Altersgruppe von 6 bis 14 Jahren, die ihr Rad für den Schulweg benutzten, seien gefährdet. Gute Lampen und Reflektoren für die Fahrräder würden nicht viel Geld kosten.

„ Sie können aber Leben retten, gerade in der düsteren Winterzeit ", sagte Ramsauer. Er verweist auf eine unveröffentliche, aktuelle Studie des ADAC, die mit Stichproben in elf Städten neue Zahlen zur Radverkehrssicherheit liefert. Demnach fahren in Deutschland 41 Prozent der Radfahrer abends ohne Licht, mehr als 23 Prozent – also jeder fünfte – haben überhaupt keine Lichtanlage am Fahrrad, lediglich 13 Prozent tragen einen Helm, und nur 14 Prozent nutzen reflektierende Kleidung oder Reflektoren.

„ Dunkelheit und schlechtes Wetter schränken die Sicht der Verkehrsteilnehmer ein. Autofahrer sehen Fahrradfahrer ohne Licht erst, wenn diese im Lichtkegel des Autos erscheinen. Doch dann ist es meistens schon zu spät ", sagte Ramsauer. Die Zahl der 2009 im Straßenverkehr getöteten Radfahrer steht noch nicht abschließend fest; der Dezember ist einer der unfallträchtigsten Monate. Im vergangenen Jahr verunglückten 456 Radfahrer tödlich, in diesem Jahr waren es bisher rund 440. Für Ramsauer ist das noch viel zu viel: „ Die Zahl der Verkehrstoten sinkt, das ist ein gutes Signal. Gleichzeitig gibt es überhaupt keinen Grund zur Zufriedenheit: Jeder Verkehrstote ist ein Toter zu viel. " 2008 verunglückten 11 470 Kinder unter 15 Jahren mit dem Rad (minus 4, 1Prozent), 23 davon tödlich. Bei älteren Menschen stiegen die Zahlen. 12 546 Senioren verunglückten (plus 2, 6 Prozent), die Zahl der im Verkehr Getöteten nahm um 13 Prozent auf 218 zu.

(Die Welt, 21. 12. 2009, S. 2)

SPD kündigt Kurswechsel in Afghanistan an

Gabriel und Steinmeier gegen Truppenaufstockung – Regierung
kritisiert Flucht aus der Verantwortung

Von Thorsten Jungholt

BERLIN – Die neue Troika an der Spitze der Sozialdemokraten hat sich an diesem Wochenende mit Afghanistan befasst. Das Ergebnis: Die SPD lehnt eine Aufstockung der deutschen Truppen am Hindukusch mit 2: 1 Stimmen ab.

So lässt es sich in Interviews der drei Führungskräfte nachlesen. Während sich der Parteivorsitzende Sigmar Gabriel und Fraktionschef Frank-Walter Steinmeier strikt gegen zusätzliche Kampftruppen über die Obergrenze des bisherigen Mandats hinaus aussprechen, sieht Generalsekretärin Andrea Nahles derzeit „ überhaupt noch keine Veranlassung, irgendwelche Aussagen dazu zu treffen. " Mit Zweidrittelmehrheit hat sich die SPD, die den Afghanistaneinsatz vor acht Jahren als Regierungspartei zusammen mit den Grünen begründete, damit nach wenigen Wochen in der Opposition von der Tradition verabschiedet, dass neue Mandate über Parteigrenzen hinweg gemeinsam diskutiert und beschlossen werden.

Entsprechend harsch fiel die Kritik aus dem Regierungslager aus. Der außenpolitische Sprecher der Unionsfraktion, Philipp Mißfelder (CDU), warf Gabriel vor: „ Sie haben uns da reingeführt und flüchten jetzt offenbar aus der Verantwortung. " FDP-Fraktionschefin Birgit Homburger sagte: „ Die SPD will sich davonstehlen ". Auch Verteidigungsminister Karl-Theodor zu Guttenberg (CSU) hält das SPD-Nein zu mehr Truppen für falsch. Die Ablehnung jeder Aufstockung des Bundeswehrkontingents heiße „ Festlegung vor Strategie ".

Die Bundesregierung will dagegen an ihrer Linie festhalten und diese Strategie auf der Afghanistankonferenz Ende Januar in London gemeinsam mit den internationalen Bündnispartnern diskutieren. Ob man danach „ mehr Soldaten braucht oder im bestehenden Rahmen zurechtkommt, ist noch offen ", sagte Guttenberg. Sein Ministerium beschäftigte allerdings einen Bericht der „ Leipziger Volks-zeitung ", eine Expertengruppe sei bereits damit beschäftigt, Truppen- und Ausrüstungsplanungen auf Basis einer Anforderung von 2500 weiteren Soldaten voranzutreiben. Das sei aber keine vorweggenommene Entscheidung, sondern „ Teil der normalen Stabsarbeit ", verschiedene militärische Optionen zu durchdenken, sagte ein Sprecher. Guttenberg selbst stellte klar, er werde den Wunsch von US-Präsident Barack Obama nach Aufstockung des Truppenkontingents nicht widerspruchslos übernehmen. Zunächst sei ein Konzept nötig. „ Wir formulieren jetzt die Strategie, und aus der folgt, wie viele Truppen und Zivilkräfte man braucht. "

Dafür seien umfassende überlegungen auzustellen. Es gehe um Abzugsperspektiven ohne Kopplung an Enddaten, eine Einbindung der Nachbarstaaten Afghanistans und eine Übergabe von Gebieten an die afghanischen Sicherheitskräfte in regionaler Abstufung, sagte Guttenberg. Außerdem dürften Gespräche mit gemäßigten Taliban nicht mehr ausgeschlossen werden. „ Nicht jeder Aufständische bedroht gleich die westliche Gemeinschaft ", sagte Guttenberg. Er sei dafür, zu jenen Volksgruppen und Stämmen offene Kommunikationskanäle zu halten, die nicht generell die Bekämpfung der westlichen Kultur zum Ziel haben.

Weil sich die SPD an dieser Strategiedebatte offenbar nicht ausreichend beteiligt fühlt, will sie ihre Anstrengungen nun vornehmlich dem Untersuchungsausschuss des Bundestages widmen, der sich mit dem von der Bundeswehr angeordneten Luftschlag auf von den Taliban entführte Tanklaster vom 4. September befasst. Neben der Aufklärung der Umstände des Bombardements nehmen die Sozialdemokraten dort vor allem Verteidigungsminister Guttenberg ins Visier. Nach Lesart von SPD-Chef Gabriel hat Guttenberg den (SPD-nahen) Generalinspekteur Wolfgang Schneiderhan im Zuge der Kundus-Affäre in erster Linie deshalb entlassen, um von eigenen Fehlern abzulenken. „ Wie kann es sein, dass ein Minister sich an einem Tag vor seine Soldaten stellt und an einem anderen den höchsten Soldaten rausschmeißt? ", fragte Gabriel. Er warf dem Minister Feigheit vor und kündigte an, ihn im Ausschuss unter Eid befragen zu lassen. Guttenberg konterte, die Vorwürfe der SPD seien längst wie „ ein Kartenhaus " in sich zusammengefallen.

Die Mehrheit der Bundesbürger sieht das ähnlich. In einer Emnid-Umfrage für „ Bild am Sonntag " sagten 76 Prozent der repräsentativ Befragten, in der Informationspolitik Guttenbergs nach dem Fall Kundus könnten sie keinen Grund für einen Rücktritt des Ministers erkennen. Nur 17 Prozent sehen das anders. Selbst 70 Prozent der Linkspartei- und SPD-Wähler sind dagegen, dass Guttenberg zurücktritt. 53 Prozent der Deutschen trauen ihm sogar das Potenzial zu, eines Tages Bundeskanzler zu werden.

(Die Welt, 21. 12. 2009, S. 4)

Polen fordern mehr Rechte in Deutschland

Warschau möchte Status als Minderheit – Nachbarschaftsvertrag

soll auf den Prüfstand

Von Gerhard Gnauck

WARSCHAU – Die polnische Regierung will polnischstämmige Bürger unterstützen, die in Deutschland mehr Rechte und eine verstärkte Förderung ihrer Kultur und Sprache fordern. Außenminister Radoslaw Sikorski sprach das Thema am Freitag bei einem Treffen mit seinem deutschen Kollegen Guido Westerwelle an. Sikorski habe angeregt, die Themen des deutsch – polnischen Nachbarschaftsvertrags von 1991 rechtzeitig vor seinem 20jährigen Bestehen „ auf den Prüfstand zu stellen ", damit er fristgemäß verlängert werden könne.

Von Seiten polnischer Diplomaten hieß es, es könne darum gehen, wie beim deutsch-französischen Elysée-Vertrag einen Anhang anzufügen. Man habe sich geeinigt, dass die jeweiligen Regierungsbeauftragten für die deutsch-polnischen Beziehungen, Cornelia Pieper (FDP) und Wladyslaw Bartoszewski, sich des Themas annehmen werden. Ein Gutachten des polnischen Außenministeriums kommt sogar zu dem Schluss, dass der von den Nazis abgeschaffte Minderheitenstatus von Deutsch-Polen weiter Bestand habe.

Im Nachbarschaftsvertrag von 1991 heißt es, die deutsche Minderheit in Polen und polnischstämmige oder sich zur polnischen Kultur bekennende Bürger Deutschlands sollten in ihrem jeweiligen Land „ Möglichkeiten für den Unterricht ihrer Muttersprache oder in ihrer Muttersprache in öffentlichen Bildungseinrichtungen " erhalten. Darum wollten beide Staaten sich laut Vertrag bemühen. Im polnischen Parlament wurde die Lage der Polen in Deutschland in den letzten Jahren immer wieder thematisiert, vom Außenministerium jedoch auf kleiner Flamme gehalten. Jetzt hat erstmals Sikorski das Thema angesprochen. „ Entscheidend ist, dass der Vertrag erfüllt wird ", heißt es dazu in seinem Ministerium. Offenbar will man vor dem Wahlkampfjahr 2010 verhindern, dass allein die Kaczynski-Zwillinge dieses Thema besetzen.

Vor allem die Sprachförderung in Deutschland wurde in Polen immer wieder als ungenügend und vertragswidrig kritisiert im Vergleich zur Förderung der deutschen Minderheit in Polen. Warschau hat nach Angaben des polnischen Bildungsministeriums allein im Jahr 2008 63 Millionen Zloty (etwa 15 Millionen Euro) für den Unterricht in Deutsch als Muttersprache, vor allem in Oberschlesien, aufgewendet und eine kleine Summe für weitere Fördermaßnahmen.

In Deutschland verfügt der Kulturstaatsminister für kulturelle Förderung der Polen über einen Etat von 300 000 Euro. Der Sprachunterricht ist Sache der Bundesländer. Manche unter ihnen geben bisher nichts für diese Zwecke, Brandenburg gibt eine halbe, Nordrhein-Westfalen gut eine Million Euro. „Wir haben in Nordrhein-Westfalen inzwischen in 70 Schulen bis zum Niveau der 10 Klasse Polnischunterricht für Muttersprachler im Lehrplan", sagt Jolanta Roza Kozlowska, Polens Generalkonsulin in Köln. „Die Zahl der teilnehmenden Schüler ist auf 2800 gestiegen." Eine weit größere Zahl nutze den Sprachunterricht in Sonntagsschulen der Polnisch Katholischen Mission. Als ausländischer Arm der katholischen Kirche Polens organisiert diese auch in vielen Städten Gottesdienste und Seelsorge.

Einige der über 100 polnischen Organisationen in Deutschland fordern außerdem die Anerkennung einer polnischen Minderheit. Eine solche hatte es bis zum Weltkrieg gegeben. Mit einem NS-Dekret waren jedoch 1940 ihre Verbände verboten und ihr Eigentum, darunter Immobilien, beschlagnahmt worden. Jetzt haben Wissenschaftler der Universität Posen (Poznan) für das Außenministerium in Warschau ein Gutachten erstellt. Es kommt zu dem Schluss, dass das Verbot von 1940 auch damaligem Recht widersprach und daher ungültig sei. Damit bestehe auch ein Minderheitenstatus unverändert fort, folgerte am Wochenende die Zeitung „Rzeczpospolita".

Auch das Außenministerium sympathisiert mit der Auffassung, dass ein Teil der polnischstämmigen Bürger in Deutschland sich auf diesen Status berufen könne. Doch will man offenen Streit mit Berlin darüber vermeiden. Die deutschen Behörden dagegen

226

stehen auf dem Standpunkt, anders als Sorben oder Dänen seien die Polen frühestens im 19 Jahrhundert an ihre heutigen Wohnorte gekommen. „ Ein Minderheitenstatus würde den Forderungen anderer Tür und Tor öffnen ", heißt es.

Die Zahlen für die jeweilige Bevölkerungsgruppe in beiden Ländern variieren stark. Die Zahl der Deutschen in Polen wird auf höchstens 300 000 geschätzt. In Deutschland gibt es „ 1, 5 bis 2 Millionen Polnischsprachige, die eine der größten Bevölkerungsgruppen mit Migrationshintergrund bilden ". So heißt es in der Studie „ Zwischen zwei Welten ", die soeben vom Institut für Auslandsbeziehungen in Stuttgart veröffentlicht wurde. Darin wird empfohlen, die „ Ausbildung von Jugendlichem mit polnischem Migrationshintergrund " stärker zu fördern.

(Die Welt, 21. 12. 2009, S. 5)

Regierung soll Privatkassen beim Sparen helfen
Versicherer fordern Erlaubnis zu Verhandlungen mit
Ärzten – Kritik an Kopfpauschale

BERLIN – Die privaten Krankenversicherungen (PKV) fordern gesetzliche Änderungen, um ihre Kosten begrenzen zu können. Konkret geht es um die Möglichkeit, mit Ärzten, Krankenhäusern oder Arzneiherstellern über Menge, Preise und Qualität von Leistungen verhandeln zu können. Anders als den gesetzlichen Krankenkassen ist dies den Privaten bisher nicht erlaubt.

Die Kosten der privaten Versicherer seien in den vergangenen zehn Jahren zwischen sechs und sieben Prozent pro Jahr gestiegen, sagte der Direktor des PKV-Verbandes, Volker Leienbach, der „ Berliner Zeitung ". Dieser Trend müsse gebrochen werden. „ Wir können unsere Versicherten nicht immer wieder aufs Neue mit heftigen Beitragserhöhungen belasten. "

Leienbach sagte, mehr ärztliche Untersuchungen bedeuteten nicht automatisch eine bessere Versorgung: „ Das Gegenteil dürfte häufig der Fall sein. " Es sei auch nicht zu verstehen, dass die PKV rund fünf Mal mehr für Laboruntersuchungen ausgebe als die gesetzlichen Kassen. Er forderte Bundesgesundheitsminister Philipp Rösler (FDP) auf, seinem Verband ein Verhandlungsmandat für Verträge mit Ärzten, Kliniken oder Arzneifirmen zu geben. Die gesetzlichen Kassen hätten diese Möglichkeit auch. Mindestens aber sollte es in der Gebührenordnung für Ärzte eine Öffnungsklausel geben, um von den Honorarsätzen abweichen zu können. Die private Krankenversicherung kann laut Leienbach bisher aus kartellrechtlichen Gründen nicht über Preise, Mengen und Qualität verhandeln.

Der PKV-Direktor versicherte, die Privaten würden sich nicht den gesetzlichen Kassen annähern: „Die vereinbarten Leistungen und die Teilhabe an medizinischen Innovationen gelten bei uns ein Leben lang, ohne nachträgliche Kürzungen." Die PKV wolle auch weiter höhere Honorare als gesetzliche Kassen zahlen. Privatversicherte bekämen beim Arzt einen besseren Service als Kassenpatienten.

Kritisch äußerte sich Leienbach über die Pläne der schwarz-gelben Koalition, die gesetzliche Krankenversicherung über Pauschalbeträge zu finanzieren, die für alle Versicherten gleich sind: „Eine subventionierte Kopfpauschale wäre eine ernste Konkurrenz für uns." Der Staat solle die gesetzlichen Kassen nicht weiter mit Steuergeld unterstützen. Privatversicherte seien benachteiligt, weil sie zahlen müssten aber nicht profitierten. Phn

(Die Welt, 21. 12. 2009, S. 9)

附录2 语料中的衔接手段统计表

Kater nach Kopenhagen

指称	代词指称	es, sie, beide, sein, sein, er, sie, sie
	指示指称	die, wo, danach, dieser (gigantischen Veranstaltung), (zu) der, wie, (zu) diesem (Zeitpunkt), dies, den (Minimalkompromiss), zuvor, (zu) diesem (Zeitpunkt), den (Anfang), das, (aus) dem, wonach, damit, nun, das, darauf
	比较指称	weniger
替代/省略		
连接		递进：auch, dann①, auch, auch 转折：doch, aber, doch, zwar ... aber 时间：kaum, letztlich, später, zuvor, danach, darauf 并列：und 目的：um ... zu 对比：dagegen
重述	重复	politisch (3)②, Entwicklungsländer (2), (Sofort) hilfen – Hilfen (von reichen an arme Länder) – (Finanz) hilfen, Zusagen (zur Minderung von Klimagasemissionen) – Zusagen (zur Senkung der Klimagase) – (die) zugesagten (Finanzhilfen)
	同义/反义	同义：die Weltkonferenz von Kopenhagen - diese gigantische Veranstaltung - die Mammutveranstaltung - UN-Klimakonferenz - die Konferenz - Kopenhagen; das „Copenhagen Accord" - die Abschlusserklärung - der Drei-Seiten-Text - der Text - die politische Erklärung; den von ... verhandelten Minimalkompromiss - die Sonderverhandlungen - die Kungelei; Konferenzpräsident - Dänemarks Premier; Minderung von Klimagasemissionen - Senkung der Klimagase; Umweltminister Norbert Röttgen - der CDU-Politiker 反义：bremsen - vorangehen
	下义/局部	
	搭配	Empörung - Widerstand

① 此处 dann 的意思是"此外"，因此表示递进关系。
② 此处数字表示该表达出现的次数。当重复的表达形式基本相同时，本书就不再分别列出，而是只标出其出现的次数。如果重复的表达形式略有不同，本书将分别列出。

Fast jeder zweite Radler fährt ohne Licht

指称	代词指称	ihr, sie, er, es
	指示指称	diese (Zeitung), die, die, demnach, diese, (in) diesem (Jahr), bisher, das, das, davon
	比较指称	
替代/省略		
连接		递进：auch 转折：aber, doch 时间：wenn, dann, gleichzeitig 并列：und 选择：nicht... sondern
重述	重复	ohne Licht (2), mehr Sicherheit (2), Radfahrer (5), im Straßenverkehr (2), Rad (2), Fahrrad (2), Zahl (3), dunkel – Dunkelheit
	同义/反义	同义：Radler – Radfahrer – Fahrradfahrer; im Straßenverkehr – im Verkehr; ADAC-Studie – Studie des ADAC; ältere Menschen – Senioren; die Verkehrstoten – die im Verkehr Getöteten
	下义/局部	共同下义：Lichtanlage – Helm – reflektierende Kleidung – Reflektoren 上下义：Verkehrsteilnehmer: Autofahrer, Fahrradfahrer
	搭配	Studie – Zahl

SPD kündigt Kurswechsel in Afghanistan an

指称	代词指称	es, sie, uns, er, er, sie, ihr, es, sein, er, ihn, ihm
	指示指称	das（Ergebnis），so, bisherig, derzeit, dazu, die, damit, der, da, jetzt, davon, diese, danach, damit, das, jetzt, der, dafür, dafür, jenen, die, der, dort, die（Vorwürfe），das, das, dagegen, das（Potenzial）
	比较指称	entsprechend, an einem anderen, ähnlich, anders
替代/省略		替代：Das Ergebnis：Die SPD lehnt eine Aufstockung der deutschen Truppen am Hindukusch mit 2：1 Stimmen ab. So lässt es sich in Interviews der drei Führungskräfte nachlesen.
连接		递进：auch, außerdem　　转折：allerdings, aber 因果：weil, deshalb　　选择：oder, kein...sondern 对比：dagegen, während　　目的：um...zu, dafür
重述	重复	SPD（4），die Verantwortung（2），die Sozialdemokraten（2），sich befassen（2），die Aufstockung（3），diskutieren（2），der Sprecher（2），die Strategie（3），beschäftigen（2），westlich（2），ankündigen（2），dagegen（2），Soldaten（4），Afghanistan（3）– afghanisch, kritisieren – die Kritik, flüchten – die Flucht, ablehnen – die Ablehnung, vorwerfen – Vorwürfe, zurücktreten – der Rücktritt
	同义/反义	同义：Truppenaufstockung – zusätzliche Kampftruppen – mehr Truppen – mehr Soldaten；die Troika – die drei Führungskräfte；die Regierung – die Bundesregierung；mit 2：1 Stimmen – mit Zweidrittelmehrheit；vorwerfen – kritisieren；flüchten – sich stehlen；Luftschlag – Bombardement；vornehmlich – in erster Linie；Bundeswehrkontingent – Truppenkontingent 反义：die Regierungspartei – die Opposition；fragen – kontern
	下义/局部	上下义：die drei Führungskräfte：der Parteivorsitzende, der Fraktionschef, die Generalsekretärin 共同下义：Verteidigungsminister – Generalinspekteur
	搭配	fragen – kontern, Umfrage – Prozent

231

Polen fordern mehr Rechte in Deutschland

指称	代词指称	ihr, sein, sein, er, ihr, ihr, ihr, sein, ihnen, wir, ihr, ihr, ihr
	指示指称	die, das（Thema）, darum, des（Themas）, dem（Schluss）, darum, jetzt, dazu, dieses（Thema）, bisher, diese（Zwecke）, inzwischen, diese, darunter, jetzt,（zu）dem（Schluss）,（mit）der（Auffassung）,（auf）diesen（Status）, darüber,（auf）dem（Standpunkt）, die, so, die, darin
	比较指称	weitere（Fördermaßnahmen）,（eine weit）größere（Zahl）,（eine）solche, anderer, stärker
替代/省略		替代: In Deutschland gibt es , 1, 5 bis 2 Millionen Polnischsprachige, die eine der größten Bevölkerungsgruppen mit Migrationshintergrund bilden ". So heißt es in der Studie , Zwischen zwei Welten ". 省略: Warschau hat nach Angaben des polnischen Bildungsministeriums allein im Jahr 2008 63 Millionen Zloty（etwa 15 Millionen Euro）für den Unterricht in Deutsch als Muttersprache, vor allem in Oberschlesien, aufgewendet und eine kleine Summe für weitere Fördermaßnahmen. Brandenburg gibt eine halbe, Nordrhein-Westfalen gut eine Million Euro.
连接		递进: auch, außerdem, auch, auch, auch 转折: jedoch, jedoch, doch　因果: daher, damit 对比: dagegen　　　　　　目的: damit
重述	重复	polnisch（9）, polnischstämmige Bürger（3）, mehr Rechte（2）, Status（2）, deutsch-polnisch（2）, Nachbarschaftsvertrag（3）, auf den Prüfstand（2）, ein Gutachten（2）, Minderheitenstatus（3）, den Unterricht（2）, Muttersprache（3）, die Polen（5）, Außenministerium（4）, der Sprachunterricht（2）, Nordrhein-Westfalen（2）, Polen（3）, die Zahl（4）, katholisch（2）, Bevölkerungsgruppe（2）, Migrationshintergrund（2）, Förderung（3）– fördern, fordern – fordern – Forderungen, thematisieren – das Thema, Kultur – kulturell, organisieren – Organisationen, verbieten – das Verbot
	同义/反义	同义: die Auffassung – der Standpunkt
	下义/局部	上下义: Bundesländer: Brandenburg, Nordrhein-Westfalen; Bevölkerungsgruppe: die Deutschen, Polnischsprachige
	搭配	Förderung – 63 Millionen Zloty – eine kleine Summe, Studie – Zahlen

232

Regierung soll Privatkassen beim Sparen helfen

指称	代词指称	ihr, wir, unser, es, er, sein, uns, uns
	指示指称	die（Möglichkeit）, dies, bisher, dieser（Trend）, das（Gegenteil）, diese（Möglichkeit）, bisher, die（Pläne）, die
	比较指称	weiter
替代/省略		
连接		递进：auch, auch, auch　转折：aber, aber 因果：weil　　　　　　目的：um... zu, um... zu
重述	重复	PKV（4）, die privaten Krankenversicherungen（2）, Kosten（2）, Möglichkeit（2）, die gesetzlichen Kassen（5）, die Privaten（2）, Leistungen（2）,（ein）Verhandlungs（mandat）– verhandeln, Ärzte – ärztlich – Ärzte – Ärzte – Arzt, über Menge, Preise und Qualität（von Leistungen）verhandeln – über Preise, Mengen und Qualität verhandeln
	同义/反义	同义：Krankenhäuser – Kliniken; Arzneihersteller – Arzneifirmen; die gesetzlichen Krankenkassen – die gesetzliche Krankenversicherung; private Versicherer – Privatversicherte; Leistungen – Service; finanzieren – subventionieren – unterstützen 反义：Privatversicherte – Kassenpatienten; ärztliche Untersuchungen – Laboruntersuchungen
	下义/局部	上下义：alle Versicherten：Privatversicherte, Kassenpatienten 共同下义：Krankenversicherung – Ärzte – Krankenhäuser – Arzneihersteller
	搭配	Krankenversicherung – Ärzte – Krankenhäuser – Arzneihersteller, Steuergeld – zahlen

参考文献

外文著作

Antos, Gerd/Tietz, Heike (Hrsg.). *Die Zukunft der Textlinguistik: Traditionen, Transformationen, Trends.* Tübingen: Niemeyer, 1997.

Blühdorn, Hardarik/Breindl, Eva/Waßner, Ulrich H. (Hrsg.). *Text – Verstehen: Grammatik und darüber hinaus.* Berlin/New York: Walter de Gruyter, 2005.

Brinker, Klaus. *Linguistische Textanalyse: eine Einführung in Grundbegriffe und Methoden.* 5., durchgesehene und ergänzte Auflage. Berlin: Erich Schmidt Verlag, 2001.

Brown, G. & Yule, G. *Discourse Analysis.* Cambridge: CUP, 1983.

Buhl, Heike M. *Wissenserwerb und Raumreferenz: eine sprachpsychologischer Zugang zur mentalen Repräsentation.* Tübingen: Max Niemeyer Verlag, 1996.

Butzkamm, Wolfgang. *Psycholinguistik des Fremdsprachenunterrichts: natürliche Künstlichkeit: von der Muttersprache zur Fremdsprache.* 2., verb. und erw. Aufl. Tübingen und Basel: A. Francke Verlag, 1993.

Canisius, Peter/Herbermann, Clemens-Peter/Tschauder, Gerhard (Hrsg.). *Text und Grammatik. Festschrift für Roland Harweg zum 60. Geburtstag.* Bochum: Universitätsverlag N. Brock-meyer, 1994.

Coulthard, M. *An Introduction to Discurse Analysis.* London: Longman, 1977.

de Beaugrande, R. A./Dressler, W. U. *Einführung in die Textlinguistik.* Tübingen: Max Niemeyer Verlag, 1981.

Fairclough, Norman. *Media Discourse.* London: Edward Arnold, 1995.

Fauconnier, Gile. *Mental Spaces*: *Aspects of Meaning Construction in Natural Language*. New York: Cambridge University Press, 1994.

Fix, Ulla/Poethe, Hannelore/Yos, Gabriele. *Textlinguistik und Stilistik für Einsteiger*: *ein Lehr- und Arbeitsbuch*. Unter Mitarbeit von Ruth Geier. 2., korrigierte Auflage. Frankfurt a. M.: Peter Lang, 2002.

Fritz, Gerd. *Kohärenz*: *Grundfragen der linguistischen Kommunikationsanalyse*. Tübingen: Gunter Narr Verlag, 1982.

Gernsbacher, M. A./Givon, T. (eds.). *Coherence in Spontaneous Text*. Amsterdam: John Benjamins, 1995.

Große, Ernst Ulrich. *Text und Kommunikation*: *eine linguistische Einführung in die Funktionen der Texte*. Stuttgart: Verlag W. Kohlhammer, 1976.

Halliday, M. A. K./Hasan, R. *Cohesion in English*. London: Longman, 1976.

Halliday, M. A. K./Hasan, R. *Language, Context and Text*. Victoria: Deakin University Press, 1985.

Harweg, Roland. *Pronomina und Textkonstitution*. München: Max Hueber Verlag, 1968.

Heinemann, Margot/Heinemann, Wolfgang. *Grundlagen der Textlinguistik*: *Interaktion – Text – Diskurs*. Tübingen: Max Niemeyer Verlag, 2002.

Heinemann, Wolfgang. *Textlinguistik heute*: *Entwicklung, Probleme, Aufgaben*. Wiss. Zeitschr. d. Karl-Max-Univ. Leipzig. Gesellschafts- u. sprachwiss. Reihe, 1982.

Heinemann, Wolfgang / Viehweger, Dieter. *Textlinguistik*: *eine Einführung*. Tübingen: Max Niemeyer Verlag, 1991.

Henrici, Gert. *Spracherwerb durch Interaktion? Eine Einführung in die fremdsprachenerwerbsspezifische Diskursanalyse*. Hohengehren: Schneider-Verlag, 1995.

Hillert, Dieter. *Sprachprozesse und Wissensstrukturen*: *neuropsychologische Grundlagen der Kognition*. Opladen: Westdeutscher Verlag, 1990.

Kämper, Heidrun/Eichinger, Ludwig M.. *Sprache – Kognition – Kultur. Sprache zwischen mentaler Struktur und kultureller Prägung*. Berlin/New York: Walter de Gruyter, 2008.

Kegel, Gerd/Saile, Günter. *Analyseverfahren zur Textsemantik. Linguistische Reihe. Band* 22. München: Max Hueber Verlag, 1975.

Keller, Jörg/Leuninger, Helen. *Grammatische Strukturen – Kognitive Prozesse. Ein Arbeitsbuch.* 2., überarbeitete und aktualisierte Auflage. Tübingen: Gunter Narr Verlag, 2004.

Kintsch, W. *The Representation of Meaning in Memory.* Hillsdale, N. J.: Lawrence Erlbaum Associates, 1974.

Klein, Wolfgang (Hrsg.). *Methoden der Textanalyse.* Heidelberg: Quelle und Meyer, 1977.

Lakoff, G./Johnson, M. *Metaphors We Live By.* Chicago: The University of Chicago Press, 1980.

Langacker, R. W. *Grammar and Conceptualization.* Berlin: Mouton de Gruyter, 2000.

Linke, Angelika/Nussbaumer, Markus/Portmann, Paul R. *Studienbuch Linguistik.* Tübingen: Max Niemeyer Verlag, 1991.

Lötscher, Andreas. *Text und Thema: Studien zur thematischen Konstituenz von Texten.* Tübingen: Max Niemeyer Verlag, 1987.

Lüger, Heinz-Helmut. *Pressesprache.* 2., neu bearbeitete Aufl. Tübingen: Max Niemeyer Verlag, 1995.

Multhaup, Uwe. *Psycholinguistik und fremdsprachliches Lernen: Von Lehrplänen zu Lernpro-zessen.* München: Max Hueber Verlag, 1995.

Rickheit, Gert/Strohner, Hans. *Grundlagen der kognitiven Sprachverarbeitung: Modelle, Methoden, Ergebnisse.* Tübingen/Basel: A. Francke Verlag, 1993.

Rößler, Elke. *Intertextualität und Rezeption: Linguistische Untersuchungen zur Rolle von Text-Text-Kontakten im Textverstehen aktueller Zeitungstexte.* Frankfurt a. M.: Peter Lang, 1999.

Sanford, A. J. *Cognition und Cognitive Psychology.* London: Weidenfeld and Nicolson, 1985.

Schank, R. C./Abelson, R. P. *Scripts, Plans, Goals, and Understanding.*

Hillsdale, N. J. : Lawrence Erlbaum Associates, 1977.

Scherner, Maximilian/Ziegler, Arne (Hrsg.). *Angewandte Textlinguistik. Perspektiven für den Deutsch- und Fremdsprachenunterricht*. Tübingen: Gunter Narr Verlag, 2006.

Schlieben-Lange, Brigitte. *Linguistische Pragmatik*. 2., überarb. Aufl. Stuttgart: Verlag W. Kohlhammer, 1979.

Schmidt, Siegfried J. *Texttheorie. Probleme einer Linguistik der sprachlichen Kommunikation*. Berlin: W. Fink Verlag, 1976.

Schwarz, Monika. *Einführung in die Kognitive Linguistik*. Dritte, vollständig überarbeitete und erweiterte Auflage. Tübingen/Basel: A. Francke Verlag, 2008.

Sowinski, Bernhard. *Textlinguistik: eine Einführung*. Stuttgart: Verlag W. Kohlhammer, 1983.

Sperber, D./Wilson, D. *Relevance: Communication and Cognition*, 2th ed. Oxford: Blackwell, 1995.

Spillner, Bernd (Hrsg.). *Sprache: Verstehen und Verständlichkeit. Kongreßbeiträge zur 25. Jahrestagung der Gesellschaft für Angewandte Linguistik GAL e. V*. Frankfurt a. M.: Peter Lang, 1995.

Storch, Günther. *Deutsch als Fremdsprache: eine Didaktik; theoretische Grundlagen und praktische Unterrichtsgestaltung*. München: Wilhelm Fink Verlag, 2001.

Straßner, Erich. *Journalistische Texte*. Tübingen: Max Niemeyer Verlag, 2000.

Stubbs, M. *Discourse Analysis: The Sociolinguistic Analysis of Natural Language*. Oxford: Basil Blackwell, 1983.

van Dijk, T. A. *Some Aspects of Text Grammars*. The Hague: Mouton, 1972.

van Dijk, T. A. *Text and Context: Explorations in the Pragmatics of Discourse*. London: Longman, 1977.

van Dijk, T. A. *Macrostructures*. Hillsdale, N. J: Lawrence Erlbaum Associates, 1980a.

van Dijk, T. A. *Textwissenschaft: eine interdisziplinäre Einführung*. (Deutsche

Übersetzung von Christoph Sauer, niederl. Original 1978). Tübingen: Max Niemeyer Verlag, 1980b.

Vater, Heinz. *Referenz-Linguistik*. München: Wilhelm Fink Verlag, 2005.

Warnke, Ingo H. (Hrsg.). *Diskurslinguistik nach Foucault: Thoerie und Gegenstände*. Berlin: De Gruyter, 2007.

Weinrich, Harald. *Tempus. Besprochene und erzählte Welt*. Stuttgart: Verlag W. Kohlhammer, 1964.

Werlen, Iwar. *Sprachliche Relativität: eine problemorientierte Einführung*. Tübingen/ Basel: A. Francke Verlag, 2002.

Widdowson, H. G. *Teaching Language as Communication*. Oxford: OUP, 1978.

Widdowson, H. G. *Explorations in Applied Linguisitics*. Oxford: Oxford University Press, 1979.

Zhu, Jianhua/Zimmer, Thomas (Hrsg.). *Fachsprachenlinguistik, Fachsprachendidaktik und interkulturelle Kommunikation*. Frankfurt a. M. : Peter Lang, 2003.

Zhu, Xiaoan. *Studien zur Metapher in der deutschen Pressesprache*. Frankfurt a. M. : Peter Lang, 1993.

外文著作

Brinker, Klaus. *Textfunktionale Analyse*. In: Klaus Brinker, Gerd Antos, Wolfgang Heinemann und Sven F. Sager (Hrsg.): *Text- und Gesprächslinguistik: ein internationales Handbuch zeitgenössischer Forschung (Linguistics of Text and Conversation)*. Berlin/New York: Walter de Gruyter, 2000.

Danes, F. *Functional Sentence Perspective and the Organization of the Text*. In: Danes, F. (ed.): *Papers on Functional Sentence Perspective*. The Hague: Mouton, 1974.

Enkvist, N. E. *Coherence, Pseudo-coherence, and Non-coherence*. In: Ostman, J. O. (ed): *Cohesion and Semantics*. Abo, Finland: Abo Academy Foundation, 1978.

Fillmore, Charles. *An Alternative to Checklist Theories of Meaning*. In: C. Cogen et al (eds.): *Proceedings of the Berkeley Linguistic Society*. Berkeley: Berkeley Linguistics Society, 1975.

Fillmore, Charles. *Frame Semantics and the Nature of Language*. In: S. R. Harnad, H. D. Steklis and J. Lancaster (eds.): *Origins and Evolution of Language and Speech*. New York: New York Academy of Sciences, 1976.

Fillmore, Charles. *Frames Semantics*. In: Linguistic Society of Korea (ed.): *Linguistics in the Morning Calm*. Seoul: Hanshin, 1982.

Fries, P. *On the Status of Theme in English*. In: S. Petodi Janos and Ermel Sozer (ed.): *Macro- and Micro-Connexity of Discourse*. Hamburg: Dusde, 1983.

Giora, R. *What's a Coherent Text*. In: Sozer, E. (ed.): *Text Connexity, Text Coherence*. Hamburg: Helmut Buske, 1985.

Givon, T. *Coherence in Text vs Coherence in Mind*. In: M. A. Gernsbacher and T. Givon (eds.): *Coherence in Spontaneous Text*. Amsterdam: John Benjamins, 1995.

Jakobson, R. *Closing Statement: Linguistics and Poetics*. In: Sebeok, T. A. (ed.): *Style in Language*. Mass.: MIT Press, 1960.

Motsch, Wolfgang/Pasch, Renate. *Illokutive Handlungen*. In: Motsch, Wolfgang (Hrsg.): *Satz, Text, sprachliche Handlung*. Berlin: Akademie-Verlag, 1987.

Motsch, Wolfgang/Viehweger, Dieter. *Sprachhandlung, Satz und Text*. In: Rosengren, I. (Hrsg.): *Sprache und Pragmatik. Lunder Symposium* 1980. Lund: Gleerup, 1981.

Reinhart, T. *Conditions of Coherence*. In: Poetics Today, 1 (4): 61 – 180, 1980.

Rumelhart, David. *Notes on a Schema for Stories*. In: D. G. Bobrow and A. M. Collins (eds.): *Representation and Understanding: Studies in Cognitive Science*. New York: Academic Press, 1975.

Schnotz, Wolfgang. *Was geschieht im Kopf des Lesers? Mentale Konstruktionsprozesse beim Textverstehen aus der Sicht der Psychologie und der kognitiven Linguistik*. In: Hardarik Blühdorn, Eva Breindl und Ulrich H. Waßner (Hrsg.): *Grammatik und darüber hinaus*. Berlin/New York: Walter de Gruyter, 2005.

Zhu, Xiaoan. *Die kognitive Funktion der Metapher in der deutschen Fachsprache*. In: Jianhua Zhu und Thomas Zimmer (Hrsg.): *Fachsprachenlinguistik，Fachsprachendidaktik und interkulturelle Kommunikation*. Frankfurt a. M.: Peter Lang, 2003.

中文著作

陈志斌：《新闻德语教程》，上海：华东师范大学出版社，2003.

董燕萍：《心理语言学与外语教学》，北京：外语教学与研究出版社，2005.

端木义万：《传媒英语研究》，北京：中国社会科学出版社，2000.

冯晓虎：《隐喻：思维的基础，篇章的框架》，北京：对外经济贸易大学出版社，2004.

高卫东：《语篇回指的功能意义解析》，上海：上海交通大学出版社，2008.

高原：《照应词的认知分析》，北京：外语教学与研究出版社，2003.

桂乾元：《德语报刊阅读》，北京：北京大学出版社，2001.

桂诗春：《心理语言学》，上海：上海外语教育出版社，1985.

何兆熊：《新编语用学概要》，上海：上海外语教育出版社，1999.

何自然主编：《认知语用学：言语交际的认知研究》，上海：上海外语教育出版社，2006.

何自然，冉永平编著：《语用与认知——关联理论研究》，北京：外语教学与研究出版社，2001.

胡壮麟：《语篇的衔接与连贯》，上海：上海外语教育出版社，1994.

黄国文：《语篇分析概要》，长沙：湖南教育出版社，1988.

孔德明主编：《篇章语言学研究论集》，南昌：江西人民出版社，1997.

李明洁：《元认知和话语的链接结构》，上海：华东师范大学出版社，2008.

李元授，白丁：《新闻语言学》，北京：新华出版社，2001.

廖艳君：《新闻报道的语言学研究》，长沙：湖南大学出版社，2006.

廖永亮：《消息写作创新》，北京：新华出版社，2004.

彭聃龄：《语言心理学》，北京：北京师范大学出版社，1991.

彭宣维：《英汉语篇综合对比》，上海：上海外语教育出版社，2000.

钱敏汝：《篇章语用学概论》，北京：外语教学与研究出版社，2001.

邵志择：《新闻学概论》，杭州：浙江大学出版社，2003.

束定芳：《认知语义学》，上海：上海外语教育出版社，2008.

王蕾：《新闻英语》，杭州：浙江大学出版社，2003.

王寅：《认知语言学》，上海：上海外语教育出版社，2007.

魏纪东：《篇章隐喻研究》，上海：上海外语教育出版社，2009.

魏在江：《英汉语篇连贯认知对比研究》，上海：复旦大学出版社，2007.

谢晖：《新闻文本学》，北京：中国传媒大学出版社，2007.

熊学亮：《认知语用学概论》，上海：上海外语教育出版社，1999.

张德禄，刘汝山：《语篇连贯与衔接理论的发展及应用》，上海：上海外语教育出版社，2003.

张健：《新闻英语文体与范文评析》，上海：上海外语教育出版社，1994.

章宜华：《语义·认知·释义》，上海：上海外语教育出版社，2009.

赵艳芳：《认知语言学概论》，上海：上海外语教育出版社，2000.

朱永生，严世清：《系统功能语言学多维思考》，上海：上海外语教育出版社，2001.

中文译著

哈杜默德·布斯曼（陈慧瑛等编译）：《语言学词典》，北京：商务印书馆，2003.

托伊恩·A. 梵·迪克（Teun A. Van Dijk）（曾庆香译）：《作为话语的新闻》，北京：华夏出版社，2003.

中文论文

陈海庆，张绍杰：《语篇连贯：言语行为理论视角》，载《外语教学与研究》，2004（6）：420~426.

陈晓春：《德语的语序特征及其修辞效果》，载《外国语》，1997（4）：66~68，77.

陈忠华，管新平：《话语宏观结构的认知心理学理据》，载《外语研究》，1999（4）：16~19.

范红：《报刊新闻语篇及其宏观、微观结构》，载《清华大学学报（哲学社会科学版）》，2002（S1）：34~38.

郭纯洁：《语篇信息结构的认知分析》，载《当代语言学》，2004（4）：289~301.

郭翠：《论语类结构的衔接功能》，载《外语与外语教学》，2001（1）：16~20.

韩巍：《德语报刊中复合词词义的理解》，载《同济大学学报（社会科学版）》，1999（3）：115~120.

黄崇岭，顾士渊：《论德语阅读技巧》，载《同济大学学报（社会科学版）》，2002（2）：113~117.

蒋勇：《复合空间理论与关联理论相似的语言哲学观》，载《山东外语教学》，2001（1）：1~5.

孔德明：《德语常用语篇连接词语》，载《江苏外语教学研究》，1997（2）：57~61.

李万轶：《认知模型及认知语境对语篇连贯性构建的重要性》，载《北京第二外国语学院学报（外语版）》，2006（6）：19~23.

李勇忠，方新柱：《理想化认知模型与转喻的语用功能》，载《山东外语教学》，2003（3）：53~57.

李勇忠：《言语行为转喻与话语的深层连贯》，载《外语教学》，2004（3）：14~18.

李志雪：《从语用和图式角度来看语篇的连贯》，载《解放军外国语学院学报》，1999（5）：23~27.

梁艳春：《合成空间理论对委婉语的阐释力》，载《暨南大学华文学院学报》，2003（2）：53~61.

林六辰：《阅读理解中的心理语言活动》，载《解放军外国语学院学报》，2000（4）：68~71.

刘景霞：《语篇连贯的二元性特征》，载《西南科技大学学报（哲学社会科学版)》,2007 (6):45~49.

刘景霞:《语篇连贯的认知诠释》,载《安徽工业大学学报(社会科学版)》,2007 (5):76~78.

刘齐生:《德语语序的语篇分析》,载《解放军外国语学院学报》,1999(外国语言文化专刊):37~40.

刘齐生:《文化对语篇结构的影响——中德日常叙述比较研究》,载《现代外语》,1999 (4):346~361.

刘齐生:《中德叙述语篇中的因果关系结构》,载《解放军外国语学院学报》,2003 (4):92~95.

鲁忠义:《工作记忆和语篇的阅读理解》,载《河北师范大学学报(教育科学版)》,2000 (3):113~118.

苗兴伟:《论衔接与连贯的关系》,载《外国语》,1998 (4):44~49.

潘震:《语篇连贯中的认知框架构建》,载《重庆工商大学学报(社会科学版)》,2006 (6):117~120.

史煜:《语篇连贯中的词汇衔接探索》,载《山东外语教学》,2004 (4):57~59.

宋苏玲:《合成空间理论对语篇连贯解读的解释意义》,载《外语与外语教学》,2000 (5):18~20,27.

孙玉:《论衔接与连贯的来源、本质及其关系》,载《外国语》,1997 (1):31~35.

汪少华:《合成空间理论对隐喻的阐释力》,载《外国语》,2001 (3):37~43.

王瑞明,莫雷,李利,王穗苹,吴俊:《言语理解中的知觉符号表征与命题符号表征》,载《心理学报》,2005 (2):143~150.

王穗苹,莫雷:《篇章阅读理解的认知研究》,载《华南师范大学学报》,2001 (4):101~108.

王伟:《修辞结构理论评介(上)》,载《国外语言学》,1994 (4):8~13.

王伟:《修辞结构理论评介(下)》,载《国外语言学》,1995 (2):10~16.

王伟,董冀平:《修辞结构理论与系统功能语言学——两种功能语言理论比较》,载《山东外语教学》,1995(2):6~10.

王文博:《预设的认知研究》,载《外语教学与研究》,2003(1):34~39.

王寅:《认知语言学与语篇分析——Langacker 的语篇分析观》,载《外语教学与研究》,2003(3):83~88.

王寅:《语篇连贯的认知世界分析方法——体验哲学和认知语言学对语篇连贯性的解释》,载《外语学刊》,2005(4):16~23.

王寅:《认知语言学与语篇连贯研究——八论语言的体验性:语篇连贯的认知基础》,载《外语研究》,2006(6):6~12.

魏在江:《预设研究的多维思考》,载《外语教学》,2003(2):32~35.

温仁百:《关于篇章连贯》,载《外语教学》,2000(1):14~19.

徐赳赳:《van Dijk 的话语观》,载《外语教学与研究》,2005(5):358~361.

詹宏伟:《EFL 环境下的语篇表征与语篇理解——语篇结构知识在宏观理解中的作用》,2007.(上海交通大学外国语学院博士学位论文原稿).

张建理:《论语篇连贯机制》,载《浙江大学学报(人文社会科学版)》,2001(6):126~131.

张琦:《图式论与语篇理解》,载《外语与外语教学》,2003(12):18~21.

张韧弦:《语篇连贯的认知图式方案》,载《外国语》,2002(2):15~22.

张维友:《图式知识与阅读理解》,载《外语界》,1995(2):5~8.

朱小安:《试论隐喻概念》,载《解放军外国语学院学报》,1994(3):12~18.

朱永生:《框架理论对语境动态研究的启示》,载《外语与外语教学》,2005(2):1~4.